翻译与搜索教程

张成智 ◎ 编著

知识产权出版社
全国百佳图书出版单位
——北京——

图书在版编目（CIP）数据

翻译与搜索教程/张成智编著. —北京：知识产权出版社，2022.8
ISBN 978-7-5130-8253-2

Ⅰ.①翻… Ⅱ.①张… Ⅲ.①翻译-情报检索-教材 Ⅳ.①G254.92

中国版本图书馆 CIP 数据核字（2022）第 129882 号

内容提要

本书是我国第一本以搜索为主题内容的翻译实用教程，包括三大主题：搜商的内涵与意义、搜商的五大模块、搜商和信息技术的结合。本书论述了在翻译技术应用的大背景下，搜商已成为翻译能力的重要元素，并论述了搜索在翻译中的重要作用；呈现了搜商的定义，并分析其内涵和构成；阐述了搜索资源和搜索内容的变通，搜索资源解决了用什么工具搜的问题，搜索内容解决搜什么的问题；结合项目实例，分析了搜索方法的灵活变通；分析了信息甄别和批判性思维对提高搜商的重要性，剖析了计算机辅助翻译软件的高级搜索功能和应用场景，并探索了通配符、宏和正则表达式在翻译实践中的应用场景和策略。

本书适合作为英语专业、翻译本科和翻译硕士的课程教材及推荐读物。

责任编辑：彭喜英　　　　　　　　责任印制：王浩霖

翻译与搜索教程
FANYI YU SOUSUO JIAOCHENG
张成智　编著

出版发行	知识产权出版社有限责任公司	网　　址：	http://www.ipph.cn
电　话：	010-82004826		http://www.laichushu.com
社　址：	北京市海淀区气象路 50 号院	邮　编：	100081
责编电话：	010-82000860 转 8539	责编邮箱：	laichushu@cnipr.com
发行电话：	010-82000860 转 8101	发行传真：	010-82000893
印　刷：	北京中献拓方科技发展有限公司	经　销：	新华书店、各大网上书店及相关专业书店
开　本：	787mm×1092mm　1/16	印　张：	11
版　次：	2022 年 8 月第 1 版	印　次：	2022 年 8 月第 1 次印刷
字　数：	268 千字	定　价：	49.00 元

ISBN 978-7-5130-8253-2

自　序

　　搜索似乎是人人都会的技能。但要搜得快、搜得准，却不是容易之事。搜索是翻译中的高频行为，各种专业领域的翻译都离不开搜索。搜索能力是翻译能力的核心元素，这一点已得到译界的广泛认同。但在翻译课程体系设置中，还没有受到足够重视。绝大多数开设翻译本科和翻译硕士的高校都未开设类似课程，大多数学生也从未接受过专门的搜索培训。许多院校倾向于翻译+专业的培养模式，例如法律翻译、医学翻译、财经翻译等等不一而足。这不失为一种可贵的尝试。不过也多少有点头痛医头、脚痛医脚的意味。要知道译者在翻译中接触的专业知识五花八门，即便专攻某一领域的译者，也不可避免要遇到本领域之外的专业知识。让学生译者学习专业知识，来弥补知识的短板，这既不现实，也抑制了学生的发展潜力。所谓授人以鱼不如授人以渔。比起学习浩瀚繁难的专业知识，如何快速找到所需信息，知道在哪里搜、搜什么、用什么方法搜，这些技能的掌握不仅更加重要，也更加实际。因此，对于迫切希望提高翻译能力的学生译者而言，提高搜索能力要比专业知识的学习更为重要、更切实际。

一、缘　起

　　回忆起来，有三件事情促成了我著书的想法。

　　第一件事是我在大学期间，恩师曹明伦的言传身教。尽管时隔多年，不少细节依然仿若昨日。记得有一个翻译案例，原文为：

　　Oh, is it the place with the big lions out in front? (指芝加哥艺术学院门口有 big lions)

　　在翻译 big lions 时，曹老师遇到了两个主要障碍。其一，这是什么样的狮子？石狮、铁狮、铜狮，还是其他？其二，有几只狮子？两只、三只、一群，还是一排两排呢？原文只用了复数，对具体数量却未作说明。因此，初译文作了技术化处理。后来曹老师利用访问美国的机会，专程参观了这家学院，亲眼确认了门口赫然伫立着一对青铜狮像，还特意合影留念。当他在课堂上展示照片时，给我的震撼可想而知。网络时代的我们，固然不必亲赴美国考察狮子有几只，只要鼠标轻轻一点，就能搜到芝加哥艺术学院的图片视频。但这件事使我认识到，要做好翻译，研究考证十分重要。就算译者博学多识、学富五车，也必须善于搜索、勤于搜索。

我问曹老师，翻译诗歌找不到韵词怎么办？他让我去查十三辙。我好奇他的译文词汇为什么这么生动而丰富，他甩给我一本《同义词词林》。类似的故事还有很多。慢慢地我体会到译者就像精工良匠一样，尺锯锤刨、斧锉钻凿，必须样样俱全。要成为优秀译者，就要拥有十八般武器。现在网络将这些行业武器汇集在一起，译者毫不费力就能随时随地调用这些武器。工欲善其事，必先利其器。不过，光有器是不够的，还要善于利用器。这里的关键就在于搜索能力的培养。

第二件事是 2011 年我在北京大学访学期间，旁听了王华树老师的计算机辅助翻译课程。其中有一节课是翻译与搜索。这启发了我在后面的翻译实践与教学中，更多地关注翻译与搜索。第三件事是在大量的翻译实践中，我通过搜索解决了许多翻译疑难，积累了不少搜索的应用场景和技巧。另外，在长期的翻译教学中，我遇到了不少学生普遍犯错的翻译案例，这些错误本可以通过网络搜索来解决的。归结个中原因，大抵是学生缺乏搜索的意识，导致他们根本不去搜索，又或者缺乏搜索的方法和技巧，以致搜索效果不佳。我意识到要提高学生的翻译能力，加强搜商培养很有必要。大约从 2014 年开始，我从翻译课程中抽出两到三次课，讲授翻译与搜索，培养学生的搜索意识和搜索能力，最后也收到了不错的反响。

在教学中不断思考，在实践中不断积累，平时也注意收集研读相关文献，慢慢地关于搜商的思想逐步酝酿形成了，由此也萌生出了写书的想法。2015 年，我草拟了一个《翻译与搜商》的书稿目录，发给王华树老师，请他提修改意见。王华树老师彼时正在组建团队编写《翻译技术教程》，其中有一章与搜索相关，还没有合适人选，于是邀请我参加。我欣然应允。在这个契机之下，两万余字的书稿很快完成了。关于搜商的思想也在其中基本呈现出来。但囿于篇幅和时间限制，很多想法并没有充分展开。本书的出版是搜商思想的完整呈现。

鉴于国内还缺少一部专门的翻译与搜索类教程。期待本书的出版能够抛砖引玉，进一步丰富和完善我国的翻译课程体系。

二、关于本书的使用

本书融合了我多年翻译教学与翻译实践的积累、反思和总结。希望为广大有志于开设相关课程的高校教师增加一种选择，同时也为广大翻译爱好者和职业译员增加一种专业读物。本书既可以独立用作相关课程的教材，也可以作为翻译实践类课程的补充。

三、致　谢

本书在写作过程中，得到了学界和译界同仁的大力支持。在此特别要感谢王华树教授、王少爽教授、李南哲博士、李建勋先生、刘劲松先生、朱小二先生等。他们有的提供参考资源，有的提出中肯建议，有的提供翻译案例，没有他们的鼓励和帮助，本书不可能顺利完成。我还要感谢 2014 年以来，我教过的本科学生和研究生，本书付梓离不开他们的贡献。当然我必须要感谢本书的编辑——彭喜英和李海波，两位的严谨认真为本书增色不少。

四、余　语

网络是动态的资源，其内容可能扩充，可能变更，也可能删除。这导致部分检索资源可能失效或发生变动，部分检索过程也可能无法完全复原。读者朋友在阅读使用本书时，请注意甄别。虽然本书筹划了很长时间，但囿于学识有限，成书仓促，不足之处在所难免，恳请各位方家不吝指正。

张成智

2022 年初春于保定

CONTENTS 目录

第 1 章

搜索与翻译能力

我向来总以为翻译比创作容易，因为至少是无须构想。但到真的一译，就会遇着难关；譬如一个名词或动词，写不出，创作时候可以回避，翻译上却不成，也还得想，一直弄得头昏眼花，好像在脑子里面摸一个急于打开箱子的钥匙，却没有。

——鲁迅《"题未定"草》

🔘 1.1 翻译学技术转向与翻译能力再定义

过去数十年，翻译学先后经历了 20 世纪六七十年代的语言学转向，以及八九十年代的文化转向。语言学转向的特点是借用语言学的理论研究翻译问题，以罗曼·雅可布逊（Roman Jakobson）、尤金·A. 奈达（Eugene A. Nida）、卡特福特（Catford）、彼特·纽马克（Peter Newmark）等为代表，他们"把翻译问题纳入语言学的研究领域，从比较语言学、应用语言学、社会语言学、语义学、符号学、交际学等角度，提出了相对严谨的翻译理论和方法，开拓出了翻译研究的新领域，给传统的翻译研究注入了新的内容"（谢天振，2003：110）。勒菲弗尔（Lefevere）和巴斯内特（Bassnett）（1990：4）在《翻译、历史与文化》一书的导言中指出，"以往语言学派研究翻译时把词作为翻译单位，后来进步到以文本为翻译单位，而现在应该转向以文化为翻译单位"。这篇导言被学者视为翻译学文化转向的标志。曹明伦（2007：89）指出文化转向使翻译研究的内容和对象"不再局限于翻译行为、翻译活动及其结果之优劣本身，而是转向了或多或少与之有关的整个人类文化的方方面面"；这一转向拓宽了翻译研究的视野，丰富了翻译研究的方法，使翻译研究的重心发生转移。严格说来，语言学转向是指用语言学的理论阐释翻译中的语言现象，这与其说是翻译学的一次转向，毋宁说是语言学的一次扩张。文化转向扩大了翻译研究的对象，但是"在一定范围内造成了学科概念混淆和学术理论混乱，致使有些翻译理论和翻译实践的关系变得模糊不清"（曹明伦，2007：1）。

翻译学的技术转向是指随着信息技术、计算语言学、术语学等学科发展，翻译实践发生了从纯人工翻译到人工翻译与信息技术相结合的变化，从而引发翻译理论研究的变革。Cronin（2010：188）最早提出了技术转向（technological turn）这一概念。他指出，翻译学之所以出现技术转向，不是因为相邻学科的理论发展，而是翻译实践所推动的。这导致传统的翻译和译者的地位需要重新审视。Cronin（2010）认为，技术转向是当今世界翻译实践发生巨大变革的一个结果。技术转向与语言转向和文化转向不同，因为翻译技术发于实践，兴于实践，并反刍理论，是理论与实践之间天然的黏合剂，使翻译理论与实践之间的鸿沟得以弥合，从而夯实翻译学的学科基础。

以下证据可以证明翻译学已经发生了技术转向。

其一，翻译软件大量涌现。翻译技术的发展可分为四个阶段：萌芽时期（1981—1988 年），成长时期（1989—1993 年），快速成长时期（1994—2003 年）及全球发展时期（2004 年至今）（陈善伟，2012）。Trados 是翻译技术领域的杰出代表，其成长见证了翻译技术发展的进程。表 1.1 展示了 SDL Trados 系列产品推出时间及版本演进史。

表 1.1 SDL Trados 产品推出时间及版本史

时间	版本	时间	版本
1984	Trados	2007	SDL Trados 2007
1990	MultiTerm	2009	SDL Trados 2009
1994	Workbench	2011	SDL Trados 2011
1997	WinAlign	2013	SDL Trados 2014
2001	Trados 5	2014	SDL Trados 2015
2003	Trados 6	2016	SDL Trados 2017
2005	被 SDL 收购	2018	SDL Trados 2019
2006	SDL Trados 2006	2020	SDL Trados 2021

如表 1.1 所示，Trados 诞生于 1984 年，在 1984—2001 年，平均每 3.6 年发布升级产品，从 2001 年至今，其发展速度呈加快趋势，尽管 2005 年被 SDL 收购，仍然保持平均每 2 年就发布新款升级产品的高速态势。显然，翻译技术的发展已经愈加稳定迅速。

1984 年，Trados 发布之时，它是当时唯一的一款 CAT 软件。如今 CAT 工具已经遍地开花，CAT 软件的数量也成倍增加。据陈善伟（2014：35）统计，截至 2012 年，商用 CAT 工具已达 86 种之多，从 1984 年至 2012 年间，平均每年有 3 种 CAT 工具面世，同时，有 19 种 CAT 工具在激烈的市场竞争中被淘汰。预计在未来几十年，这种发展势头仍将继续。

其二，翻译软件广泛应用。翻译技术目前在全球语言服务行业广泛采用，已成为翻译人士高产高效完成业务的必备工具。Fulford 与 Granell-Zafra（2005）对 391 名英国自由译者所做的调查显示，28% 的受访者使用 CAT 工具（Trados、Dejavu、SDLX 和 Transit 等），大约半数受访者对 CAT 完全陌生；5% 的受访者使用过机器翻译，75% 的受访者对机器翻译完全陌生；只有 2% 的受访者使用过本地化工具（Alchemy Catalyst、Passolo 等）。2008 年，传神翻译公司和中国科学院科技翻译协会联合发布了《2007 中国地区译员生存状况调查报告》，该报告显示，61% 的译者在翻译过程中使用辅助翻译软件。2013 年，Jared（2013）对 Proz 网站（proz.com）的职业译者做了一项调查，调查显示，88% 的受访者使用至少一种 CAT 工具，剩余 12% 的受访者虽然没有使用 CAT 工具，但他们中的大多数曾经试过 CAT 工具，只有 3.8% 的受访者从来没有使用过。从 28% 增长到 88%，这些数字变化表明，CAT 工具过去十年越来越受到译者和行业的欢迎。另外，翻译记忆已经成为专业译员的必备技术，专业译员普遍利用 CAT、MT、听写/语音识别工具等来提高翻译效率。《2011 年企业语言服务人才需求分析及启示》报告显示，高达 77.30% 的企业强调人才的翻译技术和工具能力，SDL Trados 已经是必备工具，其他专业工具的应用也日渐广泛（王传英，2012：67-70）。

其三，开设 CAT 课程的高校越来越多。2002 年，香港中文大学翻译系开设了国际上第一个 CAT 硕士学位（陈善伟，2012）。在美国，蒙特雷高级翻译学院和肯特州立大学很早就在其翻译硕士学位中开设了计算机辅助翻译的相关课程，如计算机辅助翻译、术语管理和本地化等。在欧洲，2005 年欧盟翻译硕士（EMT）开始开设计算机辅助翻译相关的课程（贺显斌，2009：46）。目前国外共有数十所高校开设了与翻译技术相关的课程（王华树，2013：26）。在国内，2004 年钱多秀就在北京航空航天大学开设了计算机辅助翻译的课程；2006 年北京大学率先创立了 CAT 硕士学位，并开设了一系列 CAT 相关课程，如 CAT 技术及其应用、术语学、本地化与国际化工程、翻译项目管理等。2007 年，我国设立翻译硕士学位（MTI），目前共有 206 所高校开设了 MTI 学位。MTI 的教学目标是培养具有实践技能的专业化口笔译者，以满足市场的需求，为达成此目标，各高校纷纷开设翻译技术相关课程，如 CAT 工具应用、术语管理、翻译项目管理等（苗菊，王少爽，2010：66）。2012 年 4 月，中国翻译协会和全国翻译专业学位研究生教育指导委员会在全国高等院校翻译专业师资培训模块中，增加了翻译和本地化技术及项目管理等内容。这说明翻译技术在翻译教学和译者培训方面越来越受到人们的重视。

其四，翻译技术相关研究日益增加。2015 年 3 月，笔者以计算机辅助翻译为主题关键词，在中国知网（CNKI）共查到 284 篇相关文献。文献的年度分布见表 1.2。

表 1.2　CAT 论文年度分布　　　　　单位：篇

年份	1980	1981—1988	1989	1990	1991	1992	1993—1994	1995	1996
数量	1	0	1	0	2	1	0	1	1
年份	1997	1998	1999	2000	2001	2002	2003	2004	2005
数量	1	0	8	5	3	8	3	6	6
年份	2006	2007	2008	2009	2010	2011	2012	2013	2014
数量	10	8	10	20	25	19	40	57	48

从表 1.2 可以直观地看出，自 20 世纪 80 年代以来翻译技术研究关注度的变化。从 1980 年至 1998 年，国内学者对翻译技术有一定关注，19 年间只有 8 篇论文与计算机辅

助翻译相关。但是，1999 年出现了一个拐点，这一年有 8 篇相关文章发表。之后，计算机辅助翻译相关的研究文献开始增多，且呈逐年递增的迅速上升趋势，这说明计算机辅助翻译相关研究正受到翻译界越来越多学者的关注。早期的文献以介绍国外研究进展和评介翻译软件为主，近期研究主题则更加多元深入。例如，利用计算机辅助翻译技术展开教学、进行翻译实践、构建双语语料库等，这表明翻译界对翻译技术的研究更加深入、广泛。与此同时，翻译学界也出现了一批翻译技术相关的著作，如 Harold Somer（2003）的 *Computers and Translation—A Translator's Guide*；Lynne Bowker（2002）的 *Computer—Aided Translation Technology：A Practical Introduction*；Frank Austermuhl（2001）的 *Electronic Tools for Translators*；C. K. Quah（2008）的 *Translation and Technology*，陈善伟（2004，2015）的 *A Dictionary of Translation Technology* 和 *Routledge Encyclopedia of Translation Technology* 等，崔启亮、王华伟（2005）的《软件本地化——本地化行业透视与实务指南》，陈善伟（2014）的《翻译科技新视野》，钱多秀（2011）的《计算机辅助翻译》，以及王华树等（2017）编著出版的《翻译技术教程》等。而重点刊登翻译技术或与翻译技术密切相关的学术期刊也相继涌现，比如国外的 *Multilingual*、*Localization World*、*The Journal of Internationalization and Localization*，国内也有崔启亮主编的《全球化和本地化》等杂志，主要刊登翻译和本地化技术、行业动态等。这些都表明，翻译技术已经受到越来越多学者的关注和重视。

其五，职业翻译越来越倾向于 CAT 应用。笔者曾浏览全球最活跃的知名翻译资源网站 proz.com 的首页和第二页共计 50 个工作机会。Proz 是世界知名的翻译工作交流平台之一，拥有超过 30 万活跃的职业译者用户和翻译公司用户。这 50 个工作涵盖了多个语言对，如英法、英意、英德、英爱（爱沙尼亚语）、英语译阿萨姆语、汉语印度语、僧伽罗语译英语、丹麦语译塞尔维亚语、德语译俄语，等等。其中，18 个工作要求使用 CAT，约占总数的 36%。这其中有 16 个工作要求使用 SDL Trados。其余 2 个分别要求使用 SDLX 和 Across。除了 SDL Trados 外，也把 SDLX、Wordfast 和 memoQ 列为受青睐的工具，或偏向 Wordfast。尽管其他 32 个工作没有明确要求使用 CAT 工具，但是调查表明，CAT 工具正在逐渐成为翻译求职者的一个优势条件，也逐步成为翻译行业的一个必备条件。我们从国内三大招聘网对语言服务公司招聘的与翻译相关的 3000 多个职位要求进行了分析，发现无论是专职翻译或是本地化翻译，除了要求过硬的语言能力之外，95% 的招聘公司都强调应聘者能熟练使用计算机及各种办公软件，熟练使用 SDL Trados 等 CAT 工具。

1.2 搜索与翻译能力

技术转向给翻译学带来了广泛而深远的影响。它给翻译行业带来了巨大的变革。在当代翻译市场，翻译工作的每个流程都离不开翻译技术的辅助，翻译技术的出现甚至改变了翻译的流程乃至商业模式等。从字数统计、报价、译前处理、翻译项目管理、术语提取、术语管理、翻译质量保障到译后处理等，翻译技术已经在当代翻译行业中发挥重要的作用。依靠翻译技术的帮助，不同语言对的译者即便身处地球的不同角落，也可以共同完成某个翻译项目，分享各自的翻译记忆和术语库。

一个显著的变革就是翻译实践模式的改变。在漫长的人类历史长河中，翻译一直是完全由人工完成的。20世纪90年代，计算机开始得到广泛应用。如今，绝大部分翻译都是在计算机上完成的。进入21世纪，CAT 日趋流行。它大幅提高了翻译速度，保障了翻译质量，适应了世界经济一体化的趋势，满足了市场的庞大需求。从人工干预的角度来看，现在的翻译几乎都是在计算机辅助下的翻译行为（陈善伟，2012：2）。译者靠一支笔、一张纸工作的时代已经远去了。仅仅通过翻阅字典和相关纸质材料就能胜任翻译工作的时代已经一去不复返。计算机辅助翻译的时代已经来临。

翻译实践模式的改变也改变了翻译能力的内涵。王华树（2016：121–157）首次系统论述了翻译技术能力，他指出："翻译技术能力是翻译能力的重要拓展。"在信息技术时代，译者需要加强自身翻译技术能力，高校和培训机构应当培养具备翻译技术能力的翻译人才。翻译能力在过去主要指译者的双语能力和跨文化能力。随着 CAT 工具在翻译实践中的广泛应用，译者应用翻译技术的能力变得日益重要。未来的翻译将取决于两个因素：译者掌握翻译技术的能力和翻译技术的发展。一名优秀的译者不仅应当具备相应的双语能力、跨文化能力，还应当掌握相当的翻译技术，以提高其翻译效率和质量，进而提高其翻译产出。这对于译员培训以及翻译教学也产生了巨大的影响，如教学目标、教学方法、课程设计和考核等。翻译技术能力包括计算机基本应用能力、信息检索能力和计算机辅助翻译技能（王华树，2016）。翻译技术能力是信息化时代语言服务行业对职业译者提出的新要求，是对传统翻译能力概念的重要拓展。信息检索能力即搜索能力，它是翻译技术能力的重要组成部分，必然也是翻译能力的应有之义。遗憾的是，搜索能力是以往翻译能力的定义中常常忽视的一点。

由此可见，随着网络时代的发展和大数据时代的来临，越来越多的学者将搜商纳入翻译能力的范畴。PACTE 团队（2005）认为翻译能力包含双语能力、语际能力、翻译知识、工具使用能力、策略能力、生理心理能力这六大方面。工具使用能力、策略能力、生理心理能力都是对传统翻译能力进行的新拓展。其中，工具使用能力主要是指在翻译中应用资料、信息和技术（词典、百科全书、语法书、文体书、平行文本、电子语料库、搜索引擎等）的知识。Göpferich（2009）提出的翻译能力模型中涉及了工具和研究能力。该能力具体是指使用传统和电子工具辅助译者进行翻译工作的能力。这与PACTE 团队（2005）所提出的工具使用能力异曲同工。EMT 专家团队（2009）认为翻译能力包括翻译服务提供能力、语言能力、跨文化能力、信息挖掘能力、主题能力和技术能力。其中，信息挖掘能力包含了译员应该知道如何使用工具和搜索引擎获取所需信息这一方面。而技术能力具体是指了解并使用各种工具辅助译者进行翻译的能力。

可见，无论是 PACTE 团队（2005）的工具使用能力，还是 Göpferich（2009）的工具和研究能力，乃至 EMT 专家团队（2009）的信息挖掘能力和技术能力，都和译员的搜商有着密切的关联。Hirci（2013）指出信息技术与传播技术对翻译实践有着重大的影响，并且随着时代的发展，互联网这一电子工具在翻译工作中的使用率日益提高。由此不难发现，工具能力已开始进入翻译能力讨论范畴，并且同时也出现了一些对工具能力本身的讨论。但这些讨论都仍未明确提及搜索能力的概念和范畴，更没有较为深入的研究和探讨。

搜者，寻找也。索者，寻找也。搜索，即仔细寻找之意。搜索是译者在翻译过程中的重要行为。译者之所以会产生搜索行为，往往是在解决任务时遇到本身不熟悉的概念或者问题，由此产生了对特定信息的需求。网络搜索技术是指利用信息技术和技巧，借助各种网络资源，查找和筛选信息的技术。对网络搜索技术的掌握程度是衡量译员翻译能力的重要维度之一。

国际数据集团（IDC）的研究表明，2009 年全球的数据量为 0.8ZB，2010 年增长为 1.2ZB，而 2020 年全球产生和复制的数据量将超过 35ZB，即 375 亿 TB，是 2009 年的约 44 倍（Gantze，2010）。随着计算机与互联网技术的飞速发展，海量的信息和数据如洪水般席卷全球。近 20 年来，人类生产的信息总量已经超过自人类产生以来 100 万年生产的信息总和。在大数据时代，网络信息呈爆炸式增长，网络信息不仅五花八门，不可计数，且动态发展，不断产生和更新。人们能接触到的数据和信息数量之多、种类之广、更新速度之快，已经远远超越了人类历史上的任何时期。翻译的需求在不断增长，翻译的领域在不断拓宽，对翻译的时间、速度和质量要求也在不断提高。这些都对翻译工作者在当下数以 ZB 计的数据信息中，快速准确地获得自己所需的信息和知识的能力提出了严峻的挑战。

这里面蕴含了两条信息：其一，网络既然提供了这么海量的信息，译者为什么不能善加利用呢？其二，网络的信息如此庞杂，译者怎样才能快速精准地找到所要的信息呢？

1.3　译员搜商调查

笔者曾就译员的搜商进行过一次问卷调查。问卷的调查对象为中英译员、英语笔译在读硕士、英汉翻译课程教师。其中职业译员 47 名，英语笔译硕士（在读）178 名，翻译教师 63 名，另外还有 103 名自由译者和兼职译者。该调查收回有效问卷 391 份。

调查表明，有 91.05% 的受访者认为网络搜索是一项翻译技能，仅有 3.33% 的受访者对此持不同观点（图 1.1）。实际上，早就有学者提出翻译能力应包括搜索能力。EMT 专家团队（2009）认为翻译能力包括信息挖掘能力（information mining），即译员应该知道如何使用搜索引擎或其他工具获取所需信息。Pinto Molina 和 Sales Salvador（2007：47-74）指出，成为专业化译员的第一步必须是掌握信息查询技巧（skill of information search）。

冯全功、张慧玉（2011：33-38）认为，在职业翻译能力中，不仅包含翻译工具（软件）的运用能力，还有译员的信息检索能力。笔者在对翻译能力进行系统研究之后，首次明确提出了翻译技术能力这一概念，翻译技术能力包括计算机基本应用能力、信息检索能力和计算机辅助翻译技能（王华树，2016：121-182）。翻译技术能力是信息化时代语言服务行业对职业译者提出的新要求，是对传统翻译能力概念的重要拓展。信息检索能力即搜索能力，它是翻译技术能力的重要组成部分，必然也是翻译能力的应有之义。

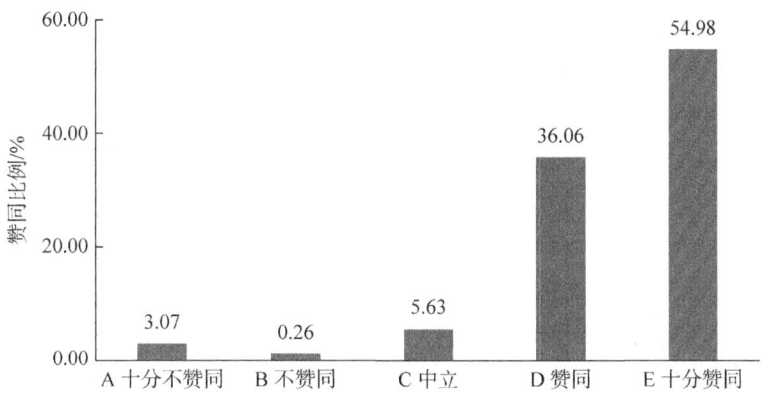

图 1.1 受访对象对"搜索是一项翻译技能"的赞同比例

1.4 搜索在翻译中的功能与必要性

在信息爆炸的时代，译者要不要利用这些丰富的网络信息资源呢？当然要。笔者在译员搜商调查中发现，有 89.51% 的受访者认为在翻译中有必要使用网络搜索，只有 2.56% 的受访者认为没必要；有 87.72% 的受访者认为通过网络搜索可以改善翻译质量，只有 1.28% 的受访者表示不赞同；有 87.72% 的受访者认为有必要进行网络搜索的相关培训，只有 0.87% 的受访者对此不赞同。由此可见，绝大多数受访者认为在翻译中利用网络检索十分必要，而且还认为有必要开展相关的培训。

事实上，该问卷还发现，在翻译中使用搜索引擎的受访者高达 92.07% ，只有 2.03% 的受访者几乎不或者从不使用搜索引擎（图 1.2）。这其中，几乎不或从不使用搜索引擎的受访者以在读翻译专业硕士居多，译员和翻译教师则为 0。这说明，使用网络检索已经成为译员十分普遍的翻译行为。

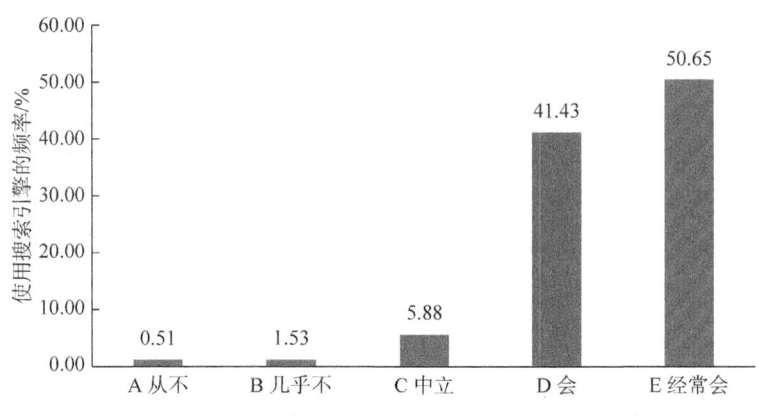

图 1.2 受访对象使用搜索引擎的频率

著名译者法磊（2009：49）曾经指出："在翻译的历史长河中，网络的出现绝对是翻译发展的强大助推力，尤其是搜索引擎的出现对翻译来说更是革命性的变化，因为翻译可以在资料的大海里捞针，而且可以捞到金针。这一点，相信目前从事翻译的人都深有感触，因为搜索引擎是翻译的好帮手，在互联网时代，借助'搜索'来为自己的翻译镀金更是一门必备的技能。"

译者无论多么聪慧好学，博闻强记，他的知识范畴终归是有局限的。但译者在翻译中遇到的专业知识却是没有穷尽的。即便是从事某一专业领域、经验丰富的职业译者，也会遇到陌生的专业领域知识。无论多么资深的译者，也会在翻译中遇到晦涩难懂的原文，也会遇到难以表达的译文。借助网络，译者不仅可以弥补知识的短板，还可以解决翻译过程中的理解和表达障碍。李长栓（2009：113）指出，翻译的过程，就是一个调查研究的过程，一个解决问题的过程。对译者而言，网络正是重要的调查研究工具之一。

译员在翻译中使用网络检索，有以下几个主要原因。

（1）知识更新日益加快与译员知识储备扩充缓慢的矛盾。在信息时代，知识更新日益频繁，且体量巨大、时效更强。译员在翻译中经常遇到许多无法通过字典查得的新词、新术语、首字母缩略语、新概念、机构组织名称等。因此译者亟须通过网络这个动态的资源库来搜索信息，翻译那些字典无法查得的语料。Nicky Harman 曾通过列举"绿色食品"和"入世"这两个翻译实例说明搜索网站的重要性，并建议使用非商业性的官方网站保证术语的权威性。使用网站应先在源语网站收集信息，再通过目的语网站查找合适匹配的文档。我们可以通过一些双语网站搜集大量的语料、深入分析翻译过程、查找相应术语。例如，在加拿大就有许多英法双语网站。两种语言的匹配同时也取决于双语的质量。❶

（2）网络资源量十分庞大。众所周知，翻译涉及许多不同领域的专业知识，在浩瀚的知识面前，译者掌握的知识只是九牛一毛。虽然个人的知识储备总有瓶颈，但人类知识总在不断发展和更新，新知识、新词汇总会不断涌现。互联网相当于一个超大规模语料库，它可以容纳浩如烟海的知识和信息，而且网络资源实时更新、包容万千，其所涵盖的知识和信息容量远远超过了纸质工具书。网络搜索便是进入这个语料库的钥匙，掌握网络搜索这把钥匙，便可以弥补个人知识储备的不足。

（3）网络检索快捷便利。传统的纸质词典和工具书固然权威可靠，但是更新缓慢，而且工具书分类繁杂，价格昂贵，不便于使用和携带。但网络检索则相对简单快捷，只要具备上网条件，就掌握了获得海量网络资源的钥匙。据统计，在不包括阅读时间的前提下，用传统纸质词典查一个词平均需要 32.5 秒，而用网上词典查一个词平均仅需 16.8 秒（王军礼，2007：36-40），这在很大程度上节省了译员的时间，提高了翻译效率。

总之，翻译是一种信息密集型活动。译员是信息的使用者、加工者和生产者，掌握各种信息资源、善于利用网络搜索查找信息，已成为信息时代职业译员的一种重要能力。阿根廷诗人博尔赫斯有一句诗："我心里一直都在暗暗设想，天堂应该是图书馆的模样。"对于译者而言，天堂应该是网络的模样吧。

---

❶ Nicky Harman. 谈翻译科技在 21 世纪的应用 ［EB/OL］．［2021-10-23］．https：//sits. gdufs. edu. cn/info/1071/1406. htm.

1.5 网络搜索是大脑的延伸

早期的翻译，在没有网络的帮助下，译者遇到疑难问题必须依靠自己解决。赞宁在《宋高僧传》简略记载了早期翻译的困窘。"译之言易也，谓以所有易所无也。譬诸枳橘焉，由易土而殖，橘化为枳。枳橘之呼虽殊，而辛芳干叶无异。又如西域尼拘律陀树，即东夏之杨柳，名虽不同，树体是一。自汉至今皇宋，翻译之人多矣。晋魏之际，唯西竺人来，止称尼拘耳。此方参译之士，因西僧指杨柳，始体言意。其后东僧往彼，识尼拘是东夏之柳。两土方言，一时洞了焉。唯西唯东，二类之人未为尽善。东僧往西，学尽梵书，解尽佛意，始可称善传译者。宋齐以还，不无去彼回者。若入境观风、必闻其政者，奘师、法师为得实。此二师者两全通达，其犹见玺文知是天子之书，可信也。《周礼》象胥氏通夷狄之言，净之才智，可谓释门之象胥也欤！"西僧所言尼拘律陀树实为中原之杨柳，在没有词典、没有网络的时代，直到晋魏之际，译员方才恍然大悟。翻译之艰辛，由此可见一斑。赞宁所言，奘师法师（玄奘和法显）的译本忠实可信。是因为两人都曾求教天竺，尽得西学。这从侧面反映当时佛经翻译的残酷现实：译者除了依靠自己，并没有多少参考资源可资借鉴。因此见奘师法师之译本，犹见玺文知是天子之书可信也。古代读者对于译文的质量心知肚明。可见在信息闭塞的时代，在缺乏搜索资源的大环境下，译文质量在很大程度上取决于译者自身的学识修养。

玄奘自天竺携经书 650 余部，返回长安，并在长安设立译场，用余生近 20 年时间，主持译出经论 75 部，1335 卷，其所译佛经之质量，也达到了历史最高水平。玄奘也被印度学者柏乐天誉为"有史以来翻译家中第一人"。

从表 1.3 可知，玄奘的译场除了译主为玄奘本人之外，还设立了其他 10 个岗位，组织宏大、人员众多，分工严密、各司其职，俨然一个庞大的现代化翻译工厂。在这样严密的组织分工之下，译文质量自然比较有保障。但译场的设置并非玄奘首创，自东汉时就已经有了。11 个岗位中，除了译主本人之外，其他人对于译文质量的影响相对有限，有些甚至无关。

表 1.3 玄奘的译场设置

序号	职位	职责
1	译主	翻译的总负责人
2	证义	审读译文与原文之间有无出入
3	证文	译主诵读梵文时，由他注意原文有无错误
4	度语	根据梵文读音，记成汉字，又称书字
5	笔受	将梵文译为汉文
6	缀文	按照汉语语法整理译文
7	参译	校勘原文，并将译文译回原文，再与原文对照

序号	职位	职责
8	刊定	删削译文使洗练
9	润文	润色译文
10	梵呗	唱诵原文，修正音韵
11	监护大使	钦命大臣监阅译经

而道宣对于玄奘译经也曾有过这样的评价："自前代以来，所译经教，初从梵语倒写本文，次乃回之，顺同此俗，然后笔人观理文句，中间增损，多坠前言。今所翻传，都由奘旨，意思独断，出语成章，词人随写，即可披玩。"由此可见，在译经过程中，玄奘本人意思独断，发挥着决定性的作用。译场虽然组织庞大，人员众多，但很难想象其他人会对玄奘的译文有多少质疑。一旦遇到些许疑难障碍，所有人都要求教于玄奘，几乎全凭他一人定夺。在没有字典、没有网络的时代，玄奘本人遇到疑难问题，该去求教谁呢？可以说玄奘在译场中，他自身就是行走的词典、语料库、搜索引擎。同时代的译者是幸运的，因为他们可以求教于玄奘。同时也是不幸的，因为他们只能求教于玄奘一人。

双语词典的诞生极大地纾解了译者的翻译困难。但相对于浩瀚的翻译内容，即便万卷词典，也不过是杯水车薪。字典的缺陷显而易见，容量小、更新慢、时效性差、不便携带。以至于鲁迅在翻译时，也不禁感叹："好像在脑子里面摸一个急于打开箱子的钥匙，却没有。"直到网络的出现，译者的生产力才得到了解放。

审视古今人类翻译过程，不难发现，译者在翻译中总会遇到疑难问题，其解决途径无非两种：一种是借助内部力量，另一种是借助外部资源。所谓内部力量，即译者自身的学识才情；所谓外部资源，即包括翻译中所借助的外部辅助。

纵观人类翻译发展历程，早期的个人译者几乎完全依靠自身学识。从近现代至今，随着双语词典的出现、再到网络的问世，译者的外部辅助不断丰富强化。这实际上是译者辅助资源不断扩充、丰富的过程。在早期依靠个人译者的时代，译者的大脑就是唯一的信息存储器。译者遇到困难，别无他法，只能"人肉搜索""绞尽脑汁"，在有限的信息存储器中苦苦搜寻。这个信息存储器的好处就是它非常智能，无须输入检索词，就能自动检索结果。但存储量有限，且容易遗忘、混淆。双语字典的出现给译者的大脑增加了一台外挂。译者在大脑中搜不到答案时，就可以借助双语词典。这无疑是给大脑这个信息存储器扩容。但这个新增的存储器缺点也很明显，就是容量有限，增长缓慢，且检索起来十分烦琐。但译者从仅能依靠大脑记忆进行搜索，拓展到了可以借助纸质词典搜索，这是译者搜索的第一次飞跃。网络和电子资源的出现彻底改变了这一状况。网络和电子资源容量几乎无限，而且更新迅速，检索也比纸质词典更加便捷，译者只需要输入检索词，就能反馈检索结果。网络和电子资源的发明实现了译者搜索的第二次飞跃。

大脑是一个存储容量有限而且会出现"掉包""坏道"的"信息存储器"。网络和词典则是外挂的信息存储器。

从搜索的行为特征来看，网络和词典都是大脑的延伸。追溯到两汉三国南北朝时期，那时的佛经翻译家几乎没有多少参考资源，完全凭借大脑记忆，也就是依靠译者个人的能力和知识储备去做翻译。这样完成的译本难免会错误重重，各版本之间也存在不一致。这也是玄奘为什么要去天竺学习真经的原因。严复曾经为了一名之立，旬月踟蹰；鲁迅也曾在大脑中苦苦求索开箱秘钥。由此可见，从古代到近现代，参考资源的匮乏给译者造成了巨大的困扰。后来纸质词典的出现极大地便利了译者的工作，但网络时代的来临又将纸质词典推进了历史的尘埃。

网络搜索和查询纸质工具书的区别在于信息的媒介不同。网络搜索的媒介是电子资源，纸质工具书的媒介是纸质资源。两者都是译者在翻译中寻求外部资源的辅助工具，都是译者的外部资源。它们发挥着相同的功能，即缓解译者的翻译障碍，辅助译者进行翻译。虽然两者在形式和容量上存在差别，但本质上并没有什么不同。由此可见，从依靠大脑记忆到依靠纸质词典，再到借助网络，不过是译者辅助工具的延伸、外扩和强化。从这个意义而言，网络搜索就是译者大脑的延伸。

第 2 章

译员的搜商现状与养成

> 一名之立，旬月踟蹰。我罪我知，是存明哲。
>
> ——严复

● 2.1 搜商定义

搜商的概念最早是由中搜总裁陈沛（2006）提出的，他指出，搜商是搜索商数的简称，是人类通过某种手段获取新知识的能力。搜商有三个层次：一是运用搜索引擎的能力，这是最狭隘的搜商定义；二是运用物质性工具进行搜索的能力；三是泛指人们所有搜索行为的能力，这是最广泛的搜商定义。在翻译领域，搜商是指译员利用搜索解决翻译困难的能力。学者对网络搜索的方法、技巧乃至搜索资源进行了较多的探讨，但是对译员的搜商研究较少。具体而言，翻译硕士、翻译教师和职业译员的搜索效率有无差异，三者在搜商上存在什么差别，这对于翻译硕士培养中有何启示，还没有过研究。

许多学者早就指出，搜索在翻译中可以发挥巨大作用。例如，在搜索内容方面，译者可以查询背景资料、新词、专有名词、术语、引文，等等（王华树等，2018；周杰，2007；倪传斌等，2003）。搜索不仅可以在翻译中帮助译者准确理解原文，保证用词精准，还可以对译文进行润色和验证（王连江，2013；李晓红，张硕，2013；万兆元，2012）。因此，在翻译中，译者应当勤于搜索，善于搜索。可惜大多数研究并没有分析专业译者提高搜商的方法，也没有比较职业译者和学生之间的搜商差别。

在搜索方法方面，针对搜索引擎的使用方法，万兆元（2008）提出了"双语并举"的方法，即在检索框输入原文检索词和译文检索词，然后进行搜索，举例分析了检索词+专业领域的方法；吴瀛（2012）举例分析了拆词法在科技术语翻译中的应用；王华树等（2018）详细分析了检索语法在翻译搜索中的应用。但这些研究并没有分析译者搜商的养成。

在搜索资源方面，也有许多学者列举了在翻译中可资查询的语言资源网站，如搜索引擎、在线词典、机器翻译、在线语料库和百科网站等（杨晓斌，2013）。可惜上述研究都没有对职业译员、翻译教师和翻译硕士的搜索效率及搜商进行分析。

职业译员、翻译教师和翻译硕士之间的搜索效率是否存在差距？三者的搜商是否存在差距？围绕这两个问题，本书将展开深入探索。

2.2　搜商的构成

译员的搜商包括五个组成部分：搜索意识、对搜索资源的积累、对搜索内容的运用、对搜索方法的变通及信息甄别能力。

所谓搜索意识，是指译员能够意识到搜商对解决翻译障碍的重要作用，当有需求时，会把搜索作为获取信息的主要渠道之一，还能意识到不断提高搜商的必要性和具有主动提升的自觉性。在翻译过程中，当遇到问题以后，先定位需求，然后再找解决方案，这就是搜索意识。因为在翻译中遇到的问题，很可能早就有人遇到过了，而且早就有解决方法或答案了，我们只需要找到相关答案、细心甄别，加以改进即可。将互联网作为大脑的外挂帮助我们完成翻译，这就好比站在巨人的肩膀上一样。良好的信息搜索意识是成为高搜商译者的前提。搜索意识的强弱直接影响到译者利用搜索解决翻译障碍的积极性。

搜索资源要解决在哪里搜、用何种工具搜的问题。常常有学生将搜索等同于百度或者谷歌，这实际上是一种误区。百度和谷歌是通用的搜索引擎，但两者并不能覆盖所有的网络信息。因此，仅仅使用搜索引擎常常并不能获得理想的检索结果。网络资源搜索是译员核心语言资产的重要组成部分之一。职业译员通过长期的翻译实践摸索，掌握了宝贵的搜索资源，可以快捷高效地找到所需信息，这些搜索资源就是译者的重要语言资产。不同语言对的职业译员所掌握的搜索资源各有不同，不同领域的职业译员所掌握的搜索资源也不尽相同。例如，专利译员、法律译员、医药译员所掌握的搜索资源就有所差别。因此，译者应当在翻译中不断累积搜索资源，并以此积累核心语言资产。对译员而言，常用的搜索资源除了百度、谷歌这样的搜索引擎外，还有在线词典、在线语料库、机器翻译、百科、数据库、术语库，等等。

搜索内容要解决搜什么。当遇到翻译阻碍时，译者需要了解阻碍自己翻译的问题本质是什么，信息需求的本质是什么，需要什么样的信息才能解决这一阻碍，这就是搜索内容。在翻译实践中，常见的搜索内容主要有以下几种：背景知识、词语搭配、同族文献、平行文本、术语、图片、新词、专有名词、双语例句，等等。

搜索方法对检索效果和效率至关重要，搜索方法除了检索词的设定外，还有通配符、搜索运算符、正则表达式等通用检索符号在内的高级检索语法。选择合适的高级检索技巧可达到事半功倍之效。网络资源的高级检索技巧一般是指运用和针对网络资源自身特点定制的检索语法，实现对网络资源中所含数据的筛选和分类。

信息甄别能力是指对检索结果的正确性、真实性、权威性和适用性的判断能力。网络信息来源复杂、良莠不齐，对检索结果不加甄别、盲目采信，将对翻译质量产生消极影响，因此有必要对信息的真实性与可信性进行辨识。

2.3 译员搜商的现状

为了解译员的搜商现状和搜索习惯,笔者采用调查问卷的方法对此展开了探索。问卷的发放对象为中英译员、英语笔译在读硕士、英汉翻译课程教师。问卷设计包含 34 个问题,用问卷星制作,发放途径为中英译员比较集中和活跃的微信群,并在微信朋友圈发布。回收结果利用 SPSS 进行平均值比较分析。该调查收回有效问卷 391 份。其中职业译员 47 名,英语笔译硕士(在读)178 名,翻译教师 63 名,另外还有 103 名为自由译者和兼职译者。受访者的提交来源地前五名分别为北京、上海、河北、江苏和山东,其中香港地区和台湾地区各有 1 名受访者提交问卷。此外,问卷提交的来源地还包括加拿大和美国各有 2 名,伊拉克和巴西各有 1 名。研究对象覆盖面广泛,具有较高的代表性。

搜商由搜索意识、搜索内容、搜索资源、搜索方法、信息甄别五个部分组成。译员的搜商影响着翻译的搜索效率。

搜索效率包含两个维度,即搜索成功率和搜索的速度,两者和搜索效率均呈正比关系。换言之,既要搜得准,又要搜得快。严复曾经感慨,"一名之立,旬月踟蹰"。但在现代化工业大生产的背景下,在当代翻译实践中,为了一个名词的翻译,旬月踟蹰是不现实的,也不符合翻译项目的时间要求及经济成本要求。善于搜索、搜得准、搜得快是译员的优秀品质。搜索成功率的问题设置如下:

(1) 网络搜索会解决你的翻译疑难吗?
　　A. 从来不会　B. 不会　C. 中立　D. 会　E. 经常会

利用比较平均值,得到如表 2.1 所示结果。

表2.1　搜索成功率平均值

职业	平均值
职业译员	4.28
翻译硕士(笔译)	3.81
翻译教师	3.97

表 2.1 显示,职业译员的平均值为 4.28,位居第一,而翻译专业硕士的平均值仅为 3.81,位居第三。显然职业译员的搜索成功率明显高于翻译教师和翻译硕士。

搜索速度的问题设置如下:

(2) 一般而言,您通过网络搜索解决翻译疑难的速度_____。
　　A. 非常慢　B. 慢　C. 一般　D. 快　E. 非常快

如表2.2所示，职业译员的平均值为3.64，搜索速度高居第一，而翻译硕士的平均值仅为3.13，位居第三。显然职业译员通过网络搜索解决翻译疑难的速度明显高于翻译教师和翻译硕士。

表2.2　搜索速度平均值

职业	平均值
职业译员	3.64
翻译硕士（笔译）	3.13
翻译教师	3.34

综合表2.1、表2.2可知，职业译员通过网络搜索解决翻译疑难不仅成功率最高，速度也最快。翻译硕士通过网络搜索解决翻译疑难不仅成功率最低，速度也最慢。换言之，职业译员的搜索效率明显最高，而翻译硕士的搜索效率最低。

在问卷调查中，搜索意识设置了4个问题，分别是：

（1）您对翻译过程中的网络搜索持什么态度？
A. 非常没必要　B. 没必要　C. 中立　D. 必要　E. 非常必要
（2）有人认为搜索是译员必备的一项重要技能，您对此持何态度？
A. 十分不赞同　B. 不赞同　C. 中立　D. 赞同　E. 十分赞同
（3）有人认为翻译中使用网络搜索可以改善翻译质量，您对此持何态度？
A. 十分不赞同　B. 不赞同　C. 中立　D. 赞同　E. 十分赞同
（4）有人认为翻译公司和学校应该开展搜索相关的培训，您对此持什么态度？
A. 十分不赞同　B. 不赞同　C. 中立　D. 赞同　E. 十分赞同

利用比较平均值，可以获得如表2.3所示结果。

表2.3　搜索意识平均值比较

职业	问题1	问题2	问题3	问题4
职业译员	4.47	4.57	4.51	4.34
翻译硕士	4.44	4.44	4.26	4.34
翻译教师	4.43	4.40	4.20	4.15

表2.3显示，职业译员在问题1~3中，均位居第一。只在第4个问题上，职业译员和翻译硕士的得分并列第一。这表明职业译员的搜索意识整体上优于翻译硕士和翻译教师。翻译教师在4个问题中均位居末席，这表明翻译教师的搜索意识亟须提高。

搜索内容设置了9个问题，分别是：

(1) 在翻译中，您会搜索例句吗?

(2) 在翻译中，您会搜索生僻词汇吗?

(3) 在翻译中，您会搜索专业术语吗?

(4) 在翻译中，您会搜索专有名词（人名、地名、机构名等）吗?

(5) 在翻译中，您会搜索背景资料吗?

(6) 在翻译中，您会搜索图片吗?

(7) 在翻译中，您会搜索词语搭配吗?

(8) 在翻译中，您会搜索韵脚吗?

(9) 在翻译中，您会搜索同义词、反义词吗?

利用比较平均值，可以获得如表2.4所示结果。

表2.4　搜索内容平均值比较

职业	问题1	问题2	问题3	问题4	问题5	问题6	问题7	问题8	问题9
职业译员	4.21	4.43	4.51	4.53	4.30	3.64	4.21	2.68	3.49
翻译硕士	3.83	4.18	4.40	4.34	3.89	2.93	3.94	2.44	3.45
翻译教师	4.05	4.34	4.52	4.51	4.12	3.48	4.11	2.86	3.77

表2.4显示，职业译员在问题1~7中，均位居第一。而翻译硕士在所有9个问题中，得分平均值均为最低。这表明职业译员的搜索内容整体上优于翻译硕士和翻译教师。翻译硕士在9个问题中均位居末席，这表明翻译硕士的搜索内容亟须加强。翻译教师在第8、第9两个问题中，即在韵脚、同义词和反义词搜索方面，得分最高。这反映出翻译教师在翻译中更加注重用词，也与教师更多从事文学类体裁翻译有关。

搜索资源设置了4个问题，分别是：

(1) 在翻译中，你使用搜索引擎（百度、谷歌等）吗?

(2) 遇到翻译疑难问题，您会查询两个或多个不同的搜索引擎吗?

(3) 在翻译中，你使用电子词典（有道词典、金山词霸）吗?

(4) 在翻译中，您会查询机器翻译结果来辅助翻译吗?

利用比较平均值，可以获得如表2.5所示结果。

表2.5　翻译资源平均值比较

职业	问题1	问题2	问题3	问题4
职业译员	4.51	4.34	4.21	3.26
翻译硕士	4.35	4.11	4.25	3.59
翻译教师	4.52	4.17	4.22	3.68

表 2.5 显示，在 4 个问题中，职业译员、翻译硕士和翻译教师各有领先。这表明在翻译资源方面，三者的差距并不明显。但是翻译硕士和翻译教师均在搜索效率上明显落后于职业译员，这说明翻译硕士和翻译教师在搜索资源的利用技巧上存在不足。

搜索方法设置了 5 个问题，分别是：

（1）您使用百度或谷歌时，会用高级语法（"filetype："" site："等）进行搜索吗？

（2）您在翻译中会使用正则表达式搜索有关内容吗？

（3）您在使用检索词搜索时，会用源语+目标语检索词进行搜索吗？

（4）您有时会对检索词进行拆开搜索吗？

（5）当检索词搜索得不到理想结果时，您会反复修改检索词进行搜索吗？

利用比较平均值，可以获得如表 2.6 所示结果。

表 2.6　搜索方法平均值比较

职业	问题 1	问题 2	问题 3	问题 4	问题 5
职业译员	2.81	2.68	3.81	4.06	4.21
翻译硕士	2.32	2.39	3.32	3.67	4.07
翻译教师	2.52	2.48	3.49	3.67	4.00

表 2.6 显示，在前 4 个问题中，职业译员平均值位居第一，翻译硕士垫底。这表明在搜索方法方面，职业译员要优于翻译教师，翻译教师要优于翻译硕士。只有在第 5 个问题中，翻译硕士得分高于翻译教师，但仍然低于职业译员。这表明，职业译员由于职业习惯，搜索频次最高，因而得分也最高；翻译教师的检索词提炼能力较强，因而较容易精准提炼检索词，搜索效率较高；与之相对，翻译硕士的检索词提炼能力不足，导致需要反复修改检索词，才能实现搜索目的。

信息甄别设置了 1 个问题：

您会对网络检索的翻译结果进行验证吗？

利用比较平均值，可以获得如表 2.7 所示结果。

表 2.7　信息甄别平均值比较

职业	平均值
职业译员	4.15
翻译硕士	3.85
翻译教师	4.03

表 2.7 显示，在信息甄别方面，职业译员优于翻译教师，翻译教师优于翻译硕士。这表明翻译硕士的信息甄别意识和能力较低，亟须提高。

因此，翻译教师和翻译硕士与职业译员在翻译效率上存在明显差距。其原因在于三者的搜商存在差别。具体而言，职业译员在搜索意识、搜索内容、搜索方法、信息甄别能力等方面具有明显优势。翻译硕士与职业译员在搜索意识、搜索内容、搜索方法、信息甄别能力上存在明显差距，但在搜索资源方面差距不明显。翻译教师与职业译员在搜索意识、搜索内容、搜索方法、信息甄别能力上存在明显差距，在搜索内容中，在韵脚和同义词、反义词搜索方面，翻译教师得分较高。这反映出翻译教师在翻译中更加注重用词，也与教师从事的翻译体裁相关，但在搜索资源方面差距不明显。

2.4 善思、善辨、善查

近代翻译家马建忠（1994：225）在《拟设翻译书院议》中指出："其平日冥心钩考，必先将所译者与所以译者两国之文字深嗜笃好，字栉句比，以考彼此文字孳生之源，同异之故。所有相当之实义，委屈推究，务审其音声之高下，析其字句之繁简，尽其文体之变态，及其义理精深奥折之所由然。夫如是，则一书到手，经营反复，确知其意旨之所在，而又摹写其神情，仿佛其语气，然后心悟神解，振笔而书，译成之文适如其所译而止，而曾无毫发出入于其间，夫而后能使阅者所得之益与观原文无异，是则为善译也已。"他用精炼的文字提出了善译的概念，指出实现善译的途径，即译者必须考文字之渊源、辨实义之相当、思意旨之所在。尽管这里的查并非搜索网络资源之意，但也体现了我国早期翻译家注重考据查证的工匠精神。这种方法放到现在的翻译实践中，依然非常实用。当然，时移世易，放在大数据时代的今天，这种思想也需要与时俱进。考文字之渊源，可以修改为查证网络等工具资源。故此，欲得善译，必先求善思、善辨、善查，即译者要善于思考、善于辨析、善于查证。

善查的前提是善思、善辨。只有善思、善辨，译者才会发现问题、发现瑕疵，才会发现不合情理之处，才会发现不符合逻辑之处。曹明伦（2011：119-123）在评析第二届"英语世界杯"翻译大赛参赛译文时，针对部分参赛译者把 overtopped by a huge bank of diluvial clay 翻译成"周围是高高的防洪堤坝""岩层上面堆积着巨大的洪积土层的河岸"，甚至"黏土洪积成的巨大堤岸高出水面很多"，他批评说，"翻译时偶尔思路不清可以理解，可译完后译者为何不对着自己的译文认真想想：干吗要把高高的防洪堤修筑在一个采石场周围？巨大的河岸怎么会堆到岩层上面去了？巨大堤岸高出水面很多与采石场有什么关系？若对这些问题稍加思索，译者就可能回过头去查考辨析，从而使自己的译文更接近原文"。

译者要"善于辨析，是说译者不仅在下笔或敲键前要对原文的词汇、短语和语法结构进行辨析，而且此后对自己选用的母语字句也要进行推敲，尤其要辨析原文和译文之实义是否相当"（曹明伦，2011：119-123）。大多数译者所掌握的英语词汇量一般都较大，但他们中很多人都有个通病，那就是与某个英语单词相对应的汉语词汇往往就是他们当年学英语时第一次接触到的那个，如一见 boy 就译成"男孩"，一见 mad 就译成"疯狂"，一见到 expect 就译成"期待"，一见 perfect 就译成"完美"。殊不知许多常见

的单词常常有多个义项，译者对词义的选择和判断有一个基本准则，即每个单词在新的语境中都是一个新词。❶

望文生义是译者大忌。美国学者托尔曼（Tolman）说："读到一个原文单词，不应该急于在脑子里产生一个与之相等的母语词汇，而应该先把原文单词与之所代表的事物联系在一起。"❷（谭载喜，2004：180）初学翻译者一定要克服那种只要能在词典里找到所谓的对等词就算了事的陋习。诚如曹明伦（2004：88-90）指出的："须知词典里的词是死的，而文句中的字是活的。词典只承担释义的责任，而不负有翻译的义务。"曹明伦（2013：193）在评析第二届"英语世界杯"翻译大赛参赛译文时，曾经批评这种毛病："有人一见 boy 就只想到'男孩'，结果便有了'小男孩儿''未发育成熟的男孩儿''童工'和'采石童'等译文，殊不知 boy 还可指'男青年''小伙子'，而作者去采石场干活那年已经 17 岁，应该是个大小伙子了。又如有人一见 rude 就只想到'粗鲁'或'粗暴'，结果便有了'简陋与粗鲁的工具''简单而粗暴的工具''这些工具既简单又粗鲁'和'这些工具使用起来简单粗暴'等令人费解的译文，殊不知 rude 还有 made in a simple basic way 的含义，在原文中与 simple 连用表示对词义的强调，因此 simple and rude implements 的意思就是'很简陋的工具'。"

另外，许多初学者对于时态的意义也缺乏足够敏感，对原文时态也缺乏认真辨析。英语的时态则非常明确，在英语明确的时态上，学者们对英语时态也进行了不同的界定，里昂丝（Lyons，1995：313）认为"时态体现时间意义，它以一定的方式指向特定言语、参照和事件的时间点和时间段，体现于一定情节相关的时间框架"。在英语中有十六种时态，所谓"时"就是行为发生的时段或状态存在的时段，有完成状态、进行状态、完成进行状态或一般状态四种。由时和态结合，便形成了十六种时态。但是汉语中并没有十分明确的时态。初学者在翻译实践中往往会忽略时态的意义，一旦处理不当，译文有时甚至南辕北辙。例如：

When Bill was very young, **they had been in love**. Many nights they had spent walking, talking together. Then something not very important had come between them, and they didn't speak. Impulsively, she had married a man she thought she loved. ❸

很多学生将第一句翻译成，"比尔还很年轻的时候，他们就相爱了"。丝毫没有察觉原文使用的是过去完成时 "they had been in love"。所谓过去完成时，表示过去某一时间或动作以前已经发生或完成了的动作，对过去的某一点造成的某种影响或结果，用来指在另一个过去行动之前就已经完成了的事件。简言之，他们相爱这件事已经在过去的某个时间点就已经结束了，隐含之意就是现在已经不相爱了。因此，这句话的意思是，"比尔还很年轻的时候，他们曾经相爱过"。

---

❶ John Rupert Firth. *Papers in Linguistics* 1934-1951. London：Oxford University Press，1957：190.

❷ 西方翻译简史：增订版［M］. 上海：商务印书馆，2004：180.

❸ Langston Hughes. 短篇小说 EarlyAutumn［EB/OL］.［2021-10-21］. https：//www.scribd.com/document/422526045/15-Early-Autumn.

第 3 章

用什么搜索？——资源篇

善读书者需备三种工具书：词典、地图和百科全书。

——《哥伦比亚百科全书》

提起搜索，很多人就想到百度或谷歌，这实际是一种误解。虽然百度和谷歌是译者最常用的搜索工具之一，但对于职业译员而言，搜索绝不仅是百度或谷歌这么简单。可以说，搜索不等于百度或谷歌。不善于使用谷歌、百度进行搜索的译者不是好的译者，仅会使用谷歌、百度搜索的译员也不是好的译者。

网络资源搜索是译员核心语言资产的重要组成部分之一。职业译员通过长期的翻译实践摸索，掌握了宝贵的搜索资源，可以快捷高效地找到所需信息，这些搜索资源就是译者的重要语言资产。不同语言对的职业译员所掌握的搜索资源略有不同，这一点不言而喻。进一步讲，不同领域的职业译员所掌握的搜索资源也不尽相同，如专利译员、法律译员、医药译员所掌握的搜索资源就有所差别。因此，译者应当在翻译中不断累积搜索资源，并以此积累核心语言资产。李长栓（2004：vi）就曾指出："职业译员应当具备翻译各专业文件的能力，条件是拥有充足的资源，允许我们在翻译前或翻译过程中进行充分的调查研究。"由此可见，搜索资源的占有和合理运用是译员搜商的重要组成部分。

但在现实中，多数翻译初学者对网络资源的选择或受限于资源的缺乏，或受制于不熟悉资源调用策略。对译员而言，常用的搜索资源除了百度、谷歌这样的搜索引擎外，还有在线词典、在线语料库、机器翻译、百科、数据库、术语库等。

● 3.1 搜索引擎

搜索引擎（Search Engine）就是网络信息资源检索与利用的核心工具。英语有句话，是说 The best place to hide a dead body is the second page of Google search。这句话反映了人们使用搜索引擎时往往贪图速成。网络就是一个巨大的信息资源库，但如果缺乏必要的技巧和方法，要从这个信息海洋中准确、迅速地找到并获取自己所需的信息，往往比较困难。

搜索引擎是专门用于检索的网站的统称，是指能够在互联网上主动搜索、组织信息，并提供查询服务的一种工具。其工作原理是利用网络搜索软件将大量网站的页面信息进行收集、加工、处理，建成数据库后，对用户提出的各种查询请求做出反馈，并提供用户所需信息地址（王香莲，2004：52-55）。搜索引擎可分成全文搜索引擎和目录索引。全文搜索引擎是指在搜索框输入检索词，从互联网提取各网站信息，建立数据库，并检索出与用户查询条件相匹配的记录，按一定的顺序返回结果；目录索引是指把网站分门别类地存放在相应的目录下，用户在查询信息时，可以选择检索词查找，也可按分类目录逐层查找（康琴，2010：141-142）。前者以百度、谷歌为典型，后者以雅虎为代表。

搜索引擎常常是用户利用网上资源的第一途径。大多数搜索引擎并不真正搜索互联网，它搜索的实际上是预先整理好的网页索引数据库；搜索引擎也不能真正理解网页上的内容，它只能机械地匹配网页上的文字。

（1）百度。百度（Baidu）是由两位北大校友、超链分析专利发明人李彦宏与好友徐勇创办的，于 2001 年 10 月 22 日正式发布。百度是全球最大的中文搜索引擎，为中文用户度身定制，在中文互联网拥有天然优势。除了可以搜索网页、新闻、图片、视频外，百度还提供百科、知道、贴吧等特色版块。百度搜索比较稳定，但是垃圾广告较多。在译员搜商调查中，百度是位居第二的搜索引擎，仅次于谷歌（图 3.1）。

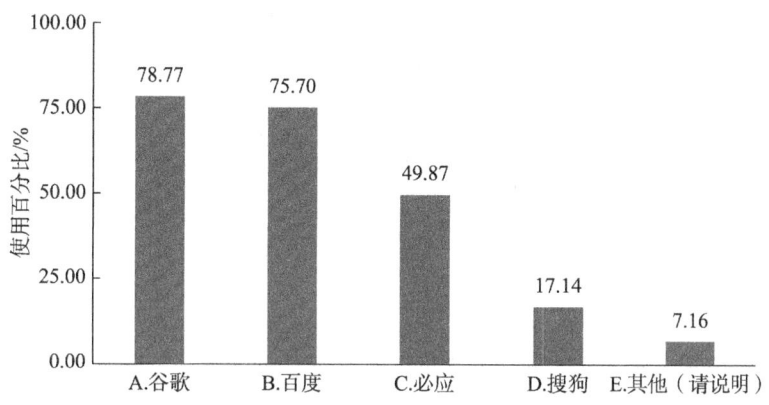

图 3.1　各大搜索引擎的使用情况排名

在百度的搜索界面输入检索词后，点击"百度一下"或按 enter 键，百度默认反馈网页检索结果。点击图片、视频、资讯、贴吧、文库、知道、地图等，将反馈相应的检索结果。网页搜索内嵌英汉互译词典。如果想查询英文单词或词组的解释，可在搜索栏中输入"英文单词或词组"+"是什么意思"，百度翻译就可给出解释。如输入"Chinese dream 是什么意思"，检索结果的第一条就是百度翻译，其中包含大量双语例句。如果想查询某个汉字或词语的英文翻译，可在搜索栏中输入"汉字或词语"+"的英语"，就能得到百度翻译的结果，如输入"氧化钙的英语"，检索结果的第一条就是百度翻译。英汉互译功能除了可以在网页搜索中进行以外，还可在百度词典中进行。

（2）谷歌。谷歌（Google）是由美国斯坦福大学的博士生拉里·佩奇（Larry Page）和谢尔盖·布林（Sergey Brin）于 1996 年创建的搜索引擎发展而来的，1998 年正式定名为 Google。"Google" 是一个数学术语，即 10 的 10 次方，表示 1 后面跟着 10 个 0。谷歌用此术语寓意为：组织网络上无穷无尽的资讯。谷歌是全球最大的搜索引擎，通过对 200 多亿条网页信息的整理，每天为世界各地提供 1.5 亿次以上的网上信息查询服务。在译员搜商调查中，谷歌是位居第一的搜索引擎（图 3.1）。谷歌的优点是信息量大、支持语种多、功能强大，而且提供了最丰富的高级搜索功能，它的突出优势还有学术搜索和图书搜索。百度在更新时间和搜索速度上稍稍领先谷歌，但谷歌和百度的检索结果平均有 85% 的不同；在数据库规模、涵盖范围和检准率及网络信息查全率上，谷歌要强于百度；而在中文资源查全率方面，百度要强于谷歌；在文档搜索方面，谷歌和百度各有千秋，但是百度文档需要下载券下载，谷歌文档可以免费下载。

（3）必应。

必应（Bing）是一款由微软公司推出的网络搜索引擎。必应的优点是没有广告。此外，必应还提供丰富优质的图片搜索、海量专业的学术资源、精准快捷的词典翻译功能，其部分功能可替代谷歌。必应的特色是将词典功能放到了搜索的菜单栏，这个设计提高了译者的工作效率，方便了译者。其词典功能还提供丰富的双语例句，必要时还提供机器翻译的结果。

此外，使用不同语种的不同国家都有自己的搜索引擎。有的也具有世界性影响，如俄罗斯的 Yandex。各国主要搜索引擎见表 3.1。

表 3.1　各国主要搜索引擎

搜索引擎	网址	国家
百度	www.baidu.com	中国
必应	www.bing.com	美国
谷歌	www.google.com	美国
Anzwers	www.anzwers.com.au	澳大利亚
Ceek	www.ceek.jp	日本
Goo	www.goo.ne.jp	日本
Searchengine	www.searchengine.com	英国
Naver	www.naver.com	韩国
Yabba!	http://www.yabba.com	德国
Yandex	www.yandex.com	俄罗斯

检索结果的相关性不仅和检索词有关，还受到搜索引擎自身搜索能力的影响。即使同一个检索词，不同搜索引擎的反馈结果和结果排序都是有差异的。另外，由于网上信

息不断更新变动, 没有任何一家搜索引擎可以覆盖所有网络内容。据统计, 谷歌覆盖了英文网页数据量的 60%~70% 。但对于中文网页的覆盖率, 百度和谷歌一般只能达到30%~40% (龚丽萍, 2007: 42-45)。再者, 每家搜索引擎都有自身的特点和优势。例如, 查询澳大利亚的相关信息, 使用澳大利亚的本土搜索引擎会有明显的优势; 查询俄罗斯的背景信息, 使用俄罗斯的本土搜索有明显的优势。因此, 在遇到翻译疑难时, 译者可以尝试使用不同的搜索引擎, 挖掘不同的网络资源。**在某一家搜索引擎搜索的结果不尽如人意时, 换一个搜索引擎或许会有意外的收获。**

尽管搜索引擎是译者普遍使用的搜索工具, 但是依然有相当比例的网络信息是搜索引擎搜不到的。因此, 有必要借助其他的搜索资源。

3.1.1 桌面搜索工具

桌面搜索工具是一种在用户的本地计算机硬盘中执行搜索的工具, 不需要像搜索引擎那样借助互联网来实现搜索。常见的桌面搜索工具有 Everything、Wise JetSearch、FileLocator、谷歌桌面、百度硬盘搜索等。前两者可进行文件名搜索。后两者可以进行全文搜索。例如, 要快速翻译 "三八红旗手", 译员可使用桌面搜索工具对自己收藏的术语表进行全文搜索。本地收藏的术语表一般都经过译员筛选和确认, 而搜索引擎呈现的搜索结果往往还需要译员进行判断, 所以在这种情况下, 使用桌面搜索工具搜索比使用搜索引擎效率高很多。

3.1.1.1 Everything

由于个人电脑往往会存储大量的资料和文献, 译员即使对文件夹进行了科学的分类和整理, 查找文件有时也是一件耗时且令人沮丧的事情。此时, Everything 就有了其用武之地, 这是一款优秀的桌面搜索软件, 可以快速搜索硬盘资料的文件名, 节省译员查找文件的时间, 提高工作效率。Everything 是澳大利亚人大卫·卡朋特 (David Carpenter) 开发的免费文件检索工具, 自从问世以来, 因其占用内存小、搜索迅捷, 获得了全世界 Windows 用户的追捧, 是桌面搜索利器。

例如, 要搜索文件名包含某个关键词的文件时, 只需在检索框输入检索词即可。如果想搜索的文件名中同时包含多个检索词, 在搜索框中将这些检索词分别用一个空格隔开即可。如果要搜索指定目录中的文件, 可以用目录加反斜杠、加空格、加检索词的方式进行搜索。例如, "360downloads \ 公共卫生", 则搜索 360downloads 文件夹中, 文件名包含公共卫生的文件。

Everything 支持通配符和正则表达式。例如, 在检索框输入 "公共卫生 | 新冠肺炎", 则搜索文件名包含公共卫生或新冠肺炎的文件。在检索框输入 "∗.flv", 则搜索flv 格式的任意文件。因为 " | " 表示或, " ∗ " 表示匹配任意长度的字符。有关通配符和正则表达式的使用, 参见本书第 8 章。

3.1.1.2　FileLocator

Everything 在搜索文件名方面十分快捷高效，但有时仅通过文件名并不足以满足需求。例如，我们想要快速找到所需的内容，但不记得文件名，就需要支持文件内容检索的工具了。支持全文搜索的软件也是重度知识管理、搜索用户的必备工具。FileLocator Pro❶ 是一个功能非常强大的信息搜索工具，可在本地硬盘的大量文件中快速搜索出包含检索词的所有文件。

如图 3.2 所示，在文件名的空格中输入检索词，就可以进行文件名检索。在包含文本的空格中输入检索词，就可以进行全文检索。FileLocator 支持正则表达式。有关正则表达式的使用方法，参见本书第 8 章。

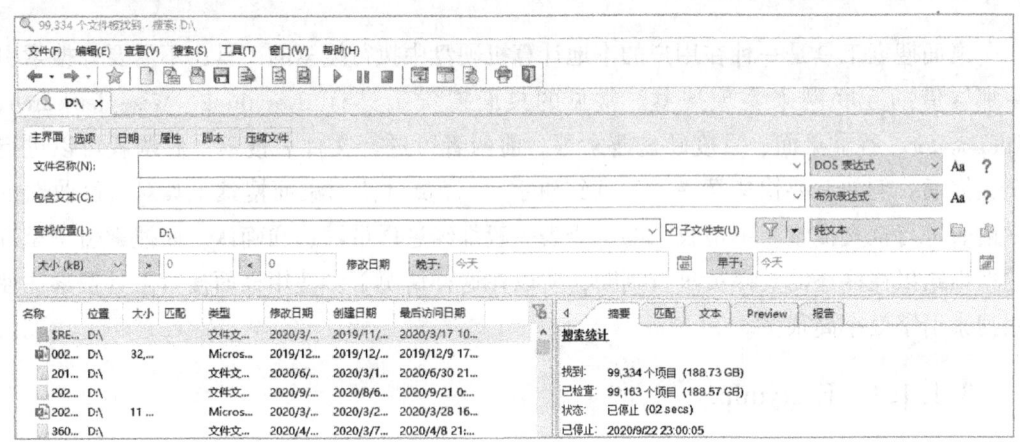

图 3.2　FileLocator 的检索界面

3.1.2　定制搜索引擎

经过一段时间的实践，译者会逐渐发现并收藏一些优质的网站资源。比起一般检索结果，这些根据译者经验积累的网站上的内容可能更加可信，适合优先采用。在使用搜索引擎时，译者可通过定制搜索引擎，先检索一遍这些较可信的网站，可避免按一般排序方式返回的大量结果，从而提高译者选择效率。

SoV5 搜索（http：//open. sov5. cn）可以帮助译者搭建自己的个性化搜索引擎、内容搜索 API 和复合搜索引擎。在定制搜索引擎时，可根据工作需要指定单个网站搜索，也可以创建复合搜索引擎。

打开 SoV5 首页，快速注册一个账号，并通过邮箱激活。接下来，就可以创建一个属于自己的定制化搜索引擎了。这里以复合搜索引擎为例，示范创建过程。

复合搜索引擎是由多个搜索引擎组成的，因此必须先创建搜索引擎。一般来说，需要创建至少两个搜索引擎。需要注意的是，创建的搜索引擎必须有简称，简称是复合搜

---

❶　FileLocator Pro 也支持文件名的检索。

索引擎中显示标签的名字。第一步，在 SoV5 首页点击新建复合搜索引擎（图 3.3）。

图 3.3　新建复合搜索引擎

在弹出的网页中输入复合搜索引擎的名称，我们取名叫作语料库搜索，并提交语料库检索 logo（图 3.4）。因为在翻译中经常要查询各种语料库，频繁切换网页输入网址十分烦琐，我们创建的语料库检索将集合笔者在翻译实践中经常使用的语料检索网站。

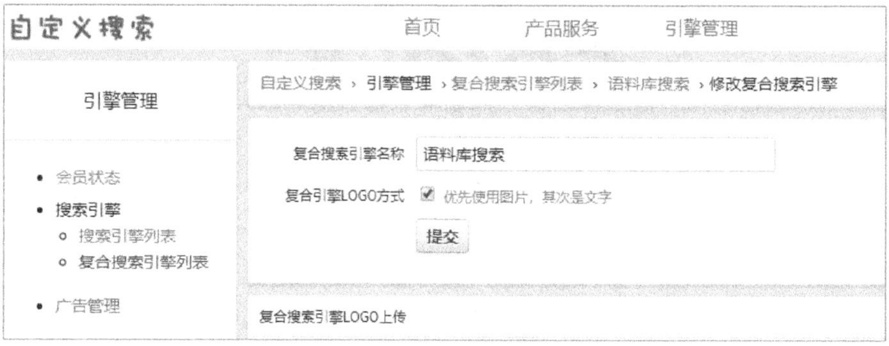

图 3.4　复合搜索引擎命名

一个复合搜索引擎就初步搭建完成了，但里面还没有内容。我们需要往里面添加搜索引擎。点击左侧的搜索引擎列表，创建搜索引擎。分别创建 COCA 和语料库在线两个搜索引擎，上传两个语料库的 logo，在搜索引擎网站列表中分别填写这两个语料库的网址，并提交审核。

点击左侧的复合搜索引擎列表，点击管理关联搜索引擎。在未使用的搜索引擎中，我们看到了刚才创建的 COCA 和语料库在线。将光标拖到其左侧的三道杠标志，光标变成小手的图案，此时，可将该语料库拖拽至已使用的搜索引擎。点击提交，即可完成复合搜索引擎的设置（图 3.5）。回到复合搜索引擎列表的页面，点击复合搜索引擎网址，就会弹出刚刚创建的语料库搜索定制化复合搜索引擎网页（图 3.6）。

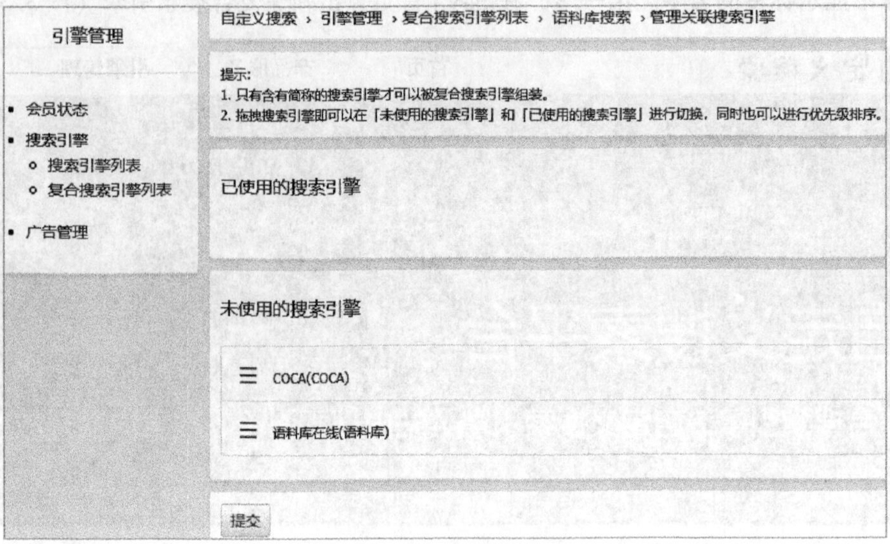

图 3.5　管理关联搜索引擎

图 3.6　定制化复合搜索引擎界面

　　输入检索关键词后，点击上方的标签，就可以实现在不同搜索引擎之间的切换。当然还可以在管理关联搜索引擎中继续添加其他常用的搜索引擎。

　　如果你搜索的信息比较小众，那么相信单纯用一个搜索引擎是不容易搜索出想要的结果的。然而频繁地切换搜索引擎又太过疲惫，会降低工作的效率。针对这个问题，下面教大家通过 Chrome 打造专属于自己的高效搜索引擎。

　　首先在 Chrome 应用商店中搜索并安装 iSearch，打开 iSearch 后即可看到一个聚合搜索的页面。只需要在聚合搜索框中输入相应的关键字，点击下方的搜索引擎，即可在不同的搜索引擎中查看搜索结果。当然，如果插件准备的搜索引擎不合你的胃口，你也可以使用点击页面底部的"+"号，添加自己喜爱的搜索引擎。此外，iSearch 不仅支持网页搜索，在页面的最左侧还分布着网页、程序、学术等 10 个不同的分类，以此帮助我们在细分领域找到合适的信息。作为上网的第一入口，搜索引擎承载了海量的信息入口，怎么有效地运用搜索引擎，可以说直接决定了我们日常生活、工作的效率。

3.2　在线词典与词典管理

根据《韦氏第三版新国际足本英语词典》（*Webster's Third New International Dictionary of the English Language Unabridged*），"词典是一类参考书，会将字按字母顺序排列，并提供字的形式、发音、功能、字源、意思，句子用法及习惯用法"（Gove，1971：627）。陈善伟（2014：126）指出，双语或多语词典对译者来说是必不可少的工具。对于译者不知道的词语，这些词典可提供清晰的解释和对等词，还可扩大译者的积极词汇，并提供可能的对等词以得出最佳对等词。词典与工具书是知识的凝练和精华，它们往往经过严格的编纂、编辑、校对流程，因此，其权威性强、可信度高；但缺点是更新速度相对较慢，知识收集的容量相对较少。

在互联网时代，知识更新速度明显加快，新名词、新术语呈现爆发式增长。在这种大背景下，在线词典应运而生。词典是辅助译者的翻译利器。传统的纸质词典尽管制作精良，但由于编制时间、词典容量等因素的制约，一方面更新十分缓慢，另一方面词条数量也受到词典容量的限制，同时由于使用纸张印刷，携带不便，加之不同的专业领域需要查询不同的专门词典，因此查找起来既耗时、又不便，而且对个人译者而言，价格不菲。

词典的编纂短则三五年，长则十几二十年，甚至更长时间，其权威性、准确性相对而言最高，使用简单，但时效性较差、信息量较少，能解决的问题也都是辞典工具书编纂者预设的，所列举的释义相对于翻译而言往往非常有限。

在线词典是纸质词典的信息化产品。译员搜商调查结果显示，在翻译中经常使用纸质词典的译员比例仅为 10.49%，会使用纸质词典的译员比例为 33.25%，从不使用和几乎不使用纸质词典的译员比例分别为 8.44% 和 35.29%（图 3.7）。与之相比，在翻译中经常使用在线词典的译员比例为 42.71%，会使用的比例为 46.29%，合计占总人数的 89.00%，仅有 0.77% 的译员在翻译中从不使用在线词典（图 3.8）。由此可见，在线词典已经取代纸质词典成为译者最常用的词典工具，是译员在翻译中不可或缺的工具之一。

法磊（2009：65）曾经指出在线词典的种种好处："在线词典是翻译者必不可少的助手，自由翻译可以从中得到诸多好处。第一，它可以节约我们的时间，比如说 Ukraine 这个单词，在翻译中知道它为一个国家名，若不能确定它的精确译法，查阅一部纸质词典至少需要耗费 30 秒钟，而用在线词典大概只需要 10 秒钟。第二，在线词典所查阅到的单词数量要远远多于纸质词典，特别是一些比较新的单词。第三，在线词典大多数带有发音，所以它又拥有发音电子词典的优点。"

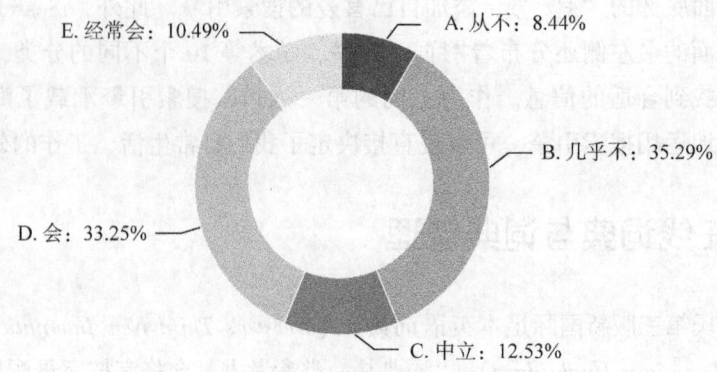

图 3.7 使用纸质词典的译员比例

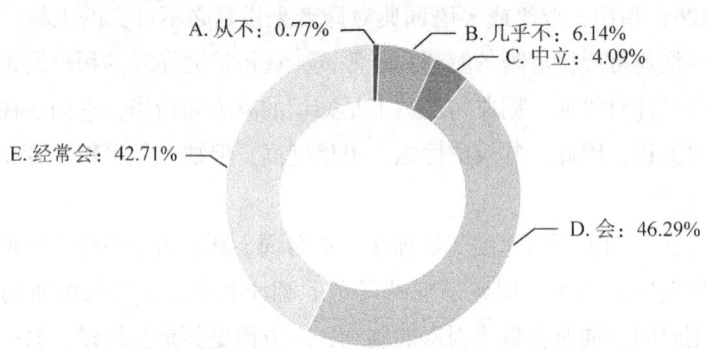

图 3.8 使用在线词典的译员比例

在线词典比起纸质词典具有更突出的优势。总体来说，有以下几点：一是成本优势。译员只要连上网络，就可以使用各种在线词典，为翻译工作服务，而且大多数在线词典均可免费使用。二是便捷性。纸质词典较为笨重，分类复杂，查询不便，而大多数在线词典都集合了多种专业词典，查询方式也非常直观。译者只须一键输入，便可以得到查询结果，方便快捷，可以节省大量时间与精力。译者在浏览原文、审校译文，以及使用计算机辅助翻译工具翻译的时候，还可以使用屏幕取词功能，只需将光标移动到屏幕中生词的位置，词典就会自动显示生词的对应译文结果，方便译者提高工作的效率。三是时效性。传统的纸质词典更新较慢，而在线词典则可以实时更新，在查询新词和网络热词方面具有独特的优势。四是丰富的例句功能。多数在线词典都提供丰富的例句，双语词典常常提供丰富的双语例句，对译员选词搭配具有重要的辅助作用。而纸质词典，由于体量的原因，往往例句相对较少。五是在线词典有纸质词典不具备的特色功能。例如，当在线词典检索不到对应译文时，多数在线词典会提供机器翻译的结果供译员参考，这一点是纸质词典不具备的。又如自编词典，译者可以将词典没有收录的生词、新词等，便捷地加入生词表，方便查询使用。六是在线词典还扩充了纸质词典由于条件所限而缺失的内容，包括更多插图和多媒体内容。譬如真人发音，多数在线词典都提供真人发音，有的词典还提供不同国家的真人发音。七是许多在线词典还可以自由选配和加载多个字典，多数在线词典购买了一部或多部纸质词典的版权。例如，有道词典就完整收录《朗文当代高级英语辞典》《柯林斯英汉双解大词典》《21 世纪大英汉词典》《新汉英大辞典》和《现代汉语大词典》等多部专业权威词典，词库大而全，查词快又准。灵格斯词典和欧陆词典还提供词典的免费加载，有的在线词典除了常见的英汉、汉英词典之外，还可以加载多种语言的词典，如法语、德语、西班牙语、俄语、日语、韩语等语种。

总之，在线词典的优点非常多。在网上只要输入"在线词典"或"词典"，就能找到很多种在线词典。但译者必须根据来源的信誉、编者的名望及所提供的翻译对等词的质量作出谨慎判断。词典的分类十分复杂。根据内容覆盖面可以分为通用词典和专业词典。根据语言数目可分为单语词典和双语词典。不过，在线词典的出现逐渐打破了这些分类的界限。不少在线词典集通用词典和专业词典、单语词典和多语词典于一身。表 3.2 列举了一部分译者常用的在线通用词典。

表 3.2　部分常用在线通用词典

词典名称	语种	查询或下载地址
海词	汉、英	http：//www. dict. cn
汉典	汉语	http：//www. zdic. net
金山词霸	汉、英	http：//www. iciba. net
灵格斯词典	多语	http：//www. lingoes. cn
欧陆词典	英汉、汉英	http：//dict. eudic. net
有道词典	汉、英、法、日、韩	http：//dict. youdao. com
韦氏词典	英语	http：//www. merriam-webster. com/netdict. htm
剑桥英语词典	英语	http：//dictionary. cambridge. org
朗文词典	英语、英日、日英、英西、西英、英韩	https：//www. ldoceonline. com
科林斯词典	英语、汉语、法语、意大利语、印地语等	https：//www. collinsdictionary. com
Dictionary. com	英语	http：//dictionary. reference. com
Onelook	英语	http：//www. onelook. com
Yourdictionary	英语、西班牙语	http：//www. yourdictionary. com
The Free Dictionary	英语、汉语、西班牙语、德语、法语、意大利语、阿拉伯语、俄语、希腊语等	http：//www. thefreedictionary. com
Word Reference	英语	https：//www. wordreference. com

3.2.1　*The Free Dictionary*

The Free Dictionary 是由总部位于美国宾夕法尼亚州的 Farlex 公司开发的在线词典[1]，

---

[1] Farlex 公司还研发了 The Free Library（https：//www. thefreelibrary. com）和 Definition - Of. com（http：//www. definition-of. com）等资源网站。

英语释义集成了以下多款美国主流词典，释义完善、例句丰富。

American Heritage Dictionary of the English Language，Fifth Edition，2016.

Collins English Dictionary—Complete and Unabridged，12th Edition，2014.

Random House Kernerman Webster's College Dictionary，2010.

Collins Thesaurus of the English Language—Complete and Unabridged 2nd Edition，2002.

The American Heritage Roget's Thesaurus，2014.

此外，它还提供特色图形化词典、医学词典、法律词典、财经词典、缩略语词典、习语词典等，并提供谷歌搜索、百科全书和维基百科的快捷链接，方便用户一键搜索。图 3.9 是 *The Free Dictionary* 生成的 Find 的图形化词典。

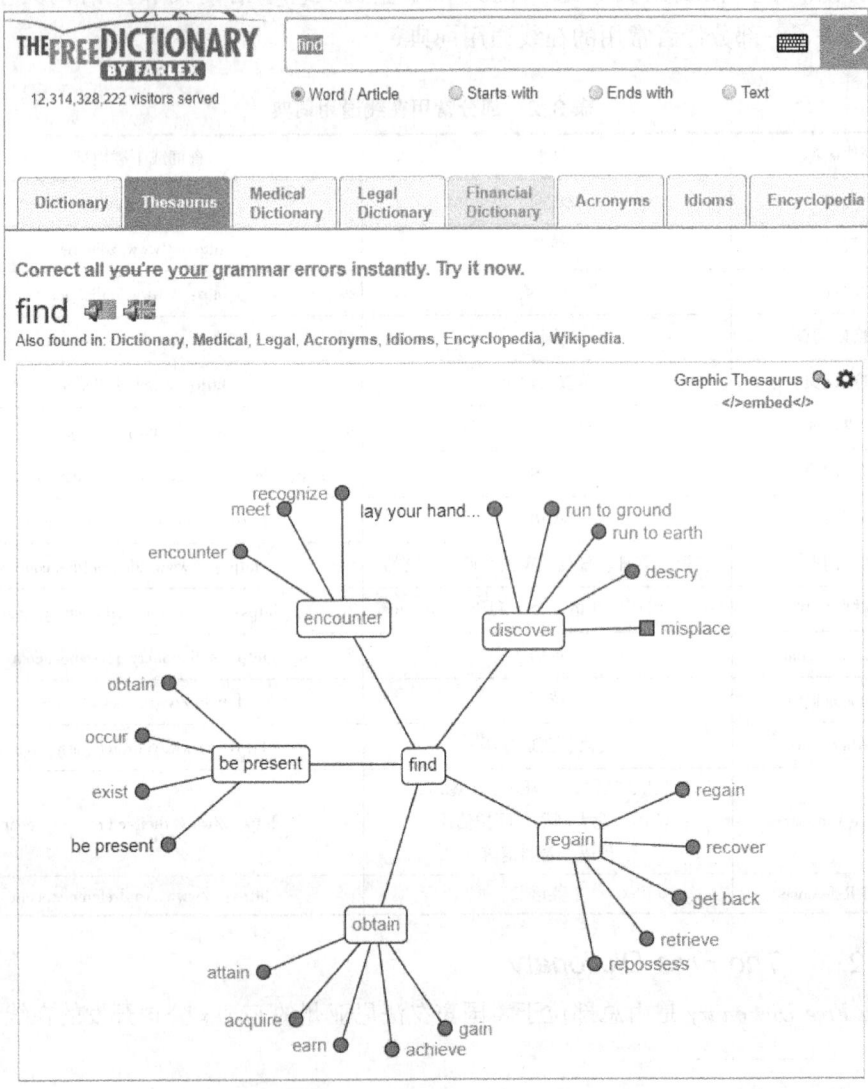

图 3.9　*The Free Dictionary* 的图形化词典

3.2.2　*Word Reference*

Word Reference（https：//www.wordreference.com）由 Michael Kellogg 成立于 1999
年，总部位于美国佛罗里达州。其致力于为全球提供免费的在线双语词典。*Word Refer-
ence* 是世界上最常用的在线词典之一。创始人 Michael Kellogg 有三大目标：一是创建英
语到多语的免费在线词典，并将所有的英语词汇、习语翻译成所有的其他语言。二是创
建最好的语言论坛，为网友们开展各种语言对的翻译探讨提供交流平台。三是不断创
新，为全世界提供最好的语言参考工具。❶

Word Reference 除了英语、西班牙语、意大利语单语词典之外，还设有多种主要语种
之间的双语词典，见表 3.3。

表 3.3　*Word Reference* 支持语对列表

汉语—英语	英语—法语	西班牙语—英语	法语—西班牙语
英语—汉语	英语—西班牙语	西班牙语—法语	德语—英语
英语—德语	西班牙语—葡萄牙语	意大利语—英语	德语—西班牙语
英语—意大利语	西班牙语—意大利语	意大利—西班牙语	葡萄牙语—英语
英语—葡萄牙语	西班牙语—德语	法语—英语	葡萄牙语—西班牙语

除此之外，还设有英语和下列语种之间的互译词典：汉语、罗马尼亚语、德语、荷
兰语、瑞典语、俄语、波兰语、捷克语、希腊语、土耳其语、日语、朝鲜语、阿拉伯语
等。这样的优点在于查询某词的时候，可以轻松得到该词的其他语言译法。译员遇到其
他外语时，也可以借助 *Word Reference* 一键查询。

在翻译中，译员遇到的困难和需求五花八门，很多时候需要借助专门词典，不同领域
的专门知识，求助于通用词典，往往不能解决问题。这时需要查询专业的词典，才可能找
到想要的答案。就像纸质词典一样，在线词典也有很多专业类词典。专业领域的问题借助
专业词典，会更加高效而可靠。表 3.4 列出了一些译者常见的专业领域在线词典。

表 3.4　部分在线专业词典

学科	工具书 URL 链接
计算机	http：//foldoc.org/contents.html http：//www.computeruser.com/resources/dictionary
金融	http：//www.oasismanagement.com/glossary http：//www.oasismanagement.com/glossary http：//glossary.reuters.com.cn/wiki/detail/wordBig+Board.html
法律	http：//www.findlaw.com http：//www.duhaime.org/dictionary

---

❶　参见 https：//www.wordreference.com/english/AboutUs.aspx？dict＝enes。

学科	工具书 URL 链接
医药	http：//www. esaurus. org
电子工程	http：//www. interfacebus. com/Glossary-of-Terms. html
化工	http：//cheman. chemnet. com
纺织	http：//www. texindex. com. cn/dictionary/dictionary. asp http：//cn. globaltexnet. com/resources
宗教	（The Catholic Encyclopedia）http：//www. newadvent. org/cathen/index. html
哲学	（Stanford Encyclopedia of Philosophy）http：//plato. stanford. edu
历史	（Hyper History）http：//www. hyperhistory. com/online_ n2/History_ n2/a. html
化合物	http：//www. chemyq. com http：//www. chemicalbook. com/ProductIndex_ EN. aspx
专利	https：//d. aipatent. com

化工引擎（http：//www. chemyq. com）成立于 2005 年，是一家专业的化工搜索引擎。它目前的内容包括化工产品供求搜索、化工新闻、化工网站、化工词典、化工产品供求发布、化工专利、化工网页搜索等栏目，覆盖了从市场到技术等方面的内容。其"化工词典"支持"术语、中文名、英文名、俗名、简称或 CAS 号"关键词搜索，搜索结果会给出相应化学品的理化性质，且会给出相关的化学品词典链接。例如，在翻译中遇到"海藻酸钠"一词，可以使用化工引擎词典查询（图 3.10）。

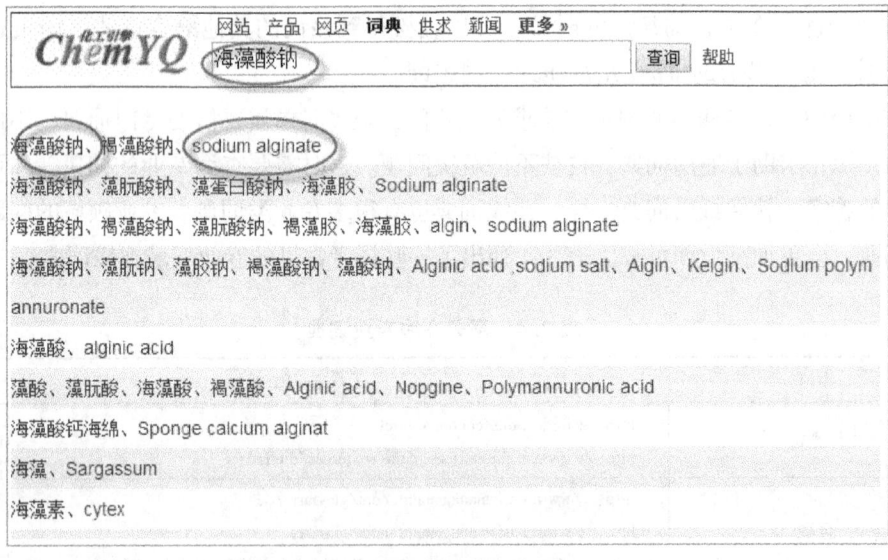

图 3.10　海藻酸钠的检索结果

许多初学者认为，词典就是权威，因为经过无数前辈的无数次旬月踟蹰，似乎我们能读到的英文单词都已经有了对应的中文词汇。只要打开相关词典，在相关条目中选用相关释义即可。但是往往并非如此简单。有经验的译者常常会发现，在使用词典查找某个单词的汉语释义时，往往找不到贴切的字眼。曹明伦（2003：91）分析有三个原因：一是英汉辞典中对某些英语单词只是用汉语进行了释义；二是英汉辞典中有些译名不太准确；三是有些译名虽然准确但不适用。李长栓（2004：152）也曾强调，在汉译英时，要勤查英英词典、英语搭配辞典、用法辞典、同义词词典、英语语料库和有关英语文献，但不要轻易相信汉英词典。

由此可见，无论是英汉词典，还是汉英词典，译者都要勤查，但不可盲信。词典释义不等于权威，不代表不会出错。由于编者和时代等方方面面的局限性，词典的释义也可能不完全。例句及其翻译也不可能包罗万象，甚至也可能出错。因此，对在线词典不可盲目采信（见本书第 6 章）。另外，市面上的词典和在线词典五花八门，林林总总，各自有存在的合理性。这是因为各款字典都有各自的局限性，有的注重通用性，有的侧重专业性。目标对象也各有不同。在一部词典里面查不到的，换一部词典或许就可以查到。因此，对于译者而言，从没有能一步到位的词典，无论纸质词典还是在线词典。

此外，译员在翻译中根据翻译的需要，还常常要用到查询同义词、反义词、韵律、缩略语、成语诗词、百科全书、年鉴等特殊参考资源（表 3.5）。

表 3.5　部分特殊参考资源列表

名称	网址
同义词、反义词	英语 http：∥www. synonym. com；https：∥www. antonym. com 汉语 http：∥www. hydcd. com/tongyicicidian. htm 汉语 https：∥chinese. abcthesaurus. com
韵律查询词典	英语 https：∥www. rhymer. com 汉语 https：∥yayun. la
缩略语词典	http：∥www. acronymfinder. com
人名地名（通译典）	http：∥tdict. com
不列颠百科全书	英语 https：∥www. britannica. com

《不列颠百科全书》是全球工具书领域的领航者，是世界上使用最广泛的、完整的电子参考和学习研究工具之一。《不列颠百科全书》网络版提供高品质、全面、快速、方便查找的信息，可检索词条达到 225 000 多条，超过 340 000 种词类变化，并收录了超过 160 000 篇文章，33 000 篇传记，1000 种的电子期刊文章，75 000 张的图解、地图、统计图，7000 段影片、动画、声音文件等多媒体数据。

《不列颠百科全书》网络版包括《大不列颠百科全书》、EBSCO 期刊摘选、电子原版书、《韦氏辞典》和词库、时事新闻、互动式世界地图集、名人名言、世界数据分析、视频会集、大事年表。在同一个页面中系列检索结果包括大不列颠百科文章、原著、电子书、多媒体信息、相关网站衔接、期刊文章等内容（图 3.11）。大不列颠百科的文章、视频和图片具备韦氏快速点击辞典及自动引文。《不列颠百科全书》还提供了包括历史学家、文学家、哲学家和科学家等 140 位不列颠百科知名撰稿人的 225 部经典和重要作品的介绍。读者还可以从《不列颠百科全书》网络版所收录的数万原始文献中拓宽知识面。

图 3.11　《不列颠百科全书》检索界面

通译典（又称中国译典，http：//tdict.com）始建于 2004 年，是一部真正海量的超级语料库，目前总词（句）已超过 1000 万条，总字数达到 50 亿个，相当于 200 本英汉大词典的容量，而且其内容仍以每月数十万条的速度在飞速扩充（图 3.12）。在通译典下拉菜单中选择"人名译典"，可以调用译典中的人名数据库，对于翻译一些外国人名非常有用。人名数据库以新华社编译室的《世界人名翻译大辞典》为基础，同时吸纳了众多网络流行译法，用户查询时，一般第一条是系统智能匹配的推荐译法（将外文姓和名分国别予以匹配），然后下面再列出每个词的多种译法选项。地名专门译典：在通译典下拉菜单中选择"地名译典"，可以调用译典中的地名数据库，对于翻译一些外国和中国地名非常有用。地名数据库中的相当一部分并不包含在普通译典中。中国译典除了内置汉典、权威英文词典外，其突出特色有句库查询、人名译名查询、地名译名和英文缩略语查询，此外译典还支持通配符和高级检索语法。其句库包括：①经典文献例句（《论语》英译、《圣经》中英对照、《道德经》英译、唐诗英译、《红楼梦》选译）；②习语精粹（公共场所警示语、标志语、中外谚语、汉语成语英译、名言警句、节日祝愿语）；③标准套用语句对（中国法律标准译文句对、国际法律参考译文句对、中国合同参考译文句对）。

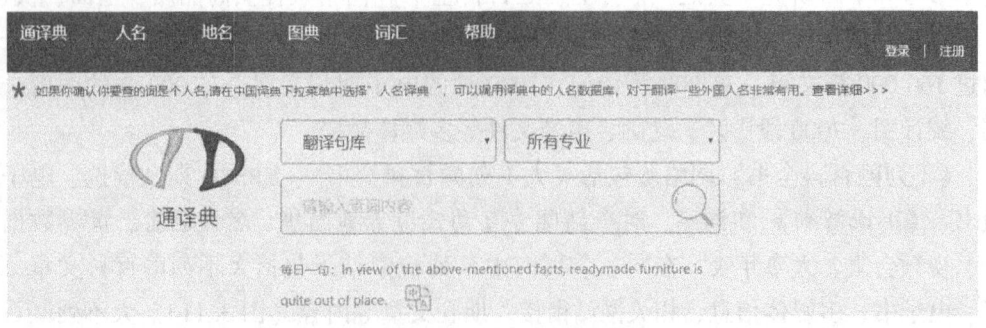

图 3.12　通译典检索页面

3.2.3　词典管理：GoldenDict

GoldenDict 是一款开源、免费、可定制的词典管理软件。为什么称为"词典管理"软件呢？因为 GoldenDict 本身并没有提供任何词典，而是仅提供词典所需的各方面功能，它就像一个空的书架，上面可以放许多本词典供你查阅。我们使用词典软件是利用计算机海量的储存能力与快速的检索能力，弥补手动翻阅词典的不便，提高效率。只要有了第三方词典，就可以利用 GoldenDict 方便地查询了。GoldenDict 有三个突出功能：管理本地词典、管理在线词典和管理搜索引擎。

管理本地词典：GoldenDict 可以灵活加载本地词典。添加方法为首先从网上下载词典文件（mdx 格式），在菜单栏选择【编辑】→【词典】→【词典来源】，点击添加，找到词典文件即可添加成功。

但是由于译者工作的特殊性，本地词典往往不能够满足需求。因此很多时候还要查询在线词典。GoldenDict 也可以帮助译员添加管理在线词典。添加步骤也非常简单，菜单栏选择【编辑】→【词典】→【词典来源】→【网站】→添加→启用。

GoldenDict 还可添加搜索引擎，方便译者提升检索效率。添加方法如下：在菜单栏选择【编辑】，再逐次点击【词典】→【词典来源】→【网站】→添加→启用。切换到群组选项卡，将其添加到 Online Dictionary 群组。

GoldenDict 支持正则表达式，如想查询"请 xx 天/周/年假"，给搜索框写入正则表达式"请（.）（天 | 周 | 年）假"就可以了（有关正则表达式更多内容，参见本书第 8 章）。

GoldenDict 还可以配置文本翻译工具，如有道翻译、谷歌翻译、Saladict 等，本书不再赘述。

3.3　在线语料库

语料库来源于拉丁词 corpus，原意为汇总、文集。杨惠中（2002：33）指出，"语料库是按照一定的语言原则，运用随机抽样方法收集自然出现的连续语言，采用文本或话语片段建成的具有一定容量的大型电子文本库"。按语料收集的语言种类，可将其分为单语语料库和双语/多语语料库。将大量本族语者的一种语言实例收集而成的语料库称为单语语料库；建立在两种或两种以上的语言文本基础上的语料称为双语/多语语料库。

语料库的建设经过人工甄选和加工，虽然信息量远不如搜索引擎，时效性也差，但准确性和科学性远优于搜索引擎。语料库提供海量例句和平行文本，供译员进行搭配、辨析、句型句式等方面的翻译参考，巧妙应用语料库可以解决多种多样的语言类问题。

3.3.1　单语语料库

单语语料库汇集了大量的本族语语言实例，内容丰富，涵盖面广，有一些习惯表达，不是教科书所能讲清楚的。国内译者在中译外的过程中，由于不是母语使用者，在语言表达的准确性和搭配等方面往往不如母语使用者地道自然，容易产生翻译腔。在翻译中，通过查询目标语单语语料库，可以帮助译者选择合适的词语或表达，避免翻译腔。词汇搭配是译文是否地道的一个重要指标。有的搭配形式从语法角度分析是可行的，但实际上可能是不地道的，这时就可以利用目标语单语语料库去验证所译文本在目标语言中是否常用，或者搭配是否适当。单语语料库可以帮助使用者在同义词之间做出选择，识别用法信息，决定哪一种风格更加适合翻译，在提高翻译语言准确性和提高翻译效率方面可以发挥积极作用。

表 3.6 列举了一部分常见的单语和多语语料库。

表 3.6　部分常见在线语料库

名称	领域	语种	网址
COCA	综合	英语	http://corpus.byu.edu/coca
BNC	综合	英语	http://www.natcorp.ox.ac.uk
Online BLCK WIC Concordancer	综合	英语	http://www.someya-net.com/concordancer
Globse	综合	多语	https://glosbe.com
Linguee	综合	多语	http://www.linguee.com
Taus Data	综合	多语	https://data-app.taus.net
tmxmall	综合	汉语、英语	http://www.tmxmall.com
北京大学 CCL 语料库	综合	汉语	http://ccl.pku.edu.cn:8080/ccl_corpus/index.jsp
北语 BCC 汉语语料库	综合	汉语、英语、法语	http://bcc.blcu.edu.cn
语料库在线	综合	汉语	http://www.aihanyu.org/cncorpus/index.aspx
北大法宝	法律	汉语、英语	http://en.pkulaw.cn
中国法律法规汉英平行语料库	法律	汉语、英语	http://corpus.usx.edu.cn/lawcorpus4
英国利兹大学汉语语料库	综合	汉语、英语	http://corpus.leeds.ac.uk/query-zh.html
句酷	综合	汉英、汉日、日英	http://www.jukuu.com
绍兴文理学院汉英平行语料库	文学、法律	汉英	http://corpus.usx.edu.cn

有条件的朋友也可以自行搜集语料，制作双语语料库，以便在翻译中使用。❶ 双语语料库的制作和检索方法参见本书第 3.7 节。

---

❶ 除了表 3.6 所列之外，译者也可以通过多种网络途径获取高价值的语料库，例如，联合国官网提供汉、英、法、西、俄、阿等语言对之间的双语语料库免费下载，下载链接为 https://conferences.unite.un.org/UNCORPUS/zh/DownloadOverview#download。

COCA 语料库

译者常用的单语语料库有 COCA（Corpus of Contemporary American English）、BNC 等。COCA 由美国杨伯翰大学的 Mark Davies 教授开发，是当今世界上最大的英语通用语料库，且免费开放。❶ 其时间跨度为 1990—2019 年，涵盖博客、网络、电视媒体、口语、小说、杂志、报纸及学术文章八种不同文体，语料不仅涵盖领域广泛，而且以每年增加 2000 万个词的速度进行扩充，以保证语料库内容的时效性。COCA 目前规模为 10 亿个单词，比 BNC 语料库庞大得多，COCA 被认为是用来观察美国英语当前发展变化的最合适的英语语料库。

COCA 与传统词典相比，具有以下几点优势：①语料库的文本实时性比较强，每年都要更新大约 2000 万个词语，类似 life satisfaction、Trumpism、post-truth、social media 这样的词很多传统词典都没有收录，但在语料库中都可以查到。②语料库可以提供单词的词频信息，这有助于了解该单词在实际应用中的出现频率，并实现准确用词。③语料库还能提供模糊搜索、单词搭配、同义词，以及搜寻一个单词的所有变化形态等丰富功能。实际使用时可以将语料库作为词典的补充工具，在词典里面无法确定的表达可以放到语料库中查询，以获得更多信息。而相比搜索引擎查词，语料库的语境筛选和词频比较能帮助我们选出更准确、地道的结果。

COCA 的检索首页非常简单（图 3.13），只有 List、Chart、Word、Browse，点击右侧的加号，则可以显示更多隐藏的功能，如 Collocates、Compare 和 KWIC。List 是一般查询的结果显示，点击 Chart 可以看到检索词在不同文体中的出现频次统计，Word 是字符串检索，Browse 可以通过限定词性、发音、音节数或重音进行高级检索，Collocates 用于查询检索词的搭配，Compare 用于词与词之间的比较。KWIC 是 Key Word in Context 的缩写，可用于查询出现在关键词前后的搭配查询。

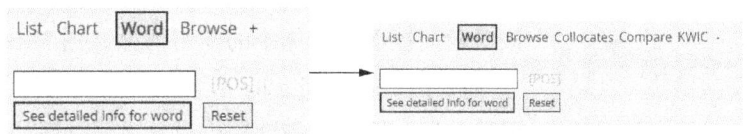

图 3.13　COCA 的检索首页

当然，在实际使用中，COCA 还可以有更多的实用技巧。

3.3.1.1　确认表达是否准确和地道

这是语料库最基本也是最重要的一个功能。我们有时候会碰到一些模棱两可的表达，或者中式表达，或对查到的译法存在疑问，没有充分把握时，都可以借助语料库查询，确保译文准确地道。

---

❶　使用 COCA 时建议注册一个账号（语料库的使用和注册都是免费的），非注册用户有查询次数限制。

　　例如，"晚期胃癌"，湘雅医学专业词典将其译为 advanced carcinoma of stomach 和 late gastric cancer，译者在翻译时很难辨别哪一个是准确译法，或者两个都是正确译法。在 COCA 语料库官网，分别输入这两个译法，都没有找到对应的例句，但查询 advanced gastric cancer 时，显示出例句"There is less certainty regarding the resection D2 in patient with advanced gastric cancer（recommendation grade C/D）15"。为进一步验证该译法，用谷歌或必应检索"advanced gastric cancer"，可以找到多篇本族语作者撰写的相关文献（张志全，王连柱，2016：122-123）。由此可见，advanced gastric cancer 是晚期胃癌的准确译法。这是利用 COCA 语料库解决翻译疑难的一个实例。

　　又如，在一个汉译英项目中，有个翻译难点——转正晚会，意指新员工入职转正的庆祝活动。查询转正晚会的译文，一无所获。于是在有道词典查询转正，参考译文有 regularization、become a full member、become a regular worker 等多种译法。查询《新世纪汉英大词典》（惠宇，2014），参考译法有 become a full member after completion of the probationary period、be put on the regular track 等，因此有不少同学将转正晚会译成 regularization party、become-a-full-member party 或 become-a-regular-worker party。使用 COCA 搜索这三种译法，检索结果均为 0。这表明这三种译法可能均不是地道的表达，要正确翻译转正晚会，还需要继续开拓思路（见本书第 5.4.3 小节）。

3.3.1.2　确定单词的使用语境和文体

　　COCA 的语料涵盖的一个特色功能是能统计一个单词或短语在博客（BLOG）、网络（WEB）、电视媒体（TV/M）、口语（SPOK）、小说（FIC）、杂志（MAG）、报纸（NEWS）及学术文章（ACAD）八种不同文体中的出现频率，这意味着我们可以根据这些词频来确定它们的最佳使用场景。使用方法是，在检索栏输入检索词之后，点击 Chart，就可以看到检索词在不同文体中的出现频次统计，根据频次的多少，可以判断该检索词在不同文体中的使用情况（图 3.14）。

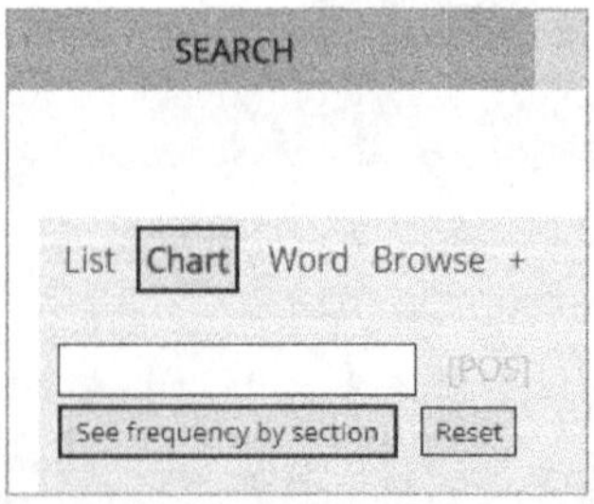

　　例如，many 和 a lot of 都是许多的意思，都用来修饰可数名词。但两者在使用中有什么区别呢？

　　如图 3.15 所示，选择网站列表的 Chart 功能，然后输入 a lot of，点击 See frequency by section，我们可以看到 a lot of 这个词组在口语、小说、杂志、报纸及学术文章等不同文体中的出现频率。❶

　　再用同样的方法检索 many，检索结果见图 3.16。

图 3.14　COCA 的文体统计功能

---

❶　在文体统计中，COCA 使用不同的缩写指代不同文体，各种文体的对应缩写如下：博客（BLOG）、网络（WEB）、电视媒体（TV/M）、口语（SPOK）、小说（FIC）、杂志（MAG）、报纸（NEWS）和学术文章（ACAD）。

SEARCH				CHART				

CHANGE TO VERTICAL CHART /　CLICK TO SEE CONTEXT

SECTION	ALL	BLOG	WEB	TV/M	SPOK	FIC	MAG	NEWS	ACAD
FREQ	334000	49109	34726	41136	120423	15808	28769	38868	5161
WORDS (M)	993	128.6	124.3	128.1	126.1	118.3	126.1	121.7	119.8
PER MIL	336.35	381.83	279.48	321.19	954.71	133.60	228.16	319.27	43.08
SEE ALL SUB-SECTIONS AT ONCE									

图 3.15　COCA 的文体统计表（a lot of）

CHANGE TO VERTICAL CHART /　CLICK TO SEE CONTEXT

SECTION	ALL	BLOG	WEB	TV/M	SPOK	FIC	MAG	NEWS	ACAD
FREQ	903877	154398	145110	46027	113522	54793	136491	128824	124712
WORDS (M)	993	128.6	124.3	128.1	126.1	118.3	126.1	121.7	119.8
PER MIL	910.23	1,200.48	1,167.85	359.38	900.00	463.08	1,082.48	1,058.17	1,041.08
SEE ALL SUB-SECTIONS AT ONCE									

图 3.16　COCA 的文体统计表（many）

比较以上两张检索结果图，发现 a lot of 在口语中最为常用，出现频率超过了 12 万次，但在学术文章中只出现了 5000 余次，这说明它在学术文章中的使用频率偏低。相对而言，many 在学术类文体中出现频率超过了 12 万次。这说明在学术文章中使用 many 会比用 a lot of 更为合适。但在口语中，many 和 a lot of 作为同义词并没有显著差别。

又如，在以下一段汉译英中：

　　我们应该按照公认的国际规则，本着互谅互让的精神，通过对话协商，共同寻求解决分歧之道（摘选自胡锦涛主席在 2005 年第 13 届亚太经合组织领导人会议上的发言）。

We should work together to explore ways to resolve disagreements through dialogue and consultation in accordance with internationally recognized principles and in the spirit of mutual understanding and accommodation.

原文中"按照"一词可译为 according to，也可译为 in accordance with，在本例中，哪种译法更贴切呢？利用 COCA 语料库进行检索，according to 可以查到 5373 条结果，in accordance with 则有 231 条结果。两者意义接近，但使用频率存在巨大差别，according to 要远远多于 in accordance with。但仔细对比语料查询结果，发现前者强调根据，后者则强调"与……保持一致"，且多用于正式场合。本例是正式的官方发言，因此用 in accordance with 较为贴切（朱晓敏，2011：32-37）。

又如前面提到，COCA 能统计一个单词在多种不同文体中的出现频率，因此可以根据这些词频来确定它们的最佳使用场景。这里以检验 manifest 是否适用于当代学术文体为例。点击 Chart 功能，然后输入 manifest，点击 See frequency by section，结果如图 3.17 所示，发现其在学术文体中的词频相对较高，且远高于在其他文体中的频率；再看文本时间频率分布，发现其在近三十年中的频率大体是一致的，因此可以认为该词没有过时，适用于当代学术论文。

CHANGE TO VERTICAL CHART / CLICK TO SEE CONTEXT

SECTION	ALL	SPOK	FICTION	MAGAZINE	NEWSPAPER	ACADEMIC	1990—1994	1995—1999	2000—2004	2004—2009	2010—2014	2015—2017
FREQ	3614	274	458	590	258	2034	655	726	677	635	544	377
WORDS (M)	577.0	116.7	111.8	117.4	113.0	111.4	104.0	103.4	102.9	102.0	102.9	62.3
PER MIL	6.26	2.35	4.09	5.03	2.28	18.26	6.30	7.02	6.58	6.22	5.29	6.05
SEE ALL SUB-SECTIONS AT ONCE												

图 3.17　COCA 的文体统计（manifest）

3.3.1.3　比较近义词的区别

近义词辨析是一个让人感到头疼的问题，有时候即使借助词典也找不到满意的答案，这个时候语料库就可以派上用场了。COCA 有一个很好用的"比较"功能，这个功能可以用来比较两个近义词的区别。举个例子，murder 和 assassinate 都有"谋杀"的意思，两者有哪些区别呢？

在 COCA 网站中选择 Compare 功能，然后在 Word1 和 Word2 中分别输入 murder 和 assassinate，在 Collocates 框中输入_ nn＊（表示查询的是与 murder/assassinate 搭配的名词），最后在下方的数字框中分别选择 2 和 2，表示查询文本中与 murder/assassinate 前后相距两个单词及以内的所有名词（图 3.18）。检索结果如图 3.19 所示。

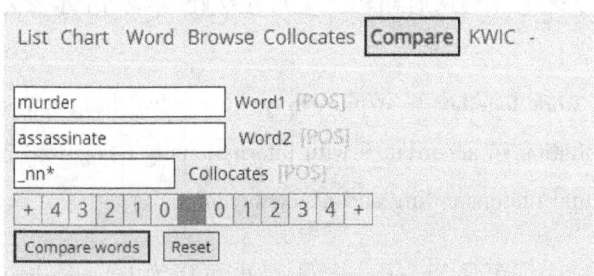

图 3.18　COCA 的 Compare 功能检索示例

从检索结果可以看出，与 assassinate 搭配的大都是 leaders/president/ambassador/king 这类重要人物，但与 murder 搭配的更多为 wife/victim/husband 这类词。而且和 murder

SEE CONTEXT: CLICK ON NUMBERS (WORD 1 OR 2)　　　　　　　　　　　　　　　　　　　　　　　[HELP...]
SORTED BY RATIO: CHANGE TO FREQUENCY

WORD 1 (W1): **MURDER** (48.00)

	WORD	W1	W2	W1/W2	SCORE
1	CASE	1351	0	2,702.0	56.3
2	CHARGES	915	0	1,830.0	38.1
3	RAPE	854	0	1,708.0	35.6
4	WEAPON	1575	1	1,576.0	32.8
5	CHARGE	743	0	1,486.0	31.0
6	TRIAL	1445	1	1,445.0	30.1
7	RATE	631	0	1,262.0	26.3
8	DEGREE	615	0	1,230.0	25.6
9	CAPITAL	599	0	1,198.0	25.0
10	SCENE	564	0	1,128.0	23.5
11	INVESTIGATION	559	0	1,118.0	23.3
12	MYSTERY	536	0	1,072.0	22.3
13	CASES	420	0	840.0	17.5
14	SUSPECT	356	0	712.0	14.8
15	VICTIMS	339	0	678.0	14.1
16	FELONY	305	0	610.0	12.7
17	CONVICTION	294	0	588.0	12.3
18	COUNTS	287	0	574.0	12.0
19	KIDNAPPING	276	0	552.0	11.5
20	CRIME	254	0	508.0	10.6

WORD 2 (W2): **ASSASSINATE** (0.02)

	WORD	W2	W1	W2/W1	SCORE
1	CHARACTER	29	2	14.5	696.0
2	LEADERS	30	3	10.0	480.0
3	PRESIDENT	164	41	4.0	192.0
4	ATTEMPT	51	65	0.8	37.7
5	PLOT	90	123	0.7	35.1
6	KING	23	34	0.7	32.5
7	CONSPIRACY	22	213	0.1	5.0
8	PEOPLE	30	299	0.1	4.8

图 3.19　murder/assassinate 的比较结果

搭配的名词非常多，也非常灵活，而和 assassinate 搭配的名词却非常有限。

又如，我们用同样的方法比较 valuable/invaluable，虽然两者都可以表示"宝贵"之意，但在 COCA 的搭配中可以发现一些细微的区别。如 valuable 更多用于搭配 player/land/space/commodity/estate 这样的实物，而 invaluable 则搭配 help/assistance/guidance/support 这类抽象事物，而且对于 space/land/award 这几个名词，我们只能说 valuable space/land/award，而不能说 invaluable space/land/award。

再如 unavoidable 和 inevitable 都有"无可避免"的意思，查字典释义看起来差不多，那么两者搭配名词时有什么区别呢？采用同样的方法，通过比较检索结果，我们发现 inevitable 使用频率要比 unavoidable 高得多，且基本上完全覆盖后者。而 unavoidable 局限于修饰一个表示"不希望发生的负面结果"的名词，而诸如 victory/progress 等正面结果，则只能使用 inevitable。为了保证查询结果的准确性，我们还可以点击数字链接查看具体的语境。

3.3.1.4　寻找合适的替换用词

有时候我们想要表达一个意思，却一时间想不到合适的用词。COCA 的另一个特色功能是同义词选择功能。我们可以根据语料库的建议选择更加合适的用词。例如，在翻译"我们城市有一个很高大宏伟的超市"这一句时，英文写成：There is a large and tall supermarket in our city. 但认真的译者会感觉 tall supermarket 这个表达很别扭，这个搭配是否准确？有没有更恰当的形容词呢？要在词典中找到答案可能不那么容易。此时，可借助 COCA 进行搜索。

具体方法是，在网站上选择 List 功能，输入［=tall］supermarket（这个指令表示寻找 tall 的近义词，并且该近义词要能够与 supermarket 搭配），结果如图 3.20 所示。

根据语料库给出的检索结果，a big/giant/colossal supermarket 都可以用来表达高大宏伟之意，它们显然要比 tall 更加合适。

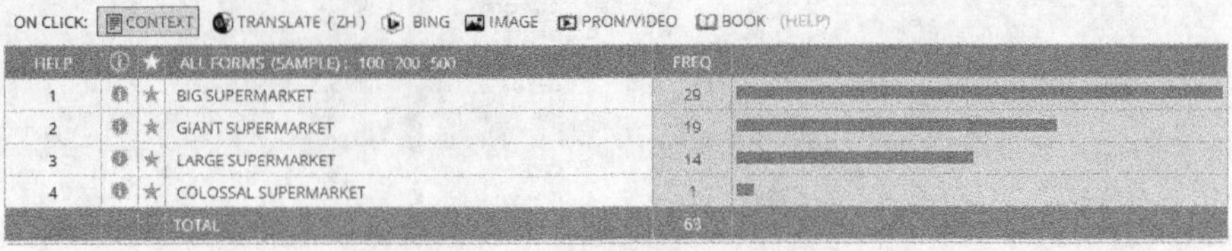

图 3.20　supermarket 的搭配检索

比如我们想用一个词来修饰 influence，用来表示"影响很大"。许多初学者脑海中第一个想到的词就是"big"，但又觉得不是很自然，想找一个替换用词，却不知道从哪里去找。而在词典中查出来 big 的近义词无法确定能否与 influence 搭配，此时，可以借用 COCA 的这一功能，通过语料库查找替换用词。具体步骤如下：选择 List 功能，输入 ［＝big］influence（即寻找 big 的同义词，并且要能够修饰 influence）。结果如图 3.21 所示，发现 significant/considerable 等都可以作为合适的替代，同时点击链接还可以查看例句和文体，以检验是否符合表达所处语境。

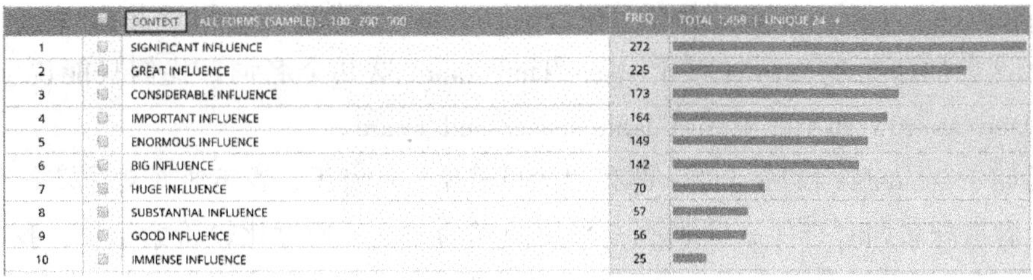

图 3.21　big influence 的同义检索

又比如：Young people often take an interest in what is happening outside their own country. 如果想寻找 take an interest in 的替换表达，可以搜索 ［＝take］an interest in。从语料库给出的结果我们可以找到 show/acquire/get an interest in 这些替换说法。

除此之外，COCA 还有许多高级用法，以下是 COCA 的一部分常用检索语法，见表 3.7。

表 3.7　COCA 的一部分常用检索语法或检索示例

检索语法或检索示例	作用	说明与技巧
trade war	查具体的词或短语	也可以输入长字符串（9 个词以下）
borrow/lend	简单对比两个词的使用频率	/表示或者；在 LIST 中上下排列结果；选择 SHOW SECTIONS 时结果更直观
fairly *	查与 fairly 搭配的情况	*是通配符，此处代指任一个词（注意：fairly 与 * 之间有空格）

检索语法或检索示例	作用	说明与技巧
un * ly	查以 un 开头以 ly 结尾的词	查到单词如 unlikely、unusually；此处 * 代指任意数量的字母
[slip].[v *]	查 slip 作动词的情况	查到 slipped、slip、slipping 和 slips 列表
* heart *	查含 heart 的词	含 heart 本身单复数及用其他含 heart 的派生词及合成词
r? n *	查以 r 与 n 之间为一个字母的词并且后面跟若干个字母的词	查到 run、running、ran 等；? 代指一个字符（技巧：只知道一个词长度和首尾字母便可以查询到这个词，对纵横字谜的单词查询很有帮助）
[sing]	查 sing 的任何形式	查到 sing、singing、sang 等，但不包括 song
[=publish]	查 publish 的同义词	=表示同义关系，结果为 publish、circulate、announce 等
[[=publish]]	查 publish 的同义词并且不限词形	结果有 announce、circulated、publishes、published 等
[=knock] the door	查与 the door 搭配的与 knock 同义的动词	有 slam、hit、crack、pound、bash 等（技巧：对选择最佳搭配词很有效）
thick [nn *]	查 thick 与名词的搭配情况	各种词性的简缩式可以通过在 POS LIST 选择后查找到
un * ed.[j *]	查以 un 开头，以 ed 结尾的形容词	查到 united、unexpected、unprecedented、unidentified，等
dis * .[v? d]	查以 dis 开头并且词形为过去式的情况	查到如 discovered、disappeared、discussed 等
dis * [v? d]	查第一个词以 dis 开头，下一个词为过去式结构	查到 district had、disease was、disease had 等（注意与上面的区别）
* ly.[j *]	查以 ly 结尾的形容词	仅查以 ly 结尾的词作形容词使用的情况
* ly.[r *] * ly.[j *]	查以 ly 结尾的副词修饰以 ly 结尾的形容词	结果有 highly unlikely、environmentally friendly、potentially deadly 等
* .[xx] * without	查否定词 not/n't+ 任一词 +without 的情形	由于否定词后通常接动词，因此通配符 * 此处也可以换成动词 [v *]
It's [j *] that	查 is 被缩写为 's 情况的句式结构	' 和前面的单词要空一个英文字符，且输成 's，其他缩写形式也是用类似方法查询。因为 's 在 COCA 中被视为一个词
it is [v *] that 或 we [vv *] that	查句式结构	选择 CHART 显示可以看出第一个是学术结构，是口语的 8.5 倍；第二个在结构口语中最常用

检索语法或检索示例	作用	说明与技巧
to［v＊］or not to［v＊］	查类似名句 to be or not to be 式的结构	［v＊］处的前 5 个动词分别是：be、do、buy、tell、see 和 engage
［vv＊］ ＊in to［v? g］	查动词接任一词再接 into V-ing 结构	查到含有致使意义的 fool you into thinking、talked him into going、trick people into thinking 等
［＝clean］.［v＊］the［n＊］	查作动词 clean 及其同义词的不同词形与被 the 修饰的名词搭配的情况	查到 wiped the sweat、mopping the floor 等

3.3.2 双语语料库

双语语料库类似于翻译记忆库，可以查询某个词、词组、搭配、片段表达甚至句子的不同译法，供译者参考。它在翻译实践中有重要的参考价值。

3.3.2.1 IP Language

IP Language 是专注于专利和科技领域的语料检索平台，目前支持中英和中日两个语言对的双向检索。专利语料均由人工逐句对齐。其中，中英平行语料 8000 万句对，中日平行语料 1500 万句对。检索单位可以是术语、词组，也可以是单词、片段，还可以是句子。被检索的单位，均会在后台千万级语料库中进行匹配，找出该单位所在语料库中的原句及其译文，检索词标为红色。检索结果提供上下文，译者可根据上下文判断，选择适当的结果。如检索结果过多，一般仅显示前 100 条，供译者参考。IP Language 使用简单，是专利、科技领域的语料搜索利器，专利和科技词汇的检准率比较高（图 3.22）。

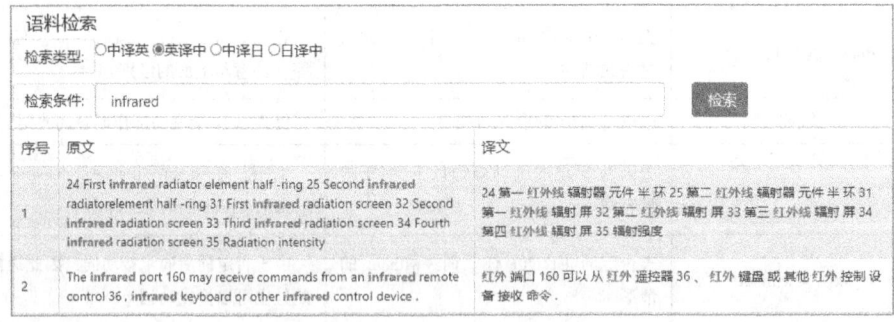

图 3.22 IP Language 的检索界面

3.3.2.2 Linguee

Linguee 将字典与搜索引擎合二为一，提供更广的搜索空间，其搜索结果包含高达一亿多条双语互译的例句。Linguee 网站将检索词搜索结果分为两部分，网页的左半部分是词条的翻译列表，右半部分是来自网络的双语互译的例句示范。左边简洁明了的单词表源自可靠的印刷版词典，使该词的翻译可能性一目了然；右边来自网络的译文例句帮助用户了解该词的使用语境及使用方法。

Linguee 是翻译搜索引擎的领头羊。目前为止，Linguee 可提供以下语言的双向翻译：德译英、德译法、德译西、德译葡，还相继推出汉语、日语、荷兰语以及俄语四种语言的网站。Linguee 的检索结果分成两栏，左栏是词典释义，右栏是双语例句。通常不建议输入单词，否则会搜索到很多译文例句，输入某个词组或表达则效果比较好。

Linguee 提供的现成翻译资料数据不仅庞大而且完整，所有例句都是完整的句子或段落。因此，用户可以快捷地查询所有搜索词条，包含成语或俗语的完整含义，乃至其译文例句，甚至包括专业用语或词汇的含义及翻译难点。

Linguee 的双语译文例句主要来自网络，尤其是一些已经被翻译成多种语言的官方网站，例如，某些大公司、各大组织机构和高校的官方网站，包括欧盟文献和一些专利文献。通过网络爬虫程序自动识别已经被翻译成多种语言的网站内容，并将原文和译文进行对比和评估，然后把高质量的译文筛选出来作为例句供用户参考。Linguee 从约一兆的译文中，筛选出 0.01% 的译文，即一亿多条，作为例句供检索，所有的译文例句都附带原文出处的链接。

3.3.2.3　Globse

Globse（https：//glosbe.com）成立于 2011 年，总部位于波兰，它致力于成为涵盖所有主要语种的顶级在线词典，号称涵盖所有现有语言的庞大字典库，免费使用，查询简单。Globse 和传统词典大不一样，它和 Linguee 十分相似。突出的特点就是丰富的双语例句。其主要数据来源是网络以及用户的分享。❶

⬤ 3.4　机器翻译

法磊（2009：64）认为，机器翻译对译员朋友至少有以下几个好处。第一，新手译员在翻译时，往往会被自己较少的词汇量所困，这个时候机器翻译就是个很好的提示工具，虽然准确率和语法方面差得较远，但是很多词完全可以发挥启迪灵感的作用。第二，译员在遇到比较难处理的句子或为没有合适的词而苦恼时，也可以用机器翻译获取灵感，以点带面为最后的翻译出力。第三，译员做稿子的时候往往会遇到全新的领域，这个时候，机器翻译所提供的译文就可以帮忙了。第四，机器翻译工具可以减少打字、书写的劳苦，因为它有正确的东西在里面，特别是那些简单的句子，直接在上面修改、调整一下就可以，而且很多词可以帮着查出来，不过这时候一些专业名称及缩略语要特别注意，防止被在线翻译误导。第五，译员在翻译中，遇到原文中夹杂的其他语种内

---

❶　除了用户上传分享的数据之外，Globse 的主要数据来源有 Wiktionary project、Jerzy Kazojc website、FreeDict project、Open Subtitles、The DGT Multilingual Translation Memory of the Acquis Communautaire：DGT-TM、OPUS、OmegaWiki、Tatoeba 等。

容，也可以借助机器翻译软件帮助理解和翻译。

表3.8列出了15款常见的机器翻译引擎，个人用户基本上无须注册就可以免费使用多语种之间的自动语篇翻译，各种机器翻译软件的质量正在稳步提升，但是当原文句子较长或语义复杂的时候，没有哪款机器翻译是完美的甚至无法"质量及格"。哪款更好？这取决于很多因素，如待译内容的专业领域、语言对方向、原文文本格式等。不同的机器翻译引擎，通常有自己的优势和不足，而且不定期更新升级，只有经常使用，勤于比较，方能找到适合自己的机器翻译。

表3.8 常见机器翻译引擎列表

序号	机器翻译引擎名称	网址
1	小牛翻译	http：//fanyi. niutrans. com
2	有道翻译	http：//fanyi. youdao. com
3	百度翻译	http：//fanyi. baidu. com/? aldtype＝16047#auto/zh
4	腾讯翻译	http：//m. fanyi. qq. com/browser
5	谷歌翻译	https：//translate. google. cn/? hl＝en
6	必应翻译	https：//cn. bing. com/translator? from＝en&to＝de&mkt＝zh-CN
7	词霸翻译	http：//fy. iciba. com
8	搜狗翻译	http：//fanyi. sogou. com
9	DeepL	https：//www. deepl. com/translator
10	金桥翻译	http：//www. netat. net
11	新译翻译	https：//fanyi. newtranx. com
12	爱特曼翻译	http：//transgod. cn/opt/trans
13	中译语通	https：//www. yeekit. com/site/translate? locale＝zh
14	欧米翻译	http：//www. alifanyi1688. com/index. html
15	云译	https：//cloudtranslation. com/online

当然，译者朋友如果觉得将机器翻译逐一进行比较，比较麻烦的话，还可以选择使用GT4T❶。GT4T是一款工具软件，集成了30款市场主流机器翻译引擎，支持20种文件格式（包括Office文档、CAT软件的格式文档，如memoQXliff、SDLXliff等）。GT4T使用也比较方便，选中待译文字，按Ctrl+Windows+J，就可以一次性获得多个机器翻译引擎生成的译文，方便译者比较权衡、择优采用（图3.23）。当然GT4T还有其他一些功能，译者可以自行探索，本书不再赘述。

随着机器翻译质量的显著提升，机器翻译逐渐成为辅助人工翻译的重要手段。尽管还有相当数量的译者在翻译时对机器翻译深恶痛绝。但译者在翻译时，参考机器翻译译文已经十分普遍。许多职业译员在日常翻译中，利用机器翻译作为重要辅助，利用译后

❶ GT4T是收费软件，可以免费试用一个月。

编辑的方法完成翻译任务。机器翻译辅助人工翻译的重要方法就是译后编辑（post-editing）。确切而言，译后编辑不同于间断性查询机器翻译译文，它是利用译后编辑环境，批量性获得记忆翻译译文，译员对机器翻译译文进行修改，并使译文质量达到可接受水平的过程。许多主流 CAT 工具都集成了译后编辑环境，如 SDL Trados、MemoQ、I 译+、YiCat、译马网等；市场上也有一些专门的译后编辑软件，如 Post-Editing Tool（PET）、Translog-Ⅱ 和 Transcenter 等。译后编辑已成为新型、重要的翻译实践模式，并将成为主流。这意味着机器翻译将为人工翻译提供更多、更全面的辅助。

图 3.23　GT4T 多引擎机器翻译界面

3.5　数据库

在翻译专业性和学术性文本时，使用学术数据库有利于学习背景知识，保证查询结果的权威性及译文的可靠性。学术数据库和专业数据库较之互联网搜索引擎的搜索结果而言，更具有权威性和科学性，可信度更高，巧妙利用数据库可以在很大程度上提高译员的搜索效率。

3.5.1　CNKI

国家知识基础设施（National Knowledge Infrastructure，NKI）的概念，于 1998 年由世界银行提出。中国知识基础设施工程（China National Knowledge Infrastructure，CNKI），始建于 1999 年 6 月，由清华大学、同方股份共同发起。

CNKI 文献搜索以 CNKI 总库资源为基础，涵盖了中国学术期刊、博硕士论文、会议论文、报纸文献、专利标准等多种文献类型。CNKI 集成了一款优秀的知识库搜索引擎，可以搜索期刊、会议、报纸、外文文献、年鉴、百科、词典、统计数据、专利等，并可使用高级检索功能（图 3.24）。

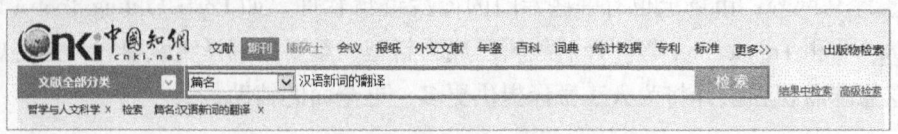

图 3.24　知网检索界面

利用 CNKI 数据库，译员可以查询术语的译法，还可以查询背景知识、同族文献、关键概念的解释等。例如，在一篇与煤化工有关的文章中，出现了 ash content 一词，在中国知网的词典中进行检索可以发现，在相应的精细化工等专业词典中该词被译为"灰分、灰分含量、含灰量"等。将这些译法再在知网的期刊栏目下作为检索词进行检索，可以发现相关的论文中"灰分""灰分含量"这两种译法出现的频率极高，而"含灰量"则出现得很少。所以基本可以确定，在煤化工领域中，ash content 一般译为"灰分"。

为了便于使用，CNKI 还推出了一款英汉互译工具——CNKI 翻译助手（http：//dict. cnki. net），检索界面如图 3.25 所示。CNKI 翻译助手是以 CNKI 总库所有文献数据为依据，提供英汉词语、短语乃至句子的翻译检索，不仅对翻译需求中的每个词给出准确翻译和解释，还给出大量与翻译请求在结构上相似、内容上相关的例句，供译者参考。CNKI 翻译助手汇集从 CNKI 系列数据库中挖掘整理出的 800 余万个常用词汇、专业术语、成语、俚语、固定用法、词组等中英文词条，以及 1500 余万个双语例句、500 余万份双语文摘，形成海量中英在线词典和双语平行语料库。其数据实时更新，内容涵盖自然科学和社会科学的各个领域。著名译者法磊（2009：65）就曾坦言："在做专业材料翻译时，笔者首推 CNKI 的翻译助手，它是中国知网开发制作的大型在线辅助翻译系统，这也是笔者用得最多的在线词典，它对翻译请求中的每个词给出准确的翻译和解释，同时给出大量与翻译请求在结构上相似、内容上相关的例句。通过参考这些词汇一级的翻译和相似例句，用户可以很容易地生成或自己想要的翻译结果。更重要的是，CNKI 所搜索的材料一般都是人家论文摘要里面的句子，可信度好，而且专业，这比其他在线词典纯粹就是术语转化翻译专业得多。"

利用数据库可以通过篇名、关键词、主题、摘要、作者、作者单位等进行搜索。找到相关篇目，利用中英文标题、摘要和关键词，解决翻译困难。例如，有译员朋友在翻译一篇学术论文时，遇到了一个专有名词"假传体"，搜索各种在线词典也没有找到答案。如何翻译这个专有名词，让这名译员犯了难。❶ 经过百度搜索可以得知，所谓假传

---

❶ 本案例引自 https：//zhuanlan. zhihu. com/p/26081165。

体，是研究韩国古代文学者用以特指受韩愈《毛颖传》和苏轼《万石君罗文传》等作品体式的影响而产生的传体寓言小说。意义虽然清楚了，但是翻译它依然没有头绪。

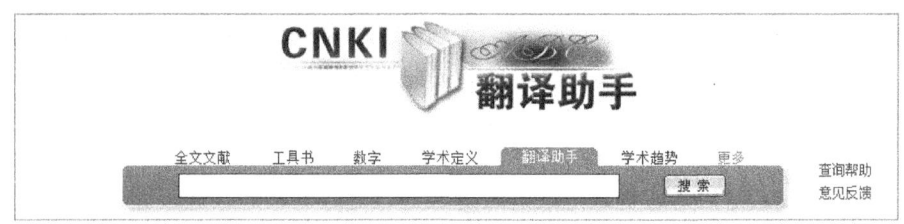

图 3.25　CNKI 翻译助手界面

但了解到这是一篇学术论文，假传体是一种源于中土文学，又传至朝鲜的重要文学流派后，可以想到，应该有很多学者也研究过这一重要文学现象，并且发表过学术论文，并收录于中国知网、万方等数据库。而学术论文中有中英文的标题、摘要和关键词，在数据库中找到相关论文，就可以找到这一核心关键词的英文线索。在中国知网中，将检索类型设置为标题，检索词输入假传体，可以得到如图 3.26 所示结果。

文献全部分类　篇名　假传体

检索 > 篇名:假传体 x

分组浏览：来源数据库　学科　发表年度　研究层次　作者　机构　基金　免费订阅　定制检索式

2018(1)　2014(1)　2013(1)　2012(1)　2011(1)　2010(1)

排序：主题排序　发表时间　被引　下载　切换到摘要　每页显示：10 20 50

(0) 清除　导出 / 参考文献　分析 / 阅读　找到 6 条结果

	题名	作者	来源	发表时间	数据库	被引	下载	预览	分享
1	朝鲜高丽朝假传体文学研究	李杉婵	中央民族大学	2012-03-18	博士	15	790		
2	明代假传体作品研究	瞿静	四川师范大学	2014-03-01	硕士	5	190		
3	中国传统"假传体"文学对朝鲜高丽朝文学的影响	李杉婵	中国文化研究	2013-11-28	期刊	5	237		
4	浅论古代朝鲜假传体叙事文学作品对中国史传传统的接受	李天	吉林广播电视大学学报	2018-04-15	期刊		74	HTML	
5	韓國假傳體小説中"酒"形象的演變及其儒學蘊涵	孫萌; 孫遜	中华文史论丛	2011-03-20	期刊		198		
6	关于"假传体"寓言定名和溯源的一点思考	孙敏强	韩国研究（第九辑）	2010-12-01	中国会议		131		

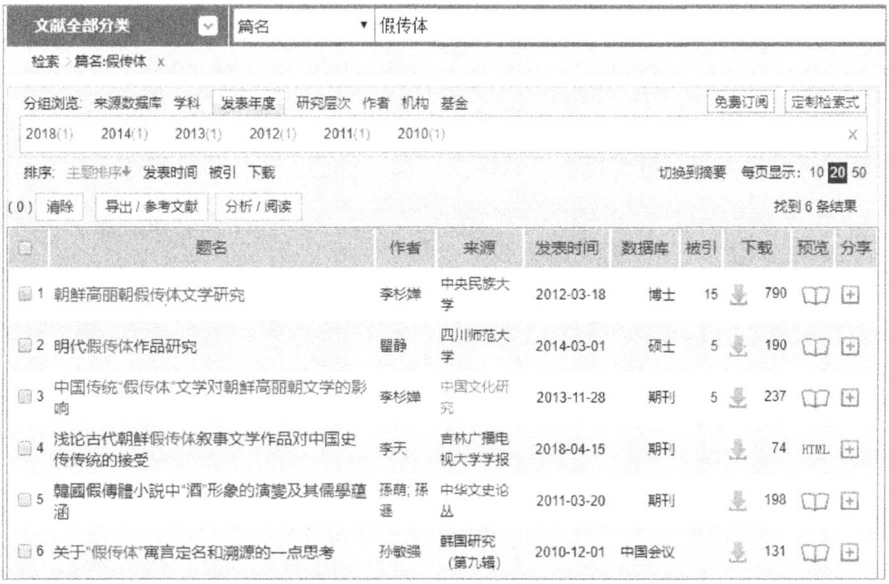

图 3.26　假传体的 CNKI 检索结果

点开一一查看，可以找到三个版本的译文：koryo allegorical tale，false biography、pseudo-biography 和 koryo allegorical tale，字面意思是高丽寓言故事，这是对“假传体”的内涵的英文归纳，是否贴切，是否是准确译法，有待商榷。false biography 从表面上看，似乎是“假传体”的直译译文，但 false 这个词有 disloyal and untrustworthy 之意，放在此处，有悖“假传体”之本旨，略有不妥。pseudo-biography，pseudo 作为前缀有假、伪之意，但 pseudo-biography 是否是假传体之意，依然有待考证。进一步反向验证，使用谷歌检索“koryo allegorical tale”仅得到三条检索结果，且都来自中文网页。检索

pseudo-biography，得到约482万条结果，其中还包括 *The Pseudo-Biography of John Mat-Son* 的书名。在 Yahoo Answers 里，有人提问"What is a pseudo biography？"网名 Jason 的网友回答"If is not mistaken" pseudo "means false or counterfeit...and a" biography "is a story more or less of someones' life written by another person...so in essence a" pseudo biography "is a false story of someones life told by another person"。由此可知，虽然无证据表明 pseudo-biography 可以用来专指"假传体"，但其本意也非常接近"假传体"之意，同时西方读者也能理解和接受。因此，采纳 pseudo-biography 是恰当的选择。

3.5.2　Patentscope

Patentscope（http：//www.wipo.int/patentscope/en）是世界知识产权组织（WIPO）开发的专利数据库。Patentscope 数据库包含5800万篇专利文献，其中国际专利申请300万件。自《专利合作条约》国际申请公布之日起可对其进行全文检索，也可以对国家和地区参与专利局的专利文献进行查询。当检索信息时，可用多种文字输入关键字、申请人名称、国际专利分类及其他检索条件，使用高级语法可以调用同一份专利的不同语种，检索界面见图3.27。Patentscope 提供了一款专利领域的机器翻译引擎（WIPO Translate），支持十余个语言对之间的机器翻译，其中中英之间的机器翻译还额外增加了神经机器翻译（Neural MT）的选项。此外，它还提供了专利领域的术语库检索（WIPO Pearl），其术语库检索支持十种语言，包含汉语、英语、法语、德语、汉语、日语等。

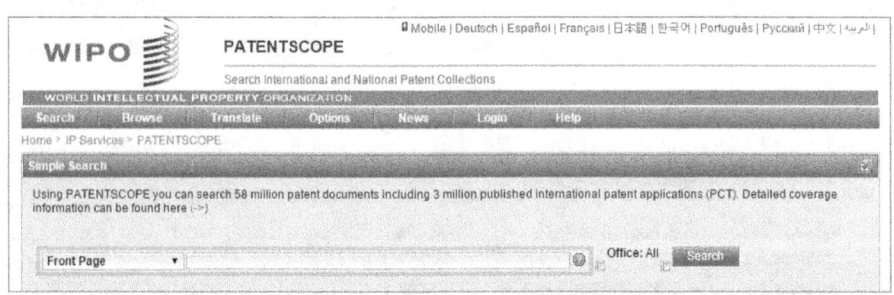

图 3.27　Patentscope 检索界面

此外，还有很多数据库，如百度法律、MBA 智库百科、欧洲专利局、美专局、Patbase 等，都能提供各个领域内的搜索结果。这些搜索结果往往会屏蔽掉其他不相关领域的信息，只展示这类专业或者几类专业的信息，搜索结果较少，但专业性较强。如译员需要查阅法律领域"指定仲裁员"这个词条的相关法律条文，可以在"百度法律"中搜索"指定仲裁员"，便可看到《中华人民共和国民事诉讼法》等法律条文中对该词的引述。

例如，我们在翻译中遇到"萨摩鲁泰"一词，无法确定其英文译法，可以通过国家知识产权局的专利信息服务平台和欧洲专利局网站两个数据库查找。具体步骤如下。

第一步，进入专利信息平台（图3.28），通过关键词检索获取相关文件的专利公开号，CN104055735A。

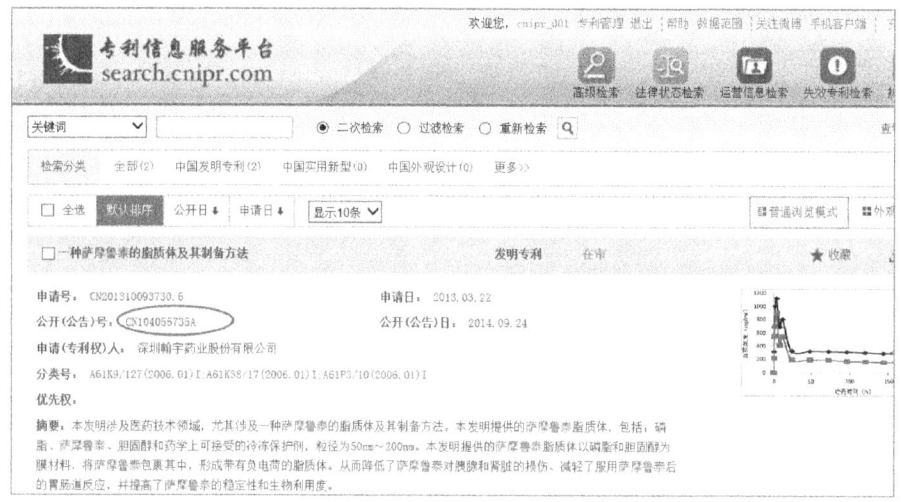

图 3.28　专利信息服务平台的关键词检索

第二步，进入欧洲专利局网站（图 3.29），输入该专利的公开号 CN104055735A。

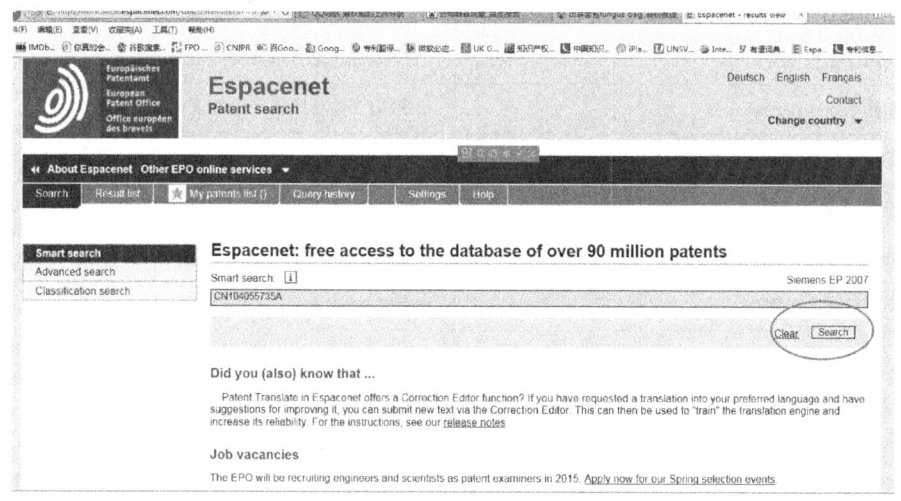

图 3.29　欧洲专利局检索

第三步，可以查到该专利的英文版本，从而获得所需的翻译结果"Semaglutide liposome"（图 3.30）。

完成搜索工作后，还可以将搜索出的术语代入有道或必应进行核对，以确保搜索的准确性。以上各种搜索方法可以有针对性地选择使用，也可以同时使用并进行平行参考，以保证专业术语的准确性。

与 CNKI、Patentscope 相似的数据库还有很多，国家图书馆和各大学图书馆都收录了较多的大型数据库，可以供译者查询使用。表 3.9 是一些常见的大型中英文数据库。

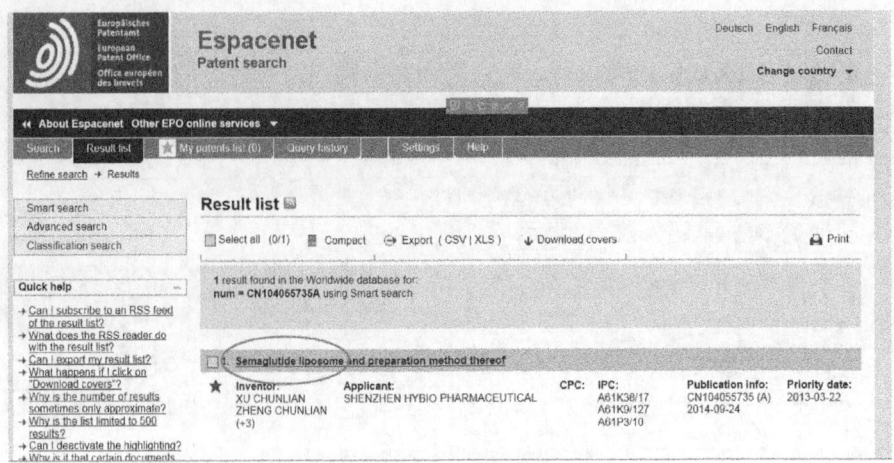

图 3.30　欧洲专利局检索结果

表 3.9　常见中英文数据库

英文数据库	中文数据库
WOS（SCI、SSCI、A&HCI、Medline、IC、CCR、ESCI）数据库	CNKI——中国知网总库平台
EI-Village2（工程索引）	台湾学术文献数据库——硕博论文库
CA 网络版（SciFinder Scholar）	HKMO（港澳博硕）优秀学术全文资源库
ABI/INFORM 经济管理全文库	中国党建期刊文献总库
ACS 美国化学学会	超星数字图书数据库
ASCE 期刊和会议录	中国基本古籍库、中国金石库、中国俗文库初集
ASME 美国机械工程师协会	读秀学术搜索
EBSCO 平台（ASC，BSC，GLH）	百链云图书馆
Elsevier 期刊全文库 ScienceDirect	超星学术视频
Emerald 爱默瑞德	晚清民国期刊
IEEE/IEE（期刊、会议录、标准）库	中经网数据库
IOP 英国皇家物理协会	人大复印资料全文数据库
Nature 英国自然杂志网络版	大学专业课学习数据库
PQDT 博硕士学位论文全文库	中科 VIPExam 考试学习数据库
RSC 英国皇家化学学会	人民日报
SAGE 期刊数据库（含回溯）	全国中英日俄期刊联合目录服务系统
Science 美国科学杂志网络版	中文社会科学引文索引（CSSCI）
剑桥期刊在线	中国科学引文数据库（CSCD）
Springer 电子刊电子图书	皮书数据库

英文数据库	中文数据库
汤森路透 WestLaw 法律数据库	大成老旧刊全文数据库
Wiley 在线期刊	方正数字资源
OSA 美国光学会	方略知识管理系统
Innography 专利分析平台	中国生物医学文献服务系统
ASM 美国微生物学会	中华经典古籍库
Taylor&Francis 科技期刊库	国家哲学社会科学学术期刊数据库（NSSD）
Econlit 美国经济学会全文库	
SCOPUS 数据库	

3.6　术语库

术语在翻译中的重要性不言而喻。为了保障术语的准确性，译者需要查询专业的术语库。查询术语的网络资源非常多，不同专业领域都有自己的术语查询资源。很多网站也集成了术语查询的功能。下文仅介绍几款重要的术语查询资源。

3.6.1　术语在线

术语在线（http：//www.termonline.cn/index.htm）由全国科学技术名词审定委员会主办，定位为术语知识服务平台，支持中英文双向检索，涵盖了基础科学、工程与技术科学、农业科学、医学、人文社会科学、军事科学等各个领域的 100 多个学科，且不断更新。目前一期项目已经上线，提供检索、术语分享、术语纠错、术语收藏、术语征集等功能（图 3.31）。该平台聚合了全国科学技术名词审定委员会权威发布的审定公布名词数据库、海峡两岸名词数据库和审定预公布数据库累计 45 万条规范术语。

3.6.2　联合国多语种术语库（UNTERM）

联合国多语种术语库（http：//untermportal.un.org）于 2012 年 4 月推出，它是联合国术语库的搜索门户，支持联合国六种官方语言（英语、汉语、俄语、法语、阿拉伯语、西班牙语），也提供德语和葡萄牙语术语资料。UNTERM 提供多种筛选条件，帮助扩大或缩小搜索范围，还提供首字母缩略词搜索及模糊搜索等。UNTERM 术语库反应速度快、术语信息丰富，可按数据库、领域及学科分类进行搜索，术语属性信息及背景资料丰富，提供包含该术语的原文链接。

每个领域都有术语查询的资源，译者长期专攻某个专业领域，慢慢就会找到这些术语查询资源，并形成自己的语言资产。此外，译者的自身积累十分重要。通过翻译实践

图 3.31　术语在线检索界面

及网上收集，译员可以获得大量的术语资源，制成术语库之后，就可以在实践中有其用武之地。

3.6.3　一本词典

一本词典（http：//www.onedict.com）由北京语智云帆科技有限公司研发，2011 年 11 月正式推出，目前是以专利术语查询为主，同时也可查询人文社科和科学技术等领域的术语。其语料库包含约 800 万个中英英中词对，以及 3000 万个科技学术双语句对。

3.6.4　中国特色话语标准化术语库

"中国重要政治词汇对外翻译标准化专题库"由中国外文局中国翻译研究院主持建设，是国内首个国家级重要政治词汇对外翻译标准化专题库，旨在规范重要政治词汇术语多语种译法，为对外传播翻译工作提供相关数据资源服务，确立国家主导的重要政治词汇外译标准。本库从扶贫、经济、法治、军事、科技、外交和文化等多个维度，提供中文与英、法、俄、德、意、日、韩、西、阿等多种语言的术语对译查询服务，登录本库可以免费查询到 2 万多条中国重要政治词汇的内容阐释和标准译法。术语全部摘自《习近平谈治国理政》多语种版、《中国关键词》多语种版等中国外文局中国翻译研究院、中国翻译协会发布的独家权威语料。本库以语种的多样性、内容的权威性为突出特色，为对外翻译、宣介好习近平新时代中国特色社会主义思想，为翻译界对外讲好中国故事，传递好中国声音提供平台和基础支撑，也是完善信息化时代语言服务基础设施、提升新时代党和国家治国理政思想的国际传播能力和影响力的有益成果。

网址：http：//210.72.20.108/index/index.jsp。

3.6.5　中国思想文化术语库

主要收录"中华思想文化术语传播工程"近几年的最重要成果——中华思想文化

术语，目前已收录 600 条。这些词条包含中文释义、外文释义、中文引例、中文引例释义和外文引例释义等字段，全部词条都提供中文和英文两个语言版本，并提供对应的专业录音，部分词条还提供西班牙语、尼泊尔语、马来西亚语、波兰语和阿尔巴尼亚语五个语种，未来还会不断更新。

网址：http：//shuyuku. chinesethought. cn。

3.6.6　中医文化关键词库

精选中医基本术语进行阐释和翻译，每条术语包含术语拼音、术语中文、术语英文、术语中文解释、术语英文解释、术语曾经译法、术语现行译法、术语标准译法、翻译说明及引例。目前收录 221 条中医术语，未来还会不断更新。译者可以比较曾经译法和现行译法，结合翻译说明对术语的标准译法有更深刻的了解。

网址：http：//shuyuku. chinesethought. cn/zhongyi. aspx？ nid=233 & pid=0 & tid=0。

3.6.7　中国关键词

中国关键词是以多语种、多媒体方式向国际社会解读、阐释当代中国发展理念、发展道路、内外政策、思想文化核心话语的窗口和平台，是构建融通中外的政治话语体系的有益举措和创新性实践。

中国关键词由中国外文局和中国翻译研究院发起，中国翻译协会和中国外文局对外传播研究中心具体组织实施。项目组建了由中央相关部门专家组成的中文编写和多语种外文翻译专家委员会，邀请外籍专家参与译文的审稿工作。

中国关键词摘编自党的十八大报告、十八届三中全会决定、习近平总书记系列讲话、2014 年"两会"政府工作报告等中央领导的重要文献。

中国关键词支持中、英、法、俄、阿、西、日等十四个语种的翻译查询，是中国时政和中国特色词汇的查询利器。

网址：http：//www. china. org. cn/chinese/china_key_words。

3.7　利用自制记忆库搜索

记忆库和术语库是重要的语言资产。译者可以在翻译中逐渐积累记忆库和术语库。在翻译实践中，不同 CAT 工具大多支持译者在同一个项目中同时调用一个或多个记忆库或术语库。在翻译实践中，译者有时也需要参考未配置为项目记忆库或术语库的语料资源。自制记忆库和术语库，一方面可以设置为项目记忆库或术语库；另一方面，为了保持记忆库和术语库的纯净，也可以作为项目的参考资源，借助专门的工具查询使用。

3.7.1　记忆库的制作方法

记忆库的制作也称为语料对齐。对齐既可表示寻找不同语言文本之间互译片断的过程（align），也可用于表示该过程产生的结果（alignment）。根据互译片段的长短或单位，可以分为词语对齐、短语对齐、句子对齐、段落对齐等。在翻译实践中，句对齐更为常见也更加实用。通过句对齐既可以生成双语平行语料库，也可以生成翻译记忆库。对齐在自然语言处理的许多领域都具有较高的研究和实用价值，在机器翻译、词典编纂、信息检索、词义排歧和辅助翻译等方面有较大的应用价值。

在现实生活中，很多文本信息都存在双语和多语版本，如果将这些语料对齐，将能产生巨大的经济社会效益。目前市场上对齐工具林林总总，十分繁杂，如 Abbyy Aligner、Tmxmall 等；许多计算机辅助翻译工具也内置有对齐模块，如 SDL Trados、Déjà Vu、memoQ、Transmate 等。各款工具都能实现语料对齐的功能，但表现各有不同。蔡辉（2019：150-55）利用实验的方法，使用文学、财经和科技三种文体的样本，对 ABBYY Aligner 2.0、Déjà Vu X3、memoQ 2015、SDL Trados 2017、Tmxmall 和 Transmate 六款工具的对齐功能进行了比较研究，研究发现，Transmate、ABBYY Aligner 2.0 和 memoQ 2015 的对齐准确率位居前列，表现稳定。由于各款对齐工具的基本操作比较相似，且操作简单，本书将以 ABBYY Aligner 2.0 为例，介绍对齐的基本操作。

例如，我们用 ABBYY Aligner 2.0 将原文为汉语、译文为英语的两个独立文档对齐，生成记忆库，具体操作步骤如下。

（1）双击桌面 ABBYY Aligner 的图标，打开该软件（图 3.32）。

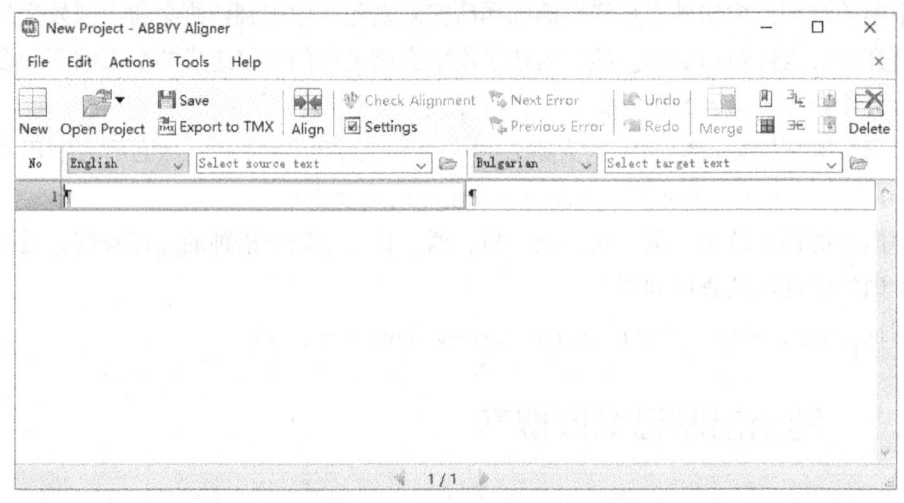

图 3.32　ABBYY Aligner 编辑器界面

（2）在语言设置栏，分别将原文设置为简体中文（Chinese Simplified），译文设置为英语（English）。

（3）点击原文的文件夹图标，在弹出的对话框中找到原文文件所在文件夹，选中原文文件，点击打开，原文将自动导入 Abbyy Aligner 的编辑器（图 3.33），再自动弹出新的对话框，在新对话框中选中译文文件，点击打开，译文将自动导入编辑器（图 3.34）。

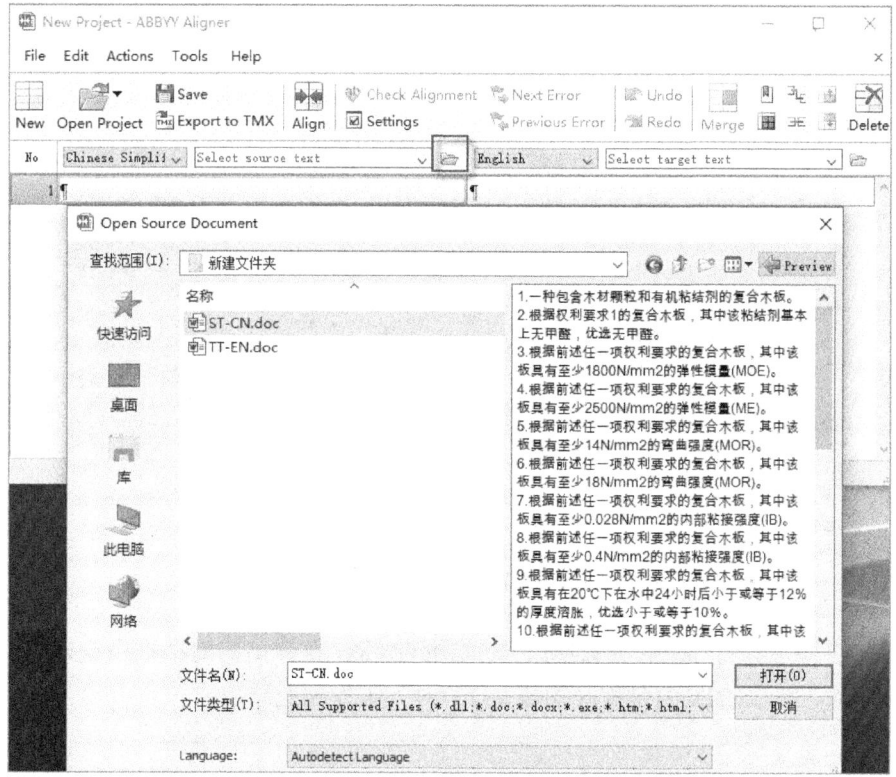

图 3.33　导入原文的界面

图 3.34　导入译文的界面

（4）点击工具栏 Align 按钮（或快捷键 F5），将原文和译文文本对齐，原文和译文被切分为若干句段，并以句句对照的表格形式呈现（图 3.35）。

（5）逐步检查每一个句段，看看原文和译文是否逐句对应，将对齐错误的句段逐一修正。

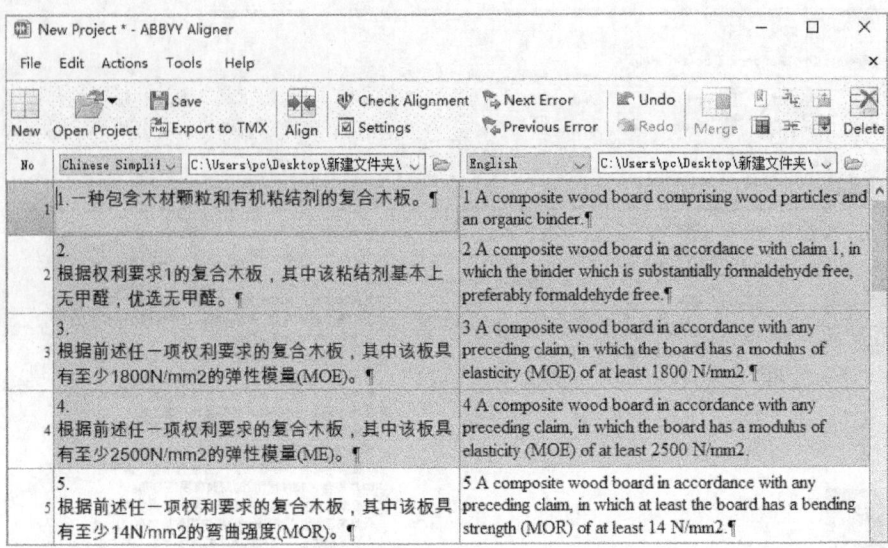

图 3.35　点击 Align 按钮之后的编辑器界面

（6）检查完毕之后，点击工具栏 Export to TMX，在弹出的对话框中选择 TMX 文件的存储路径，修改 TMX 的名称（图 3.36）。对齐工作到此结束。

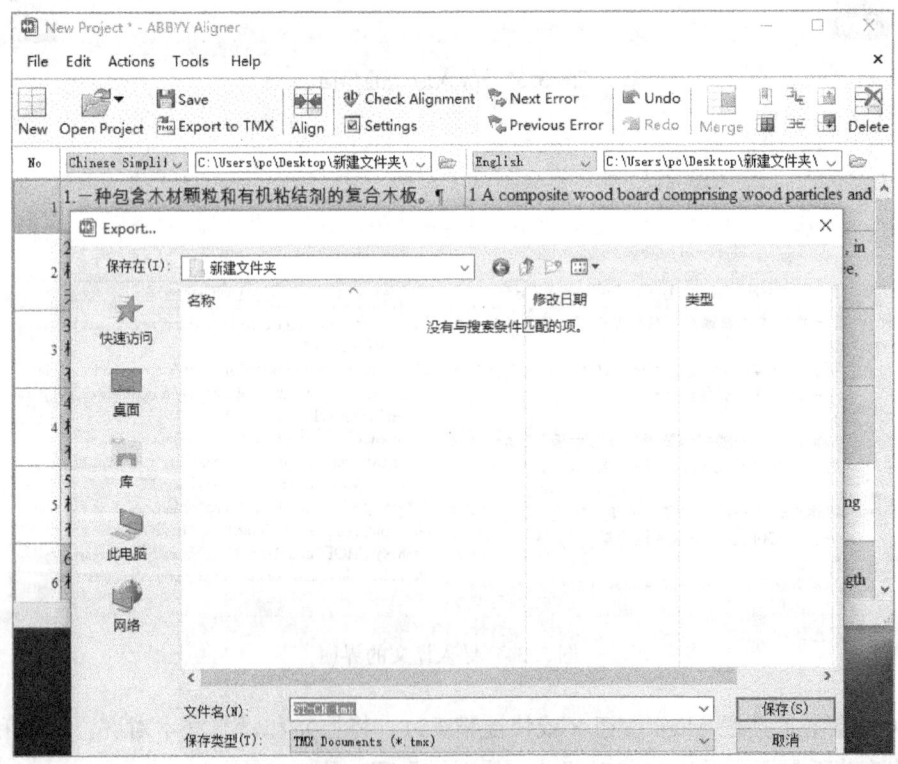

图 3.36　导出 TMX 的界面

通过对齐生成的 TMX 文件可以导入 SDL Trados、memoQ 等各种 CAT 工具的记忆库中。还可以使用专门的 TMX 编辑器查看和编辑。除了自制语料库外，也可以在网络上找到一些网友贡献的记忆库，当然也可以在语料交易平台购买。译者在学习工作之余，可以不断搜集相关语料，科学分类，逐步积累，以备不时之需。

3.7.2　记忆库的检索

许多计算机辅助翻译工具，如 SDL Trados、Déjà Vu、memoQ、Transmate 等，都内置有记忆库编辑模块，市场上也有专门的记忆库编辑工具，如 HSTMX Editor、Olifant 等。专门的记忆库编辑工具通常具有更加丰富和更为强大的编辑功能，例如合并、拆分、清洗、转制、检索等。本书以 HSTMX Editor 为例，简述记忆库的检索功能。

使用 HSTMX Editor 打开一个 TMX 格式的记忆库（图 3.37）。该软件提供了丰富的检索功能。例如，在原文栏输入 defeat，就可以找到原文包含 defeat 的所有句段，在译文栏输入庆祝，就可以找到译文中包含庆祝的所有句段（图 3.38）。

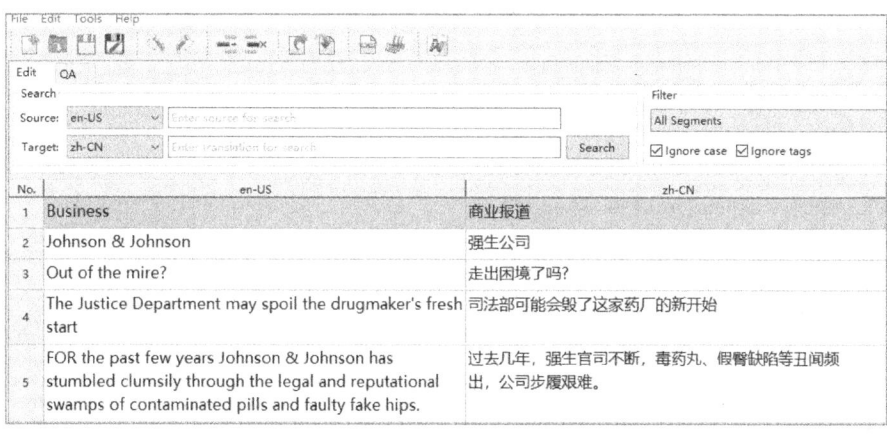

图 3.37　HSTMX Editor 的编辑界面

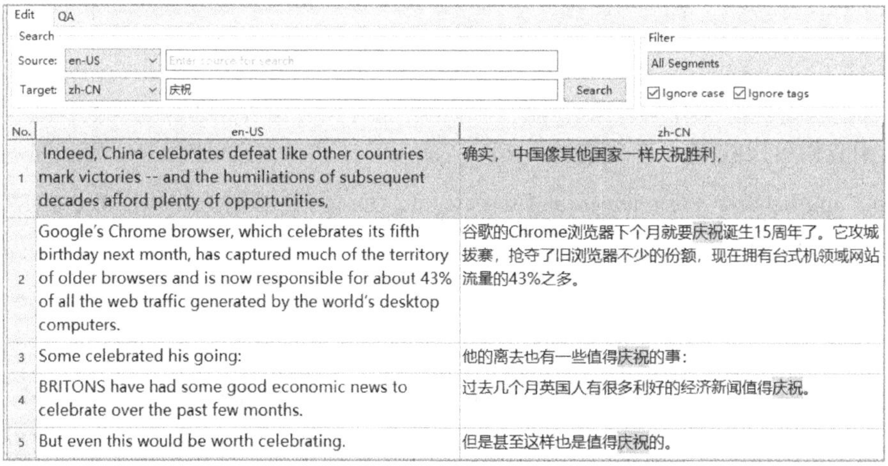

图 3.38　庆祝的检索界面

在翻译实践中，译者可以利用记忆库编辑器快速查找相关信息和用法。例如，在某个英译汉的项目中，有这样一段话：

Anterior to the deluge, the flesh of animals was doubtless converted into food, else their distinction into clean and unclean (Gen. ix. 5, 6) would not have been observed.

clean 和 unclean 在这里应当如何理解？有何特别意涵？很多同学的处理比较随意，或者懵懂不解。本段和《圣经》相关，文中（Gen. ix. 5, 6）已经明确表示它的出处为《创世纪》，认真的译者一定会翻出《圣经》，或者找到《圣经》的网站，查找相关段落。恰好笔者手上有《圣经》的记忆库文件。使用 HSTMX Editor 打开该记忆库，在原文栏输入 clean，搜索相关句段（图 3.39）。

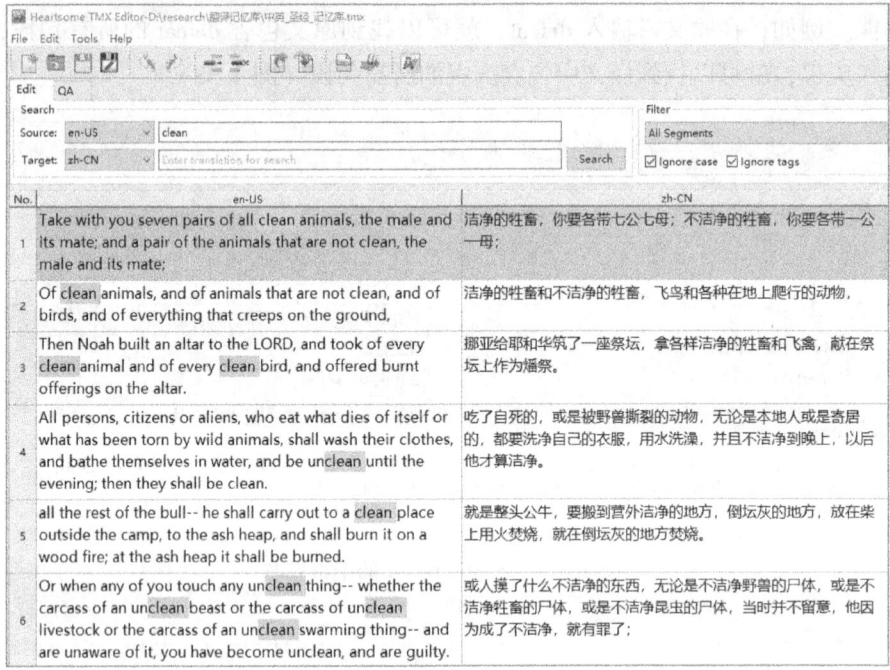

图 3.39　clean 的记忆库检索结果

其中我们可以找到以下代表性句段：You are to distinguish between the holy and the common, and between the unclean and the clean（使你们可以把圣的和俗的、洁净的和不洁净的，分辨清楚）；But among those that chew the cud or have divided hoofs, you shall not eat the following: the camel, for even though it chews the cud, it does not have divided hoofs; it is unclean for you（但你们不可吃下列反刍，或分蹄的走兽动物：骆驼，因为它反刍却不分蹄，你们应以为不洁净）；The hare, for even though it chews the cud, it does not have divided hoofs; it is unclean for you（兔子，因为它反刍却不分蹄，你们应以为不洁净）；The pig, for even though it has divided hoofs and is cleft-footed, it does not chew the cud; it is unclean for you（猪，因为它分蹄有趾却不反刍，你们应以为不洁净）；You shall therefore make a distinction between the clean animal and the unclean, and between the unclean bird and the clean（所以你们要把洁净的和不洁净的走兽，洁净的和不洁净的飞禽分别出来）。

由此可知，所谓 clean 和 unclean 是《圣经》中对于动物洁净与否的区分，且对应译法分别为洁净和不洁净。有鉴于此，上文可以译为：

> 在大洪水之前，动物无疑被人们作为肉食食用，否则人们就不会将其区分为洁净和不洁净两类（《圣经：创世纪》第九节 5，6）。

又如在某次汉译英的翻译中，需要查找京津冀协同发展的官方译法（图 3.40）。我们可以使用 HSTMX Editor 打开自制的政府工作报告记忆库，搜索京津冀❶，可以查到其英语译文为 Beijing-Tianjin-Hebei integration。

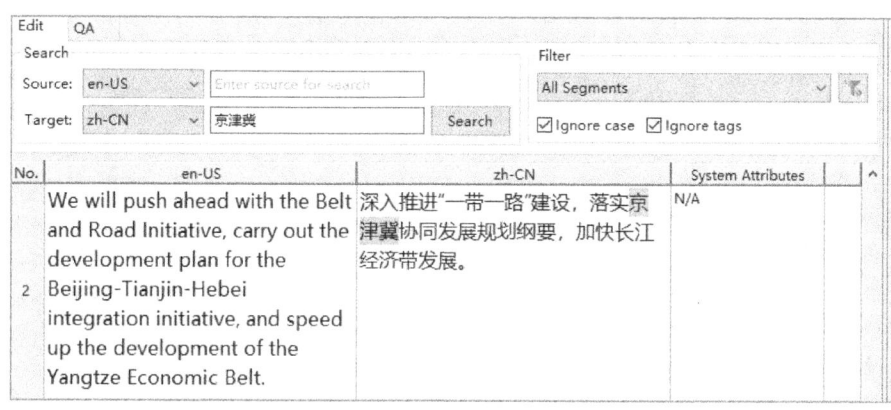

图 3.40　京津冀协同发展的检索

HSTMX Editor，也可以使用正则表达式。例如，在一个英译汉的记忆库中，我们想要找到全部为英文、数字或符号的句段，并将这些句段清除，则可以点击 Edit-find/replace，或输入快捷键 ctrl+F，在弹出的对话框中勾选 Regular expressions，在 find 栏输入 ^[^一-龥]＊？＄，在 range 里选中 Target（图 3.41），则可以找到全部为英文、数字或符号的译文句段。

有关正则表达式的更多内容参见本书第 8 章。

网络本身就是一个庞大的信息库，相关的搜索资源和工具也十分丰富。因此，网络是我们获取信息的重要途径，但以上资源仅仅是九牛一毛，还有很多非常优秀的工具和资源等待译者发掘探索。但译员也应当理解，翻译中的搜索往往不是一蹴而就的。反复检索却一无所获也是译者的家常便饭。在翻译过程中，如果发现检索结果不理想，不妨尝试其他搜索资源和工具，当然也不要忽略了图书馆的丰富资源，更不要忽视原文文本

---

❶　之所以没有直接输入京津冀协同发展，而是输入京津冀，是为了获得更多的检索结果，因为京津冀协同发展可能有不同的汉语说法。

所蕴含的丰富信息和提示。实际上，搜索资源无处不在。译员朋友一方面在平时要注意积累收藏相关资源，另一方面要注意巧妙利用这些资源。与此同时，尽快确立专业方向和翻译领域，也有助于译员尽早建立自己的语言资源库。除了变换搜索资源之外，译者也要注意搜索内容的变通技巧和搜索方法的运用策略。

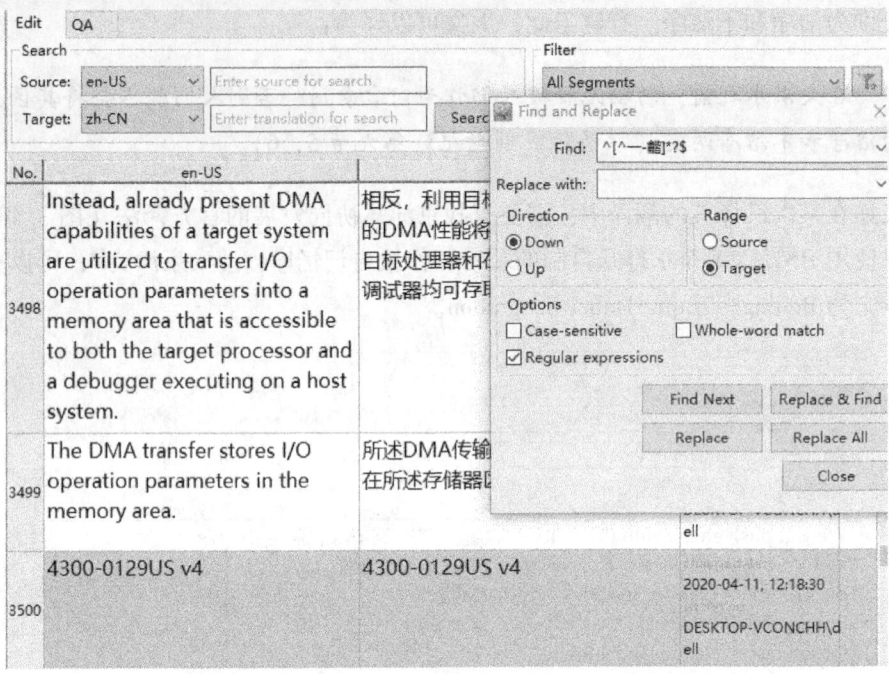

图 3.41 用正则表达式检索

第 4 章

搜索什么？——内容篇

字典不离手，冷汗不离身。

——鲁迅

网络资源十分丰富，搜索引擎也十分强大。译者遇到翻译障碍时，应当勤于搜索，并能综合利用各种搜索资源找到答案。译员的搜索内容主要有以下几种：背景知识、词语搭配、同族文献、术语、图片、新词、专有名词、双语例句等。

4.1 背景知识

背景知识可分为三种：通识知识，如文化、社会知识等；专业知识，如科技、法律知识等；文学知识，如典籍、电影、文学作品知识等。在翻译实践过程中，背景知识同时发挥三种作用：一是与翻译语言能力、翻译策略能力相互作用，以求理解原文信息，确定原文意义；二是背景知识体系内部交互，即通识、专业和文学知识三者互相交互，译者能根据不同文本类型进行关联、优化和删减；三是与译者已有知识相互作用、关联、优化并形成知识网络（Cao，2007：44）。背景知识的掌握与否将对译者翻译过程中的搜索与认知产生重要影响，如果因缺乏背景知识而无法准确理解原文，译文质量势必受到明显影响。

翻译是两种语言之间的转换，但并不是语言层面的简单转换。无论文学翻译还是应用翻译，译者经常会遇到蕴含丰富的历史、社会和文化信息的源语表达。掌握相关的背景信息，对于理解和翻译至关重要。理解是翻译的基础，翻译是理解的文字再现。不了解源语表达背后蕴含的丰富信息，很难准确理解原文，也很难将原文正确地翻译成目标语。相关背景知识的缺乏也常常是造成错译、误译的重要原因。

翻译一篇作品，必须充分了解原文的历史文化背景。诚如曹明伦所言，"只有当你对原文做到了体贴入微，尽窥其妙，你的译文才有可能做到用字不妄，而字不妄乃句无玷之前提，句无玷又是章无疵之保障。虽说你了解的历史文化背景也许不能直接转换成译文，但却会像原文一样在译文的字里行间留下语迹（trace），而正确的语迹可减少译文读者的认知成本。……为了译文读者能以最低的认知成本获得最佳的认知效果，译者就必须付出更多的认知成本。而只有当译者付出了足够的认知成本，源语文本所负载的文化信息才可能最充分地随着语言转换而被转换进目标语文本"（曹明伦，2007：167）。例如：

> The global costs of containing greenhouse emissions to a level that keeps global warming at 2℃, the International Energy Agency's（IEA）"450 scenario" will require $10.5 trillion in incremental investments by 2030.

这句话蕴含了十分丰富的信息，什么是"450 scenario"？将全球变暖保持在 2℃ 是什么意思？不准确理解这些背景知识，很难将原文的意义准确地翻译出来。通过查询"450 scenario 2℃"，可以很容易找到 450 scenario 的英文说明，"450 Scenario sets out an energy pathway consistent with the goal of limiting the global increase in temperature to 2°C by limiting concentration of greenhouse gases in the atmosphere to around 450 parts per million of CO_2"。而且其来源正是 IEA 的官方网站。同时也找到一份《解读〈2015 世界能源展望〉报告》，其中明确提出"450 情境（450 Scenario）则是大气温度上升不超过 2℃ 的情境"。由此可知，原文表达的意思是按照"450 情境"的目标，控制温室气体排放水平，使全球变暖不超过 2℃，其全球成本将十分庞大。据此，可将此句试译如下：

> 到 2030 年之前，按照国际能源署（IEA）在"450 情境"中设定的目标，即将温室气体排放控制在使全球变暖 2 摄氏度的水平，所耗费的全球成本将高达 10.5 万亿美元的巨额投资。

又如：

> This elderly, unmarried English lady was between 65 and 70 years of age when she made her first appearance in *the Murder at the Vicarage* in 1930. She appeared in 12 novels and 20 short stories over a period of forty-one years—making her quite elderly by her last case! In appearance, Miss Marple is a tall, thin woman with a pink, wrinkled face, pale blue eyes and snowy white hair which she wears piled upon her head in an old-fashioned manner.

在本例中，表面看来并不难，没有复杂的结构，也没有生僻的词汇。但其中提到了几个关键信息，*the Murder at the Vicarage* 是怎样一部作品？making her quite elderly by her last case 表达了什么意思？Miss Marple 是谁？通过搜索 *the Murder at the Vicarage*，可知这是一部著名的侦探小说，作者是著名的英国小说家阿加莎·克里斯蒂，按图索骥可以很容易发现 Miss Marple 就是 this elderly, unmarried English lady，进一步检索可知，Miss Marple 是阿加莎·克里斯蒂创造的一个著名侦探人物，她先后出现于 12 部小说和 20 个短篇故事中，最后一次探案时，她已经是一名百岁老人了。掌握了这些背景知识之后，本段文字的翻译就易如反掌。试译如下：

> 1930 年，这位未婚的英国老妇人在《牧师公馆谋杀案》中首次亮相的时候，年龄介于 65 岁到 70 岁之间。此后 41 年中，她先后出现在 12 部小说和 20 篇短篇故事中。到最后一次探案时，她已经相当年迈了。马普尔小姐看上去高高瘦瘦，淡蓝的眼睛，粉红的脸颊，满是皱纹的面庞，雪白的头发老式地堆在头上。

例如：

Critics also worry that the wave of FTAs erodes the multilateral process and is fostering a "noodle bowl" of overlapping rules of origin requirements that may be costly to businesses.

本例涉及比较专业的背景知识。noodle bowl 是指什么？origin requirements 是指什么？不明白这些背景知识，对这句话的理解就会存在困难。有道词典查询 "noodle bowl"，可知是面碗效应，百度搜索 "面碗效应"，检索结果第一条就是百科的解释，"意大利面条碗" 现象（Spaghetti bowl phenomenon）一词源于巴格沃蒂（Bhagwati）1995 年出版的《美国贸易政策》（U. S. Trade Policy）一书。该效应是指在双边自由贸易协定（FTA）和区域贸易协定（RTA）下，各个协议的不同优惠待遇和原产地规则。原产地规则就像碗里的意大利面条，一根根地绞在一起，剪不断，理还乱。这种现象贸易专家称为 "意大利面条碗" 现象或效应。而 origin requirements 正是原产地要求。据此，本句试译如下：

> 舆论也担心自由贸易协定的浪潮会侵蚀多边进程，而且因原产地规则重叠形成的 "面碗效应" 也将导致商业成本高企。

例如：

Most, one must admit, consider this a sterile and rather intellectualistic controversy. This is because most visit Windsor Castle to see the changing of the guard in the castle courtyard, which has taken place almost every day (weather permitting) at 11 AM, since 1660. And they settle for, so to speak, admiring the treasures of the State Apartments, a magnificent sequence of rooms reflecting, above all, the taste of two of the 39 sovereigns who lived in the castle: Charles Ⅱ and George Ⅳ. Charles' apartments are furnished in a style intended to rival the grandeur of **his cousin**, the Sun King. George Ⅳ added a spectacular and very ornate grand staircase to the entrance, as well as the Waterloo Chamber, which has an enormous fresco depicting the battle leading to the definitive defeat of Napoleon Bonaparte.

英语中的 cousin 可以表达堂兄弟姐妹，也可以表达表兄弟姐妹，但翻译成汉语却犯了难。在翻译练习中，有的译为表哥，有的译为表弟，有的译为堂兄，有的译为堂弟，还有的干脆译为堂兄弟，他们到底是堂亲还是表亲呢？谁大谁小呢？在英语里可以一词带过，翻译成汉语，却不行。

经查，the Sun King 是路易十四（Louis ⅩⅣ，1638—1715），他和查理二世（Charles Ⅱ，1630—1685），从生卒年看，很显然查理二世要年长。稍加搜索就可以发现，查理的母亲本是法国公主，乃路易十四的姑姑，还可以发现查理二世在第二次英荷战争败北之后，渴望复仇，但遭到国会反对。于是他与表弟法王路易十四结盟，发起第三次英荷战争。由此可知，his cousin 在此应译为表弟。所谓堂兄、堂弟或者表哥的译法，违背了历史事实，是完全错误的译法。

4.2 搭配

所谓搭配（collocation），《汉语知识词典》（1996：86）定义如下：

某一语言中某些词习惯连在一起使用。如"青"和"草"搭配，"黑"和"夜"搭配。而"青"不和"夜"搭配，"黑"不和"草"搭配。一种语言中每一个词，都有其搭配范围。

英国语言学家 Firth（1957：195）提出词语搭配就是讲词语的结伴关系或共现关系，通过与之搭配的词，而知晓该词的意义（You shall know a word by the company it keeps）。

Halliday（1996）认为：

the native's knowledge of his language will not take the form of his accepting or rejecting a given collocation: he will react to something as more acceptable or less acceptable on a scale of acceptability.

搭配是词与词之间的组合规律。在英语中我们可以说 strong wind 和 heavy rain，但是，heavy wind 或 strong rain 就不对了。又如可以说 financial burden，但不说 economic burden。典型搭配（typical collocations）是在长期的语言习惯基础上逐步固定下来的，成为构成词汇意义的一种重要方式和手段。换句话说，典型的词汇搭配可以从搭配的概率及共现频率方面来确定。例如，commit 总和 murder、suicide 等词连用。

根据语言构成和功能，搭配可分为语法搭配（grammatical collocations）和词语搭配（lexical collocations）。语法搭配是由一个主导词（名词、形容词、动词）和一个介词或不定式、从句之类的语法结构组成的。与语法搭配中一个实词搭配一个虚词或一个特定语法结构明显不同，词语搭配是由实词（名词、形容词、动词）相互搭配而成的，包括两个同等的词汇成分，往往不包括介词、动词不定式或从句。

不少初学者学习生词时，往往只记其发音和汉语释义，而忽略了词的搭配关系。在涉及词的搭配时，初学者往往偏重其语法搭配，如"stick to""look forward to"等，而往往不去注意 stick to 和 look forward to 后面的搭配内容。词和词之间是相互联系的，而不是孤立静止的。此外,汉语有汉语的搭配习惯,英语也有英语的搭配规则。例如,汉语里可以说一群羊、一群狼,英语却分别说 a flock of sheep、a pack of wolves。忽视搭配规则,生搬硬套,译文就难免佶屈聱牙,甚至贻笑大方。

选择正确的搭配将使语言更加准确自然、更接近母语表达。著名作家 Johnathan Swift 曾在给朋友的一封信中这样写道,"Proper words in proper places, makes the true definition of a style." Newmark 就曾说过,"He (one who writes or speaks in a foreign language) will be 'caught' out every time, not by his grammar, which is probably suspiciously 'better' than an educated native's, not by his vocabulary, which may well be wider, but by his unacceptable or improbable collocations" (Newmark, 1981:180)。王文昌(1991)在《英语搭配大词典》的前言中指出:"掌握符合习惯的英语词语搭配有助于非英语民族的人克服由于本民族语言和文化的影响而产生的错误,避免不合习惯的类推,从而提高运用地道英语进行交际的能力。"

由此可见,正确使用搭配的重要性毋庸置疑。搭配知识是本族语者语言能力的重要特征,是否能够恰当选择和使用典型的词语搭配,是区别本族语者与非本族语者的重要因素。在逆译中,逆译译者由于缺乏母语使用者的语感,有时会使用不当的搭配,使译文读起来很生硬或者很奇怪,甚至贻笑大方。

确保译文搭配的准确性是每一个译者不可回避的挑战。各种语言的搭配千千万万,译者即使博闻强记,过目不忘,也难以记住万分之一。翻译中通过检索可以有效缓解这一弊病。

一种常见的方法是使用搜索引擎来检验。例如,在谷歌检索栏,只要将该搭配加双引号查询,一般而言,如果该搭配正确、地道,符合语言表达规范,返回的结果必然较多;反之,则该搭配可疑。另外,还要从反馈结果的国家、网页的权威性,加以辅助判断。例如,我们在汉译英时经常会碰到"达到要求"这类词,很多译者可能拿捏不准应该用 reach the requirement,还是 meet the requirement。我们可以将其分别键入必应检索(国际版),"reach the requirement"仅有 27 条检索结果;而"meet the requirement"则为 24 万多条,其中大量的网页属于英语国家的官方网站。由此,我们可以推断"meet the requirement"是更为常见的搭配。

但是使用搜索引擎存在一定的弊端。一方面,检索结果数量庞大,逐一筛选则耗时费力;另一方面,信息质量良莠不齐,需要一定的鉴别能力。如果译者缺乏一定的技巧和方法,检索效果未必理想。

另一种可行的方法是查询权威的语料库,如 BNC❶ 或 COCA❷ 等。

例:毕竟是清晨,人的兴致还没给太阳晒萎……

初译:It was early morning fortunately when people's high spirits had not withered by the glow of the sun.

---

❶ BNC 语料库使用前需要注册,注册免费。
❷ 有关 COCA 的介绍和使用方法,参见本书 3.3.1。

　　本句的难点在"晒萎"的英文表达。在 BNC 语料库中检索"high spirits+wither"这一词条，没有出现检索结果，显然这不是一个合适的搭配。继而检索"wither"（枯萎），得到 108 个例句（图 4.1）。

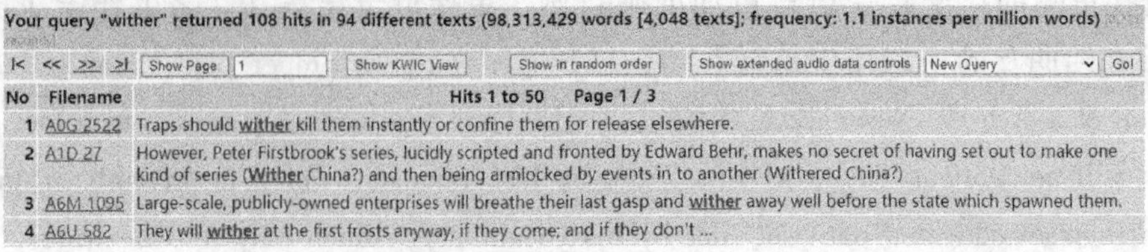

No	Filename	Hits 1 to 50　　　　Page 1 / 3
1	A0G 2522	Traps should <u>wither</u> kill them instantly or confine them for release elsewhere.
2	A1D 27	However, Peter Firstbrook's series, lucidly scripted and fronted by Edward Behr, makes no secret of having set out to make one kind of series (<u>Wither</u> China?) and then being armlocked by events in to another (Withered China?)
3	A6M 1095	Large-scale, publicly-owned enterprises will breathe their last gasp and <u>wither</u> away well before the state which spawned them.
4	A6U 582	They will <u>wither</u> at the first frosts anyway, if they come; and if they don't ...

Your query "wither" returned 108 hits in 94 different texts (98,313,429 words [4,048 texts]; frequency: 1.1 instances per million words)

图 4.1　在 BNC 查询 wither 的检索结果

　　"wither"的本义是枯萎、凋谢。因此在检索结果中，wither 常与植物搭配，表示枯萎之意。例如：

Any damage would cause the trees to wither.

When a plant dries up, you can say that it will wither.

　　此外"wither"或"wither away"还经常与政治相关的词语搭配使用，如与"country""government"等词连用，也会和组织、公司连用，均表示衰落之意。检索结果中仅有 5 例与情感有关，其中"wither"的主语都是人或人的生活，而不是"spirits"（精神）。例如：

She felt herself wither.

I should wither up and die inside if he did.

　　可见以 high spirits 作主语和 wither 连用，也不稳妥。换个思路，看看 high spirits 的搭配情况。检索"high spirits"，可查到 110 个例句，最常见的搭配是 in high spirits。与 high spirits 搭配的动词有 keep、destroy、cool、go 等。其中有一个例句，Their earlier high spirits were gone now, out of the door with Tommy Blue. 在研究和比较原文的含义后，此句可译为：

It was early morning fortunately when people's high spirits had not gone by the glow of the sun.（许丹，2015：68-68）

　　译员经常会翻译自己并不熟悉的专业领域，专业背景知识的缺乏会导致译文读起来生硬别扭，不够地道。如下例：

It began full generation service on 15 March 2010, supplying the Electricity Generating Authority of Thailand with 1,000 megawatts.

　　本例是介绍某发电站的基本情况，全句并没有理解的障碍。但难点在 full generation service，虽然原文可以理解，但是表达时，却找不到合适的词语，翻译时捉襟见肘。此时搜索"水电站+全面"，就会找到"全面投产"的表达，从而有效解决了表达的问题。

　　此外，翻译中遇到原文出现病句的情况并不鲜见。在很多情况下，译者不太可能与原作者取得联系，此时译者必须依靠自身解决这一困难。通过搜索搭配，也可以解决一部分问题。例如：

The right policy mix can deliver market stability that would the highest possible leverage for public financing.

本句是一个病句，由 that 引导的定语从句"that would the highest possible leverage for public financing"缺少谓语动词。通过谷歌搜索"the highest possible leverage"可知，与其搭配的常见动词有 create、take、allow for、use、exert 和 provide 等，根据上下文可以判断，这里的动词应当是 allow for 或 exert。据此，试译如下：

> 正确的政策组合可以实现市场稳定，并最大限度地发挥公共融资的杠杆作用。

每种语言都有无数的习惯短语和相对比较固定的词语搭配。若不顾语言表达习惯和约定俗成而随意搭配，生成的译文就会生硬甚至闹笑话。例如，"这里可得到丰富的经历，可认识各时各地、多种多样的人"。有译员将其译成：

> It enriches our experience by introducing us to a repertoire of people across a substantial span of time and space.

其中，"多种多样的人"译成 a repertoire of people。❶

英语单词 repertoire 源于法语，指"（演员、剧团等演出的）保留节目数"或"（歌手、演奏家）演唱或演奏目录"等，比如：a large repertoire of songs（丰富的演唱节目），有时它也可以转义指"各种技巧"等。在 COCA 中检索，发现有 a repertoire of tunes（或 sounds、songs、stories、melodies、hymns 等），也有 a repertoire of techniques（或 strategies、skills、procedures、forms、activities 等），但是还没有发现与 people 的搭配，甚至与人相关的搭配都极为罕见。据此可以推断，a repertoire of people 的搭配不合英语习惯。

又如，"经常在书里'串门儿'，至少可以脱去几分愚昧，多长几个心眼儿吧？"有的译者将其中"可以脱去几分愚昧"译成 our blindness can be shrugged off。英语短语 shrug off 有两个基本含义：一是"对……不屑一顾"，比如：shrug off the criticism（对批评不予理睬）或 shrug off a protest（对抗议置于一边），这里显然不合适；二是"抛开，摆脱"，比如：shrug off sleep（摆脱睡意）。从其第二个意义来看，短语 shrug off 似乎确实有"摆脱"的含义，但在一般情况下，它还含有通过"抖动身体"类似的动作来"摆脱"的意思。因此，译文 our blindness can be shrugged off 的搭配不是十分妥帖。本句的参考译法是"Those who visit the world of books frequently can at least rid themselves of some ignorance and gain a certain degree of wisdom."（史志康，2006）

例如，在第二十九届韩素音翻译奖竞赛汉译英中，有这样一句，"在中国，自晚清时期出现近代启蒙思想后……"其参考译文为：In China, influenced by the West, enlightenment ideas occurred as early as the late Qing Dynasty…

---

❶ 史志康. 第十八届"韩素音青年翻译奖"汉译英参赛译文评析［J］. 中国翻译，2006（6）.

李小撒（2018：98-102）指出，idea 和 occur 搭配使用时，occur 通常不会单独出现，其后需要一个补足成分，即 an idea occurs to sb.，但是这个结构的意思是"某人想到了某个主意"，例如，The idea occurred to him in a dream。因此，enlightenment ideas occurred 这样的搭配不甚妥当，可以考虑用 appear 替代 occur。

4.2.1　Linggle

Linggle（http：//linggle.com）搜索引擎是一个可用于英语写作的语法、句子工具，可帮助学习者分析更准确的英文写作建议，能够根据词性推测短句和句子，可精准地分享完整英文句子如何撰写。

Linggle 是中国台湾地区学术团队研发的网络语言搜寻引擎，2008 年新开发的 Linggle 系统（Linguistic Search Engine）使用更大的谷歌网页资料，过滤其中的错字，并巧妙地加注词性，可以支援创新的"任意词性+关键词"搜寻方式。

如何形容一个名词？例如，在汉译英时，要形容非常巨大的进步，知道使用 progress，但不确定使用什么形容词，可以检索"adj. progress"，如图 4.2 所示。可以查到和 progress 搭配的许多可以表达进步显著的形容词，如 good、significant、substantial、real、considerable、remarkable 等，还有各个表达的使用频次，点击 example，还可以看到该表达的 10 个例句。译者可以根据检索结果及例句，结合实际情况选择合适的形容词。

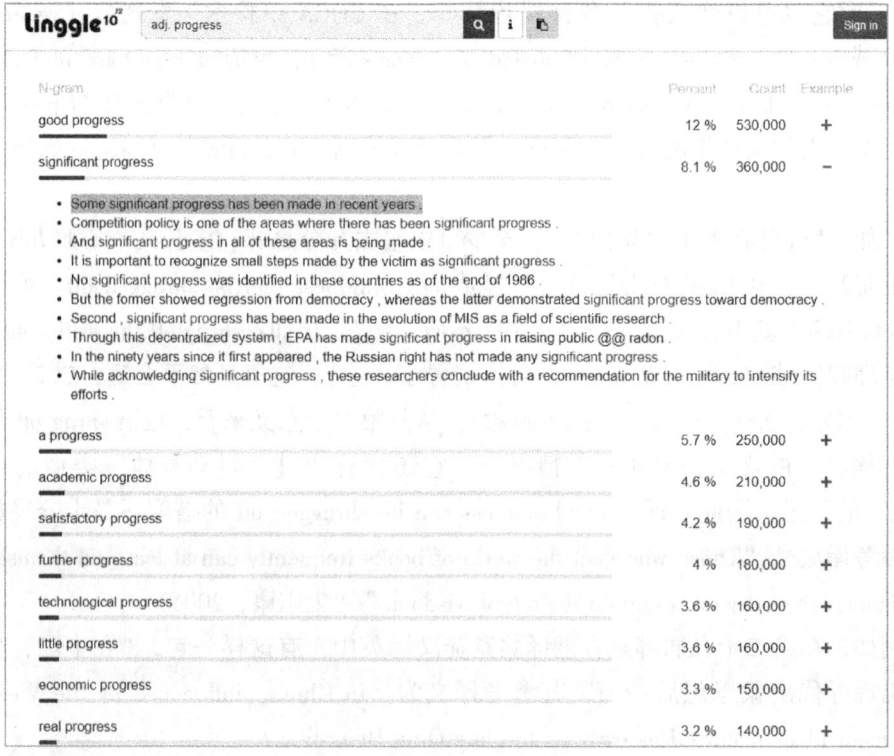

图 4.2　Linggle 的检索图

同样，如果想要描述一个动作，但是不知道动词后面应该接什么单词比较正确，或是单字前面应该用哪一个动词描述行动好，一样可以用 Linggle 解决。例如，输入 "cultivate n." 可以找到培养与种植后面通常接什么物件。又如，输入 "v. relationships" 可以查询如何描述建立关系的行动。Linggle 最棒的特色就是可以限定 "词性"，只要输入不同词性的关键字，就可以快速查询一个动作或形容的句子应该怎么描述，如动词、名词、形容词、副词、介词、代词、感叹词、连接词。

Linggle 也能帮我们查找同义词。检索语法是 "~"，如使用 "~ progress"，就能查到 progress 的同义词。除此之外，Linggle 也有自己的检索语法，巧妙利用这些高级检索语法可以提高检索的效率（表 4.1）。

表 4.1　Linggle 检索语法

检索符号	检索意义	检索实例	匹配结果示例
*	匹配 0 个或多个单词	play * role	play a role play an important role
_	匹配任何单词	listen_ music	listen to music
~	匹配同义词	~reliable person	trustworthy person
/	匹配两者中的任何一个	go in/to school	go to school、go in school

Linggle 是汉译英的重要参考资源，其官网有更多详细的使用说明和搜索方法。译员朋友不妨多多尝试。

4.2.2　JustTheWord

JustTheWord（http：//www.just-the-word.com）是一款非常好用的英语搭配查询工具，其语料来源为 British National Corpus（BNC），是母语使用者、英语学习者和译者不可多得的宝贵资源，在英语写作和翻译中非常实用。尤其是在汉译英中，在词语的搭配、近义词的选择中，常用的词典很难给我们满意的答案。

JustTheWord 的首页非常简单，有些类似百度或者谷歌的检索首页，只有一个检索框，简约而不简单。在检索框输入一个英文单词，就可以获得该词的各种搭配，如输入 impression 一词，点击右侧的 combination 按钮，就可以检索到 impression 和动词、形容词、介词等的搭配实例。括号中的数字表示出现频次，点击数字，则可以弹出新窗口，显示检索到的例句。右侧的绿色横条表示好的搭配，横条越长，则表明该搭配出现的频次越多、越常见。红色横条则表示错误的搭配。如果想要找动词+impression 的搭配，就点击最右侧 V obj * impression *，想查找形容词+impression 的搭配，就点击最右侧 ADJ * impression *，如图 4.3 所示。

检索框右侧的 alternatives from thesaurus 是一个很新奇的功能，在检索框中输入任意一个词组或词语搭配，点击 alternatives from thesaurus，就可以知晓这个词组或搭配是否常见或者准确与否。红色横条表示这个词组或搭配可能有误，横条越长，就表明错误可能性越高。如果出现红条，JustTheWord 还会给出推荐词组。例如，在汉译英中，不少同学将战略布局直译为"strategic layout",这一表达是否妥当呢?我们在检索栏输入"strategic layout",点击右侧的 alternatives from thesaurus。检索结果如图 4.4 所示。

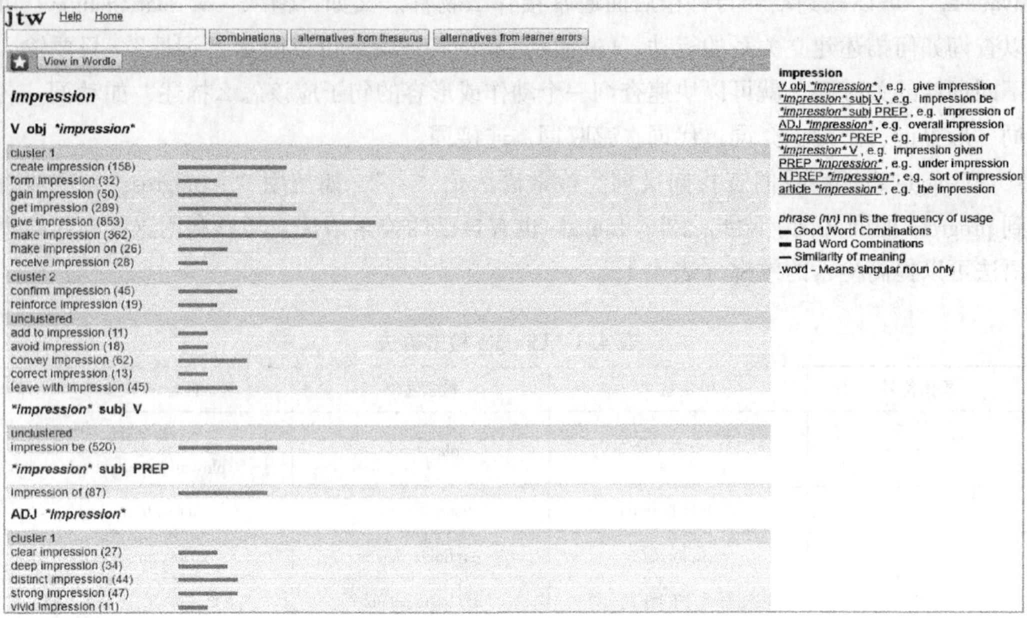

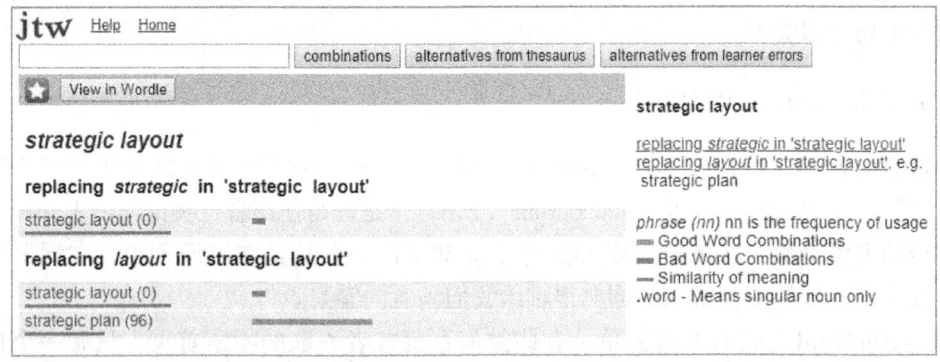

图 4.3 impression 的检索结果

图 4.4 strategic layout 的检索结果

结果显示,strategic layout 的出现频率为 0 次,而右侧的红色横条则表明这可能是一个错误的搭配。右侧显示了两个修改建议,一个是替换 strategic,替换建议依然为 strategic layout,右侧的红色横条显示这是错误搭配;另一个是替换 layout,替换建议为 strategic plan,出现频率为 96 次,右侧的绿色横条显示这是一个常见的搭配组合,点击绿色横条,可以看到 But the commanders had their orders and a strategic plan、its long-term strategic plans 等示例。由此可知,战略布局不妨翻译为 strategic plan。

例如,在翻译《〈后浪〉之争:一场有关中国未来的代际冲突》时,有人翻译成 *The Younger Generation:An Intergenerational Conflict about China's Future*,也有人翻译成 *The Younger Generation:An Intergenerational Conflict over China's Future*,还有人翻译成 *The*

Younger Generation：*An Intergenerational Conflict on China's Future*。查字典发现，over 和 a-bout 都有 on the subject of 之意。那么使用 over、about、on 有什么区别呢？哪一种更合适呢？使用 JustTheWord，检索 conflict，查看其和介词的搭配情况。

如图 4.5 所示，和 conflict 搭配的介词有四个，分别是 between、with、over 和 with-in，其中并没有 on 和 about 的搭配实例。单击 conflict over，查看语料实例（图 4.6），conflict over Palestine、conflict over the Black Sea Fleet、conflict over local electoral and citi-zenship laws，还有 conflict over water quality、conflict over air quality 等。由此可见，*The Younger Generation*：*An Intergenerational Conflict over China's Future* 这一译法更妥当。

conflict PREP

conflict between (773)
conflict with (538)
conflict over (97)
conflict within (66)

图 4.5 conflict 的检索结果

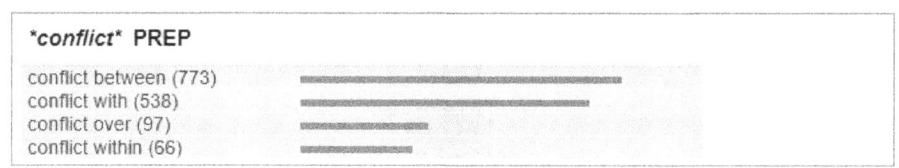

图 4.6 conflict 的例句检索

目前替换建议这一功能尚在完善中，响应速度相对较慢，建议一次不要输入太多词语，且尽可能包含冠词，这有助于系统尽快找到检索结果。**alternatives from** Learner Errors 使用学习者语料库，包含拼写错误、翻译错误等，但这一功能还在开发之中。

4.2.3 Inspirassion

Inspirassion 是一部在线搭配词典，其网址为 https：//inspirassion.com。其使用十分简单，例如，想要查询和 strategy 搭配的形容词，可以先点击检索框之上的 Adjectives，然后在检索框输入 strategy，再点击 search，检索显示有 19 个结果，包括 military \ sim-ple、controversial、basic、winning、poor、bad 等（图 4.7），每个结果都提供例句。有趣的是点击例句中的任何一个单词，还会在网页左上角弹出一个小网页，显示 The Free Dictionary❶ 对该单词的释义。此外，Inspirassion 还能查韵、查比喻用法、查近义词和反

❶ The Free Dictionary 是功能强大的在线词典，网址为 http：//www.thefreedictionary.com。

义词等，除英语外，还支持法语、德语、西班牙语、意大利语、葡萄牙语和阿拉伯语等。

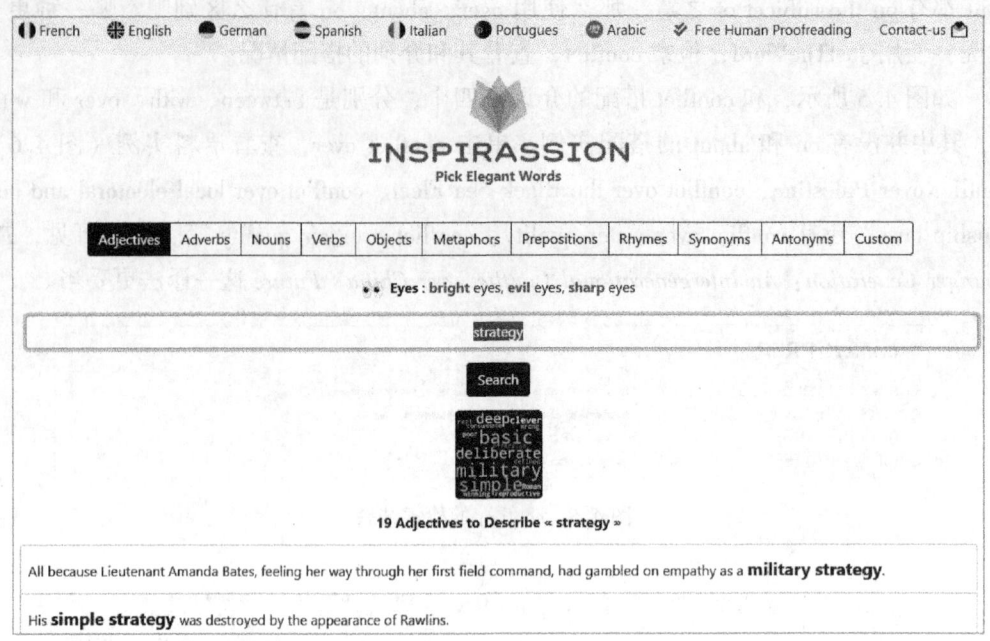

图 4.7　Inspiration 的检索界面

4.3　平行文本

　　译者在翻译中不仅需要咨询专家，参考各类书籍，还要借助文本查找相关信息。手册、地图、词汇表乃至词典和百科全书等参考资料可以为译者提供一些信息，然而也有一些辅助文本（auxiliary texts）也可以被译者当作参考资料使用。

　　平行文本为 Hartmann 于 20 世纪 50 年代首次提出。Hartmann（1980：37-40）把平行文本分为三种：第一种是形式上高度一致、语义上也对等的译文和原文；第二种是形式不完全一致但功能对等的译文和原文；第三种为语域对应语料，虽然在语义上不对等，但在篇章的题材、风格、使用场合、使用对象等方面具有某种一致性。关于平行文本，学界有多种定义。平行文本是指由原文和对应译文构成的语料（Nord，2007）；Shell Hornby（2001：86）认为平行文本是"在语言上彼此独立，但却是在相同（或相近）的情境下产生的不同文本。在翻译研究和词典学中，平行文本用来检验不同的语言如何表达相同的事实材料"。这两种定义的区别在于，前者是指源语文本和译语文本，而后者是指某一语言中的本土文本和另一语言中与之有着相同话题、体裁和功能的本土文本。例如，一份中文的会展宣传册和一份英文的会展宣传册，一则中国大学的中文简介和一则英国大学的英文简介均可视为一组平行文本，尽管两者之间不存在原译文的对应关系，但在语言表达上存在一定的共同之处，对于译者也有一定的辅助作用。

　　平行文本具有较高的参考价值。借助平行文本，译者可以获取相关术语、借鉴行文风格和表达技巧，甚至获取相关译文。法磊（1999：52）曾经提到在翻译专业资料时（中译英），"可以先搜索相关的英语文章，里面很多的句型和句式甚至可以使用"，比如在翻译简历的时候，就可以去搜索一下简历的模板，借鉴一下；在翻译有关"干细胞移植"文章的时候，首先查出它的英语翻译为"stem cell transplantation"，然后可以先在谷歌搜索"stem cell transplantation"，找一些类似英语文章研读一下。还有比如翻译公司简介的时候，可经常看看国外网页上公司简介是怎样表达的，经常采用哪些词，看其是如何处理句型和专业词汇的，也可以使自己的翻译表达更地道，语言更鲜活优美，而且也会大大提高效率，翻译的水平也在不知不觉中提高。这实际上就是平行语料的一种应用技巧。

　　比如，在做翻译的过程中，往往会遇到一些名言警句、诗词片段或典籍片段。要想凭一己之力在短时间内完成，确实需要很高的翻译素养。实际上，即便译者绞尽脑汁，完成了翻译，也时常感叹，自己的译文并没有很好地再现原文的精髓。其实，名言警句也好，诗词片段也好，甚至典籍片段也好，往往早就有名家的译本，有的甚至有多种译本。只要我们搜索出来，就可以直接使用。❶

　　例如，在汉译英项目中，当遇到国际名人名言，特别是以英语为母语的名人名言时，应注意避免自己翻译，尽量去搜索英语原文表达，因为汉语的表述原本就是根据英语原文翻译的。比如翻译中遇到培根的名言"读书足以怡情，足以傅彩，足以长才"，已经知道培根是英国著名哲学家，这句名言肯定是从英文翻译而来的，那么闭门造车的译文显然不合时宜。百度搜索"Bacon 读书足以怡情"，就可以很快找到原文——Studies serve for delight, for ornament, and for ability，甚至我们可以知道这句话出自 Of Studies，这句译文是王佐良的手笔。要翻译罗曼·罗兰的名言：人生最可怕的敌人，就是没有明确的目标。我们可以百度"Romain Rolland 人生最可怕的敌人"，就可以很容易查收到 The most terrible enemy is the lack of strong faith。

　　又如，我国法律判决书一般有法律适用部分，其中经常会引述法律条文，判决书后通常会附上相关法律条文。查询北大法宝或者百度搜索，很容易就找到相关法律的中英文，不需要译者如发明车轮般重复翻译。

　　例如，某判决书的法律适用如下：根据《中华人民共和国涉外民事关系法律适用法》第三十六条规定："不动产物权，适用不动产所在地法律。"第三十七条规定："当事人可以协议选择动产物权适用的法律。当事人没有选择的，适用法律事实发生时动产所在地的法律。"

　　打开北大法宝的网站（http：//www.pkulaw.cn），点击导航条的英文，进入北大法宝的双语语料库。在检索栏输入中文"涉外民事关系适用法"，选中 title，进行标题关键词搜索，可以看到第三条结果就是《中华人民共和国涉外民事关系法律适用法》的双语版本（图 4.8）。

---

❶　译者借用已有译文时，应该注意版权和引用规范，避免构成侵权或剽窃。

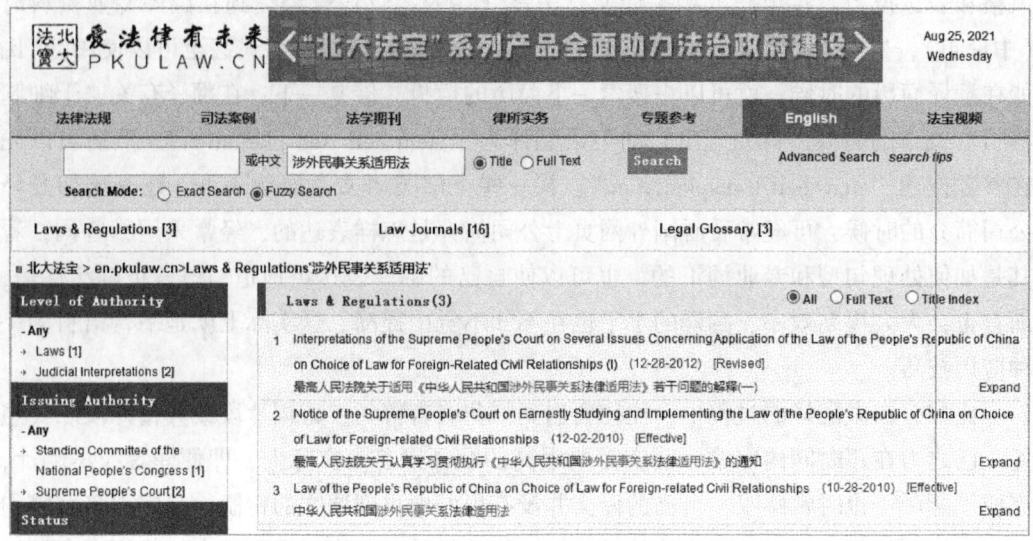

图 4.8　北大法宝的检索界面

单击该条结果，进入该法的中英对照界面，很快就找到相关条款的对应英文（图 4.9）。

图 4.9　北大法宝的双语对照界面

第三十六条　不动产物权，适用不动产所在地法律。

Article 36　The laws at the locality of immovables shall apply to the right to immovables.

第三十七条　当事人可以协议选择动产物权适用的法律。当事人没有选择的，适用法律事实发生时动产所在地法律。

Article 37　The parties concerned may choose the laws applicable to the right over the movables by agreement. If the parties do not choose, the laws at the locality of the movables when the legal facts take place shall apply.

给知名企业或公司翻译相关文件时，公司官网如果有英文版，那就是极具参考价值的平行文本了。不仅相关术语名词和表达风格可以借鉴参考，有时甚至有相当一部分内容能在官网找到现成的译文。例如：

华为副董事长兼轮值 CEO 郭平表示："华为的近年发展，受益于数字经济发展背后庞大的 ICT 市场，同时也是华为多年来聚焦主航道、厚积薄发的结果。未来三到五年，我们应该从增强联接、使能垂直行业和重新定义网络能力三个方面做好准备，通过开放、合作、共赢的方式，与客户和合作伙伴共同抓住产业发展机遇，共建更美好的全联接世界。"

这是一段关于华为的文字。本段文字有很多专业表达，如聚焦主航道、使能垂直行业、全联接世界等，网上很难查到相关的英文表达。这给翻译造成了巨大的困难。通过查询华为官网，获得华为 2015 年年报的中英文版本，可知华为 2015 年年报的标题就是《共建全联接世界》，其英文表述为 "building a better connected world"。通过搜索年报内容，可以发现聚焦主航道、使能垂直行业的对应英文表述分别为 Focusing on our core business、Enabling digital transformation。

4.3.1 同族文献

在专利翻译领域，有一个和平行文本比较相似的概念，叫作同族文献。同族文献来源于同族专利。所谓同族专利是指基于同一优先权文件，在不同国家或地区，以及地区间专利组织多次申请、多次公布或批准的内容相同或基本相同的一组专利文献。虽然一些专利文献的原文为德文、法文或其他小语种，但由于专利申请人通常会在多个国家提交申请，因此，可以查看其是否具有英文或中文的同族专利申请，通过阅读分析其同族专利的相关内容就可以得知该小语种文献公开的内容。

在翻译中，同族文献通常指相似文献。例如，翻译某客户的项目文件时，可以找到该项目的相似文献，用于辅助翻译。由于相似文献往往包含了项目文件的大量术语、专业表达、套话，可以从中查询术语、特殊表达的译法，甚至可利用对齐工具，制成翻译记忆库。因此对于完成翻译项目具有重要的参考价值。

在专利翻译中，译者可以进入中国国家知识产权局、欧洲专利局、美国专利局、世界知识产权组织（WIPO）的官方网站，利用专利的所属领域、专利权所有人、发明人等关键词查找到同族专利，从中搜索相关术语、相似句子的准确表达。

在翻译专利碰上查不到或理解不了的词时，我们可以搜索相关专利文献，查看其具体含义或相关译法。如"本发明公开了一种催化湿式氧化催化剂及其制备方法"，其中催化湿式氧化催化剂是专业术语，要查找其相关译法，可以使用万方数据，具体方法如下。

（1）登录万方数据网，选择专利，输入关键词查找相关信息（图 4.10）。

（2）点开任一搜索结果，查看其公开号（图 4.11）。

图 4.10 催化湿式氧化催化剂的检索结果

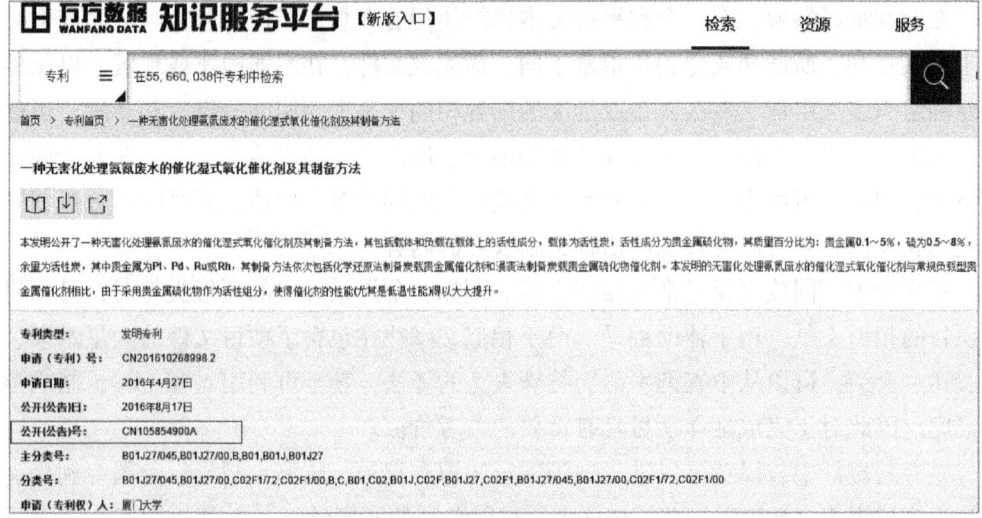

图 4.11 查看专利公开号

（3）登录欧洲专利局网站，找到 smart search 输入公开号，找到相关专利，具体步骤如图 4.12~图 4.14 所示。

（4）打开该专利文本，在其中查找所需内容即可（图 4.15）。

（5）很多专利不止在一国申请，所以会有不同语言的版本，需要相关语言时，可在"also published as"处查找（图 4.16），如 CN 为中文版本，JP 为日文版本，根据需要点开即可。

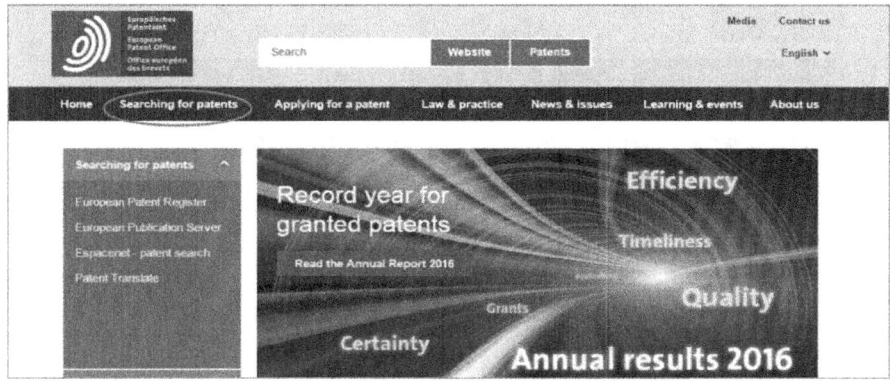

（a）

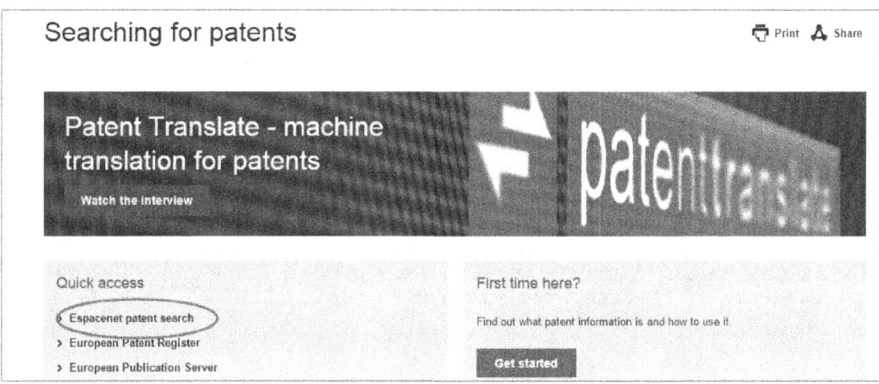

（b）

（c）

图 4.12　欧洲专利局查看公开号

图 4.13　输入公开号

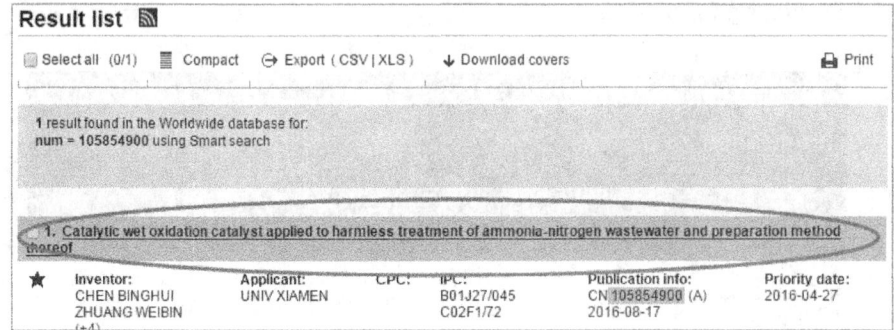

图 4.14　找到专利文本

Bibliographic data: US2017155157 (A1) — 2017-06-01

★ In my patents list　　📇 Report data error　　　　　　　　　　　　　🖨 Print

OXYGEN REDUCTION CATALYST

Page bookmark	US2017155157 (A1) - OXYGEN REDUCTION CATALYST
Inventor(s):	TEZUKA NORIYASU [JP]; IMAI TAKUYA [JP]; YOSHIMURA MASAYUKI [JP]; OHMORI MASAHIRO [JP] +
Applicant(s):	SHOWA DENKO KK [JP] +
Classification:	- international: *B01J23/89; C09D11/00; H01M4/92*
	- cooperative: B01J23/06; B01J37/02; H01M4/90; H01M8/10
Application number:	US201415312992 20141007
Priority number(s):	JP20140108472 20140526 ; WO2014JP76812 20141007
Also published as:	🗋 CA2949635 (A1) 🗋 CN106457211 (A) 🗋 EP3150276 (A1) 🗋 JP5921795 (B1) 🗋 JPWO2015182004 (A1) → more

图 4.16　查找同一专利的不同语言版本

图 4.15　专利文本截图

采用类似的方法也可以很便捷地在谷歌中找到同族专利。

4.3.2　典籍译本库

典籍译本库（http：//shuyuku. chinesethought. cn/dianji. aspx？nid = 231 & pid = 0 & tid =0）主要提供中国传统思想文化典籍的经典外译，均为中英对照，大多典籍提供 3~4 个经典外译版本，为从事翻译和对外文化传播的用户提供更多参考和帮助。目前已包含《论语》（6 个译本）、《孟子》（5 个译本）、《老子》（4 个译本）、《文心雕龙》（2 个译本）、《黄帝内经》5 部典籍，未来还会不断更新。

4.3.3　爱诗词

爱诗词（http：//www. ishici. com）收集了约 16 万首古诗词资源，以及毛泽东诗词、《红楼梦》诗词、古典名著中的诗词诗歌。所有诗词均可用关键词搜索。在翻译中遇到古诗词时，可以方便调用。

4.3.4　中国译典

中国译典（http：//tdict. com/juku）始建于 2004 年，除了集成涵盖数十个领域的专业词典外，其突出特色在于专名译典、句库和文库查询。

4.3.4.1　专名译典

专名译典以专有名称为核心内容，由于专有名称的翻译有其特殊性，需要专名专用，翻译人员不可望文生义进行"直译"。比如，在翻译某项由"××质量监督检验中心"出具的检验报告时，检验单位的英译便十分重要，为保持统一性，必须使用该单位的官方译名，这时查询专名译典就十分必要。专名译典根据专名专用的原则，所搜集的名称实例均是由其本单位确定的官方译名，故具有较高的权威性和可信度。其核心内容为《名片英语大全》（由浙江大学出版社于 2003 年 8 月正式出版）中涉及的有关词条，包括：①党政机关：如国安局、宣传部；②事业单位：学校、医院、协会、社团、研究所、检测机构等；③企业单位：各种各样的工厂、公司及其他营利性单位；④外国机构及古代机构；⑤称谓语：包括各种头衔、职务、职称及近代称谓语（都督、军机大臣等）；⑥地址名称：包括世界各地地名；⑦人名：包括日本人姓名、韩国人姓名、世界名人姓名中英对照。

除此之外，还搜集以下内容：①文艺作品名称：包括书名、电影电视名、音乐歌曲名、戏曲名等；②报纸杂志名称；③法律法规名称；④标准规范名称：本词典几乎包括了所有国标（GB）名称及许多试验方法名称；⑤品牌名称：各种商品牌子中英对照；⑥物品名称：包括数千种中药材名称；⑦菜单名称；⑧门牌英语：收录了部分单位及房屋的门牌标示英语。

4.3.4.2　句库

中国译典翻译句库是目前国内最大的翻译例句库之一，中国译典开发小组编撰句库的目的是为广大翻译工作者提供翻译参考，中国译典开发小组的多数成员是各行各业的资深翻译，句库目前拥有 100 万句条，且其内容以 10 万条/月的速度在急剧增长。句库内容包括单位简介常用套语，产品（设备）使用说明书（包括保修卡），商务文书（包括外贸函电常用语、合同格式用语等），法律文书（主要是中国法律英译），经济金融（相关术语及词组），社会文化，政治，体育娱乐，工程技术，自然科学，社会科学，生命科学，行业术语，口语表达（包括常用口语表达、英语成语、谚语等），习语名句（古汉语、古诗文），学习英语等。翻译的本质是句子的转换，而不是单词的互译，目前，用于单词翻译的字典满天飞，但译者果真要靠查字典的方式去翻译，肯定会弄出好多牛头不对马嘴的笑话。比如：你想翻译"我厂交通便利"，通过查字典知道，"交通"可译作 transportation，"便利"可译作 convenient，组合起来便是：Our factory has convenient transportation。但如果你把这句话给外国人看，那么你实际上传达给他的意思是：我们厂有许多交通工具，比如小汽车等，使用起来非常便利。正确而地道的译文应该是 Our factory is easily accessible 或 easy to access。借助中国译典的分类句库，译者可以很好地解决上述问题，如上例中，译者只要输入"交通便利"，便能从句库中查询到包含这个词的所有经典译例。

4.3.4.3　文库

中国译典以中英文文本对照方式列举了大量应用文，如果您刚好碰到类似文本的翻译，文库的参考译文可以大大节约时间，提高翻译效率。

中国译典语料库是目前国内最庞大的网络语料库，其容量相当于数百本纸质辞典，而且查询速度极快，查询功能也日趋完善，是英语爱好者和翻译工作者重要的参考资源。

4.4　图片

　　图片比文字更加具体、形象、生动。有些描述性文字通过搜索相关图片或参考相关图片，可以帮助译者更加准确地理解原文文字，从而高质量地完成译文。

　　笔者曾经在一个纸制品公司的产品介绍汉译英项目中，遇到十余个品牌名称，很多品牌甚至在官网中都没有英文译名。此时使用图片搜索，就可以快速找到标有官方英文的产品包装图片。例如，纸尿裤品牌"便利妥"和婴儿护理用品品牌"淳一"的名称翻译，有很多学生不假思索，就毫不犹豫地将其分别译为"Bianlituo"和"Chunyi"。确实有很多中文品牌是采用音译的方法，但这两个品牌刚好不是。不加查证，想当然地去翻译，就有可能犯错误。实际上，利用百度搜索"便利妥"，点击图片，就可以轻松找到大量产品图片（图 4.17），确定便利妥的英文名称是 Banitore，淳一的英文名是 Junichi。

图 4.17　便利妥的图片搜索结果

　　中国译典总编辑奚德通在其《互联网辅助翻译（IAT）技巧浅议》中曾提到用图片搜索来辅助翻译的案例："笔者在翻译一篇灯具文章时遇到 straight batten holder 和 angle batten holder，我知道 holder 是灯座，但前面的 straight/angle batten 却不知如何翻译是好，照字面直译是'直板式灯座'和'弯板式灯座'，但中文灯具术语中没有这种说法，怎么办？我便把'angle batten holder'输入到 google 中进行图片（image）查询，看一看返回的图片是何物，虽然仍说不准其中文术语，但只要拿这个图片给客户一看，客户便会完全明白。"❶

　　　　The Art Institute? Our beautiful Art Institute on Michigan Avenue? Do you mean to say you have never visited it?

---

❶　参见 https：//wenku. baidu. com/view/2dc62dbcc77da26925c5b000. html。

Oh，is it the place with the big lions out in front? I remember，I saw it when I went to Montgomery Ward's. Yes，I thought the lions were beautiful. ❶

译文：

哦，就是门外有大狮子的那个地方吗？我想起来了，上次去蒙哥马利·沃德公司时我见过那地方。对，我觉得那些狮子很漂亮。❷

本例是著名翻译家曹明伦 20 世纪 90 年代中期翻译威拉·凯瑟（Willa Cather）的《云雀之歌》（*The Song of the Lark*）遇到的一个疑难问题。多年前，曹明伦老师曾在翻译课堂上以此为例讲述翻译的技巧。这段文字描述了芝加哥艺术学院（Art Institute of Chicago）❸，并提到该学院门口有"big lions"。原文文字并没有特别的困难，但是译成汉语时，译者遇到了两个障碍：第一，狮子是石狮、铁狮、铜狮，还是其他？第二，狮子有几只？原文用了复数，没说明是几只，到底是两只、三只、一群，还是一排、两排呢？原文文字没有给出明确的答案。因此，初译文均作了技术化处理。后来译者利用访问美国的机会，专程参观这家学院，发现门口赫然伫立一对铜狮像。曹明伦老师在狮像前专门合了一张影。当曹明伦老师在翻译课堂上展示合影照片时，给笔者的震撼可想而知。后来借助再版的机会，曹明伦老师将此处译文修改如下：

哦，就是门外有大狮子的那个地方吗？我想起来了，上次去蒙哥马利·沃德公司时我见过那地方。对，我觉得那对狮子很漂亮。❹

如今，我们只需在百度图片搜索中输入 Art Institute on Michigan Avenue，就可以轻松查到如图 4.18 所示图片，狮子的材质和数量一目了然。

图 4.18　芝加哥艺术学院门口的对狮

---

❶ 见 Willa Catha 长篇小说 *The Song of the Lark* 第五章。

❷ 威拉·凯瑟集 ［M］. 曹明伦，译. 北京：生活·读书·新知三联书店，1997：517.

❸ 芝加哥艺术学院位于密歇根大道（Michigan Avenue）。

❹ 云雀之歌 ［M］. 曹明伦，译. 沈阳：沈阳出版社，2001：191.

又如：She loved, too, a picture of some boys bringing in a newborn calf on a litter, the cow walking beside it and licking it.

本例系著名翻译家曹明伦 20 世纪 90 年代中期翻译《威拉·凯瑟集》时的另一个疑难问题。上下文背景是主人公去参观芝加哥艺术学院展览馆，她比较喜欢展览馆中的几个作品，本例是说她也喜欢的一幅油画作品。文中的难题在于 some boys 的处理，some 的意思是几个（a number of），但到底是几个，文本没有明确答案。而 boy 的意思是 a male child or a young male person，既可指小男孩，也可指年轻小伙，但到底是小男孩，还是小伙子，原文并没有明示。原文语义虽可理解，但却十分模糊。苦于当时的通信条件限制，译者暂译为：

　　她还喜欢另一幅画，其画面是几个小男孩用担架抬回一头刚出生的牛犊，
　　母牛走在担架旁舔着小牛。❶

但译者心中一直有疑问，到底画中有几个 boys？是小男孩还是男青年？小牛犊并不重，如果是小伙子，两个人也够了。如果是几个小男孩呢？怎么抬担架？总之，疑虑重重。后来，译者借助访美的机会，专程拜访了芝加哥艺术学院美术馆，翻阅了美术馆画册，找到了这幅油画（图 4.19）。于是就有了下面的该译文。

　　她还喜欢另一幅画，其画面是两个小伙子用担架抬回一头刚出生的牛犊，
　　母牛走在担架旁舔着小牛。❷

图 4.19　抬牛犊回家

❶　威拉·凯瑟集［M］．曹明伦，译．北京：生活·读书·新知三联书店，1997：519.
❷　云雀之歌［M］．曹明伦，译．沈阳：沈阳出版社，2001：193.

今天的我们，在网络的加持下，只需登录芝加哥艺术学院的官网一搜便知，非常幸运官网提供了馆藏目录，更幸运的是，馆藏支持关键词检索，在 collection 中输入关键词搜索 "calf litter"，我们很快就找到了这幅油画（图 4.20）。

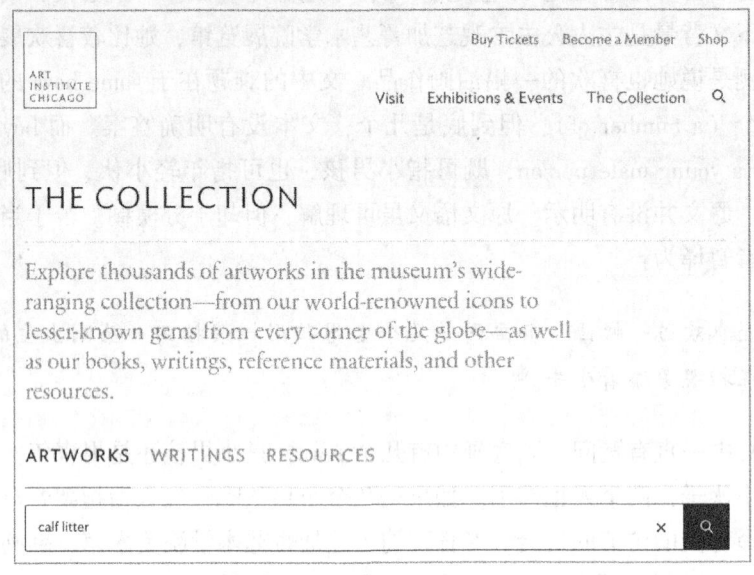

图 4.20　芝加哥艺术学院馆藏检索

而且我们可以知道，油画的名字是 Peasants Bringing Home a Calf Born in the Fields，作者为法国画家让-弗朗索瓦·米勒（Jean-François Millet，1814—1875）。

利用 CAT 工具进行翻译有一点不足，即项目中的图片不能导入 CAT 工具直接翻译，或者图片不能在 CAT 工具中完整显示。因此导入 CAT 工具之前，往往要将原文中的图片删除。译者在用 CAT 工具翻译时，往往不能看到原文配图，久而久之可能会忽视图片的存在。图片往往包含重要的信息，有的文字甚至就是对图片的描述。在翻译中，译者应回到原文文本，找到相关图片。参考图片，对比文字描述，有助于准确理解原文，从而高质量地完成译文。例如：

Since 2000, the PRC's annual water availability ranged between 1700m^3 and 2300m^3 per person on a downward trend(Figure 19.1). While water resources per capita spiked in 2010, they plunged almost 25 percent in 2011, registering their lowest level in the 12-year period.

初译：

从 2000 年起，中国年人均可用水资源介于 1700 立方米到 2300 立方米之间，且呈逐年下降趋势（图 19.1）。人均水资源在 2010 年达到峰值，2011 年减少几乎百分之二十五，创造了过去十二年以来的最低水平。

这段文字描述了自 2000 以来，中国年人均可用水资源的变化。使用 CAT 工具翻译时，译者是看不到图片的。文字的描述是枯燥的，理解起来也不够具体。对照文字去翻译，虽然表面看上去忠于原文，但离原作者的真实意图恐怕也有隔阂。以其昏昏何以使人昭昭？译者如果不能对原文做到精准理解，下笔怎会有神？原文已经明确提及了 Figure 19.1。此时，译者应回到原文文本，找到该图，如图 4.21 所示。

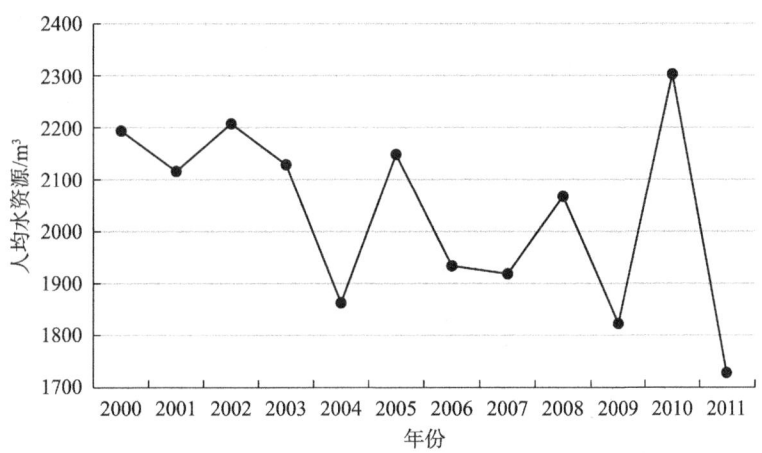

图 4.21　2000—2011 年中国人均水资源图变化曲线

参考图 4.21，译者就可以获得具体的曲线图，对原文文字有更加生动直观的理解。参照此图，可知 on a downward trend 虽然表达了呈下降趋势，但是并非逐年下降，2005 年比 2004 年高，2008 年比 2007 年高，2010 年甚至达到了 2000 年以来的最高水平，只有在 2011 年的时候，才是最低水平，因此此处绝非想当然地逐年下降。结合原文配图，改译如下：

> 从 2000 年起，中国年人均可用水资源介于 1700 立方米到 2300 立方米之间，呈总体下降趋势（图 19.1）。人均水资源在 2010 年达到峰值，2011 年减少几乎百分之二十五，创造了过去十二年以来的最低水平。

又如：

> The mill common among the Hebrews is nearly the same as that now used in Egypt and the East. It consisted of two circular stones, the lower one fixed in the floor, and the upper one movable, having a hole in it to receive the grain, and a handle attached, by which it was moved on the lower one, and in this way the grain was broken.

这段文字描述了古希伯来人使用的石磨工具。生活在现代都市的人们或许见到石磨的机会很少，有些可能从来没有见过石磨。这在某种程度上给本段文字的翻译造成了困难。有的同学将把手的位置理解错了，如"还有一个固定在下一块（圆石）上的把手"，有的将孔眼的位置理解错了，如"在两个石头中间有一个洞用来盛放谷物"，等等。事实上，如果语言功底较好、语法知识扎实的话，这段话的理解和翻译也不在话下。对于很多翻译初学者或者对自己语言功底不那么自信的同学而言，此时如果多动动手指头，搜一搜石磨的图片，这段文字的翻译也就不那么难了。使用百度或者谷歌，点击图片搜索，在检索框输入关键词"石磨 埃及"或"mill Hebrew""mill Egypt"，就可以轻松获得大量相关的石磨图片（图4.22）。如原文所述，古希伯来人所用的石磨与埃及人和东方人现在所用的石磨几乎相同。从图中可见，无论东方石磨，还是希伯来人的石磨，其原理基本相同，即由上、下两块圆石构成，上面的圆石凿有一孔，其边缘有一把手，将谷物放入孔中，推动把手，即可转动上方圆石，磨碎谷物。借助图片，按图索骥，这段文字的翻译也将易如反掌。

图4.22　石磨检索图

4.5　专有名词

专有名词是特定的某人、地方或机构的名称，它包括人名、地名、机构名、组织名、职位名、书名、影视剧名等，英文专有名词的首字母必须大写，如 Hemingway、European Union、Gone With The Wind 等。专有名词翻译的基本原则有：第一，人名地名通常要查询权威的人名地名词典；第二，机构名、组织名可以查询相关机构或组织的官方网站；第三，书名、影视剧名通过网络搜索一般也可以找到；第四，专有名词的翻译尽量避免自己生造，要遵循惯例，确保翻译的准确性和一致性。遇到专有名词，译者首先应该查阅的是相关书籍、百科全书（如《辞海》《中国大百科全书》《简明不列颠百科全书》等），以及权威的人名、地名和专有名译名手册和词典（如《世界人名翻译大辞典》《外国地名译名手册》《英汉技术辞典》《英汉医学辞典》《英汉美术词典》《外国音乐辞典》《世界报刊、通讯社、电台译名手册》《各国武器装备译名手册》……），切勿闭门造车。

4.5.1　人名的翻译

人名的翻译比较复杂。不少初学者想当然地认为遇到人名只需要音译就可以了，没什么技术含量。这一方面忽视了人名翻译的重要性；另一方面，在人名翻译中，无论中译外，还是外译中，一味简单粗暴地采用音译法极容易栽跟头。举个简单的例子，中国人名在英译时, 大多采用汉语拼音, 但是一些娱乐明星和社会知名人士都有自己的英文名字, "百度"一下他们的名字往往可以搜索到相关的介绍和英文名字, 比如李小龙 (Bruce lee)、成龙 (Jackie Chan) 和李连杰 (Jet Li)。除了历史因素外, 由于经济全球化的日益加深, 我国与国外的人员往来与交流日益密切, 加上其他种种原因, 中国人起外国名, 外国人起中国名的现象日益增多, 这使得人名翻译日益复杂, 也给译者带来了越来越多的挑战。

总的来说, 人名翻译主要有三点原则:第一, 翻译外国人名时, 一定要查人名词典。但是人名的来源国十分复杂, 查询时可根据上下文尽力区分人名的来源国, 选择适当的译名。第二, 有地位、有影响力的知名人士的姓名要遵循惯例译法。例如, 美国总统 Barack Hussein Obama, 其中文译名是贝拉克·侯赛因·奥巴马, 通常简称为奥巴马。知名人士的姓名译名一般通过网络搜索就可以找到, 但要注意有些知名人物的汉语译名, 在中国的大陆和台湾地区, 以及新加坡、马来西亚等地之间存在差别, 译者应当加以甄别。此外, 一些外国名人或汉学家有的也有汉语名, 如 John King Fairbank (费正清)、Howard Goldblatt (葛浩文) 等, 翻译时也需要勤查, 避免造成低级错误。第三, 中国人名、海外华人姓名的回译一定要依据上下文所提供的线索, 尽量找到其汉语本名。例如, 美国前驻华大使 Gary Faye Locke 的中文译名, 就是骆家辉。而阿里巴巴董事局主席 Jack Ma 的中文名就是马云, 而不是马杰克。尤其是中国人名的英文名回译成中文时, 很多译者由于疏忽大意, 往往犯下错误。

古语云, 行不更名, 坐不改姓。人名的误译是严重错误, 也十分明显。但类似的翻译错误屡见不鲜。例如, Mencius (孟子) 就曾被译为孟修斯, 中央编译出版社于 2008 年 10 月出版的《中俄国界东段学术史研究:中国、俄国、西方学者视野中的中俄国界东段问题》中, 就将 Chiang Kai-shek (蒋介石的韦氏拼音写法) 误译为常凯申 (高山杉, 2020)。

笔者曾在某集团的公司简介汉译英项目中, 遇到许多公司高管的姓名, 由于该公司是国内知名公司, 笔者想当然地认为他们的英文名必然都是拼音, 于是不假思索将高管姓名全部译为拼音。后来客户反馈, 特别指出高管姓名翻译错误, 必须逐一修改, 原来该公司创始人为马来西亚华人, 他们有自己的英文名, 还有一部分高管来自香港地区, 其英文名也不能用拼音替代, 只有少数几名内地高管的英文名是拼音。由此可见, 人名翻译绝非小事。例如:

An external advisory board provided advice. The board consisted of Richard N. Cooper (Harvard University), Peter Drysdale (Australian National University), Masahisa Fujita (Research Institute of Economy, Trade and Industry), Robert Z. Lawrence (Harvard University), and Justin Yifu Lin (Peking University).

有译员将本例中 Justin Yifu Lin 译成"贾斯汀·逸夫·林""贾斯汀·林毅夫"。撇开译员的知识储备缺陷不谈, 仅从姓名的规则及其工作单位 (北京大学, Peking University) 来看，也很容易判定这是中国人名。根据原文提供的工作单位信息，很容易搜到他就是著名经济学家林毅夫。因此，Justin Yifu Lin 的准确汉译就是林毅夫。

著名翻译家曹明伦（2007：154-169）在点评宋正华译文《苏格兰》时指出："一般青年译者对人名的翻译多少都有点掉以轻心，以为人名不过是符号，用几个发音相似的汉字替换原文就行了，殊不知许多人名都含有丰富的文化信息，翻译时必须慎之又慎。"例如：

> Of course your journey through Scotland may not take you this way, but wherever you go you're in for a treat. You might linger in the Borders to explore the dignified ruins of once-powerful abbeys or fish for plump salmon in the Tweed. Or follow in the footsteps of **Rob Roy** and **Walter Scott** through the Trossachs to soak up "the scenery of a fairy dream", as Scott described it. ❶

本段依次出现了两个与苏格兰历史文化相关的人名：Rob Roy 和 Walter Scott。译者将其分别译成：洛布·洛伊、沃尔特·斯科特。殊不知 Rob Roy（1670—1734）是苏格兰民族英雄。人们习惯称他为高地英雄、苏格兰的罗宾汉，而《英语姓名译名手册》《中国人百科全书》及《英汉大词典》都约定俗成地将其译作罗布·罗伊。司各特的长篇小说 Rob Roy（1817）就以他为主人公，而这部小说在国内有多个译本，多数译本都译作《罗布·罗伊》。就连引进的影片也将片名译作《罗布·罗伊》。因此对数以万计的中国读者和观众来说，罗布·罗伊这个符号可以使他们回想起小说所叙述的回肠荡气的故事，或联想到影片所展现的苏格兰的山山水水。将 Rob Roy 翻译成"洛布·洛伊"，可知译者在翻译时可能没有查询相关权威词典，因而没有采用约定俗成的译法，严格说来是损失了一笔文化资源。

本段提及的另一个人物 Walter Scott（1771—1832）也绝非无名之辈，他是苏格兰文豪，正如我们常说莎士比亚而不说威廉·莎士比亚一样，对这位文豪我们通常也只译其姓——司各特。司各特对许多中国读者来说耳熟能详。通过他的历史小说和叙事长诗，读者既能领略苏格兰湖光山色的旖旎瑰丽，也能感觉到高地宗法氏族的古老遗风。他的作品被翻译成中文的有十余种，向无数读者描绘了生动逼真的苏格兰历史画卷。而中国读者由"司各特"三字所能产生的联想，正是历代中国译者积累的一笔文化财富。译者把"司各特"变成"斯科特"，等于放弃了这笔财富，而放弃这笔财富势必会影响译文的阅读效果，自然也是一种错误的译法。因此，译者需要铭记，人名翻译无小事。遇到人名，需要牢记人名翻译的三个原则。

4.5.2　机构名称的翻译

很多初学者，遇到机构名称，如大学、国家机关、公司名称、行业协会等的时候，

---

❶ 曹明伦. 英汉翻译实践与评析［M］. 成都：四川人民出版社，2007：154-169.

通常第一反应是借助词典查询生词，然后自己根据意思去翻译，有些可能恰巧能对上，有的就不那么幸运了。比如武汉大学是 Wuhan University、河北大学是 Hebei University，但清华大学却是 Tsinghua University，北京大学是 Peking University。有趣的是 Jinan University 是暨南大学，济南大学却是 University of Jinan。再提一个有趣的问题，苏州大学翻译成 Suzhou University 对吗？Taizhou University 是泰州学院呢，还是台州学院？

如果不去官网查询，不少译者可能在机构名称翻译上张冠李戴，或者胡乱命名。古人云，名不正则言不顺。因此真正正确的做法是，想办法找到该机构的已有英文名。一种方法是借助各种在线词典和专名词典，查询权威译文；另一种则是借助网络，找到该机构的官网，查询其正式译文。当然最稳妥的译文自然是官网的译文。例如，中国证券投资基金业协会，我们可以找到其官网，赫然发现其英文就是 Asset Management Association of China。而中国煤炭加工利用协会的官网译文则是 China Coal Processing and Utilization Association。这样比我们自己翻译，既轻松，又节省时间，而且更重要的是译文准确。

当然，有些机构的译文很难找，或者根本就没有官方译文。在前述两种方法都不能奏效的情况下，我们也可以查询并借鉴相似或同类机构的名称译法，完成翻译。例如，××市外事办，查询其官网，发现并没有英语译文，在线词典也没有可靠线索，我们查询可以涉外事务比较多、管理比较先进的大城市，它们的外事办可能会有英文译文。于是搜索北京市外事办，在其官网首页醒目位置，就可以找到外事办的译文是 Foreign Affairs Office，××市外事办的英语译文亦可依葫芦画瓢处理。同样，要翻译比较小的公司、协会、机关名称时，可以参考同类行业大公司、协会或机关名称的翻译方法，借鉴其译文再去翻译。

4.5.3　书名和影剧名称的翻译

书名和影剧名称的翻译需要遵循几个基本原则。在汉译英中，有些作品会自带英文翻译，打开作品就可以看到。有些在中国知网也可以搜到相关的书评或影评，其中有些也能找到相关译法。如果实在找不到，就要靠译者自己翻译了。在英译汉中，需要遵循现有的译法或官方的译法。例如，有的著作或者影视剧已经被引入国内，借助网络找到其中文名并非难事。如果该作品没有被引入国内，也找不到相关译法，就要靠译者自行翻译了。例如：

He started giving speeches about education，and wrote a bestselling book based on his classroom rules，The Essential 55.

在本句的翻译中，很多人感到很困惑，不知道 The Essential 55 到底是什么。虽然依据语境，明白这是一本书的标题，但是书的内容是什么也一无所知。由于标题太过简洁，翻译时也五花八门，有的翻译成《要点 55》、有的翻译为《重要的 15 项》。此时，参考上下文语境，经过检索，发现该书作者为罗恩·克拉克（Ron Clark）。他根据自己的教学经历写了这本书，并成为畅销书。而且这本书也被已成了中文，2004 年由电子工业出版社引进出版，其中文名称为《教育的 55 个细节》，主要内容为克拉克根据自己多年的教学经验中总结出的 55 个细节，涵盖了生活、学习的方方面面，例如用眼睛和他人沟通、向表现出色的人表示祝贺、尊重其他同学的思想和观点等。据此，试译如下：

> 他开始到各地做有关教育的演讲，并且根据他的课堂规则，写了一本畅销书——《教育的 55 个细节》。

又如：

> He took our class to see *The Phantom of the Opera*, and it was the first time some kids had ever been out of Harlem.

在翻译本句时，很多学生判断 *The Phantom of the Opera* 大抵是一部电影或者演出，但翻译的时候，却比较随意，有的译为：他带我们全班去看《幽灵歌剧》；有的译为：他让我们看《剧院里的幽灵》等。事实上，我们只需动动手指头，在百度上搜索 The Phantom of the Opera，就会发现这原来是一部与《猫》齐名的著名音乐剧，其中文名为《歌剧魅影》或《剧院魅影》，讲述了 19 世纪发生在巴黎歌剧院的爱情故事。该剧由著名作曲家安德鲁·劳埃德·韦伯爵士创作，他还是歌剧《猫》的作者。其同名主题曲由英国著名歌手莎拉·布莱曼（Sara Brightman）和斯蒂夫·哈雷（Steve Harley）演唱，莎拉·布莱曼不仅是该剧的主演，也是韦伯爵士的前妻子。该剧在上海、香港地区都演出过，在国内拥有不少拥趸，百度甚至有专门的歌剧魅影贴吧。这些都蕴含着丰富的文化信息，采用其他译法意味着摒弃了这些丰富的文化信息。因此，*The Phantom of the Opera* 宜遵循已有译法，译成《歌剧魅影》或《剧院魅影》。又如：

> This elderly, unmarried English lady was between 65 and 70 years of age when she made her first appearance in *The Murder at the Vicarage* in 1930. ❶

在翻译中，多数学生都能理解 the Murder at the Vicarage 是一部小说，可惜在翻译的时候，除了查询词典之外，并没有在网上搜索更多的信息，所以译文也五花八门，如《牧师住所的谋杀》《维卡瑞治谋杀案》《牧师家的谋杀者》等不一而足，就连参考教材提供的参考译文也为《牧师住宅的谋杀案》。实际上，译者只需要百度搜索"The Murder at the Vicarage"，就会发现其中文译本名为《寓所谜案》（杨青山译，1998 年初版），是阿加莎·克里斯蒂（Agatha Christie）以马普尔小姐（Miss Marple）作为主角的第一部长篇小说。而作者阿加莎·克里斯蒂也是举世公认的侦探推理小说女王。她的著作英文版销售量逾 10 亿册，被译成百余种文字，销售量逾 10 亿册。国内甚至有她的专门中文网站。还有专门的阿迷论坛。掌握这些宝贵信息对于翻译这段文字至关重要。小说标题正是链接这些背景信息的重要桥梁，因此遵循已有译法才是正确途径，唯其如此，方能让译文读者以最小的认知成本，获得最大的认知效果。

---

❶ 应惠兰. 新编大学英语 4 ［M］. 北京：外语教学与研究出版社，2005：44.

曹明伦（2007：163）曾建议青年译者"译地名时查查地图，译画名时翻翻画册，译书名、剧名、歌名等时也应查阅相关资料，甚至译亲属名时往往还得查查宗谱或年表"。人名、地名、书名、剧名等的翻译绝非小事，也绝非容易之事。小心查证，多方求索，正是为了追求译文的准确和体贴。

● 4.6 专业术语和新词的翻译

专业术语是翻译中的拦路虎。多数译员在翻译中经常会遇到陌生的专业术语。2020年4月，有一则关于"美企撤离中国，美国政府买单"的新闻传遍国内网络。但这则新闻其实是白宫经济顾问委员会主任拉里·库德罗（Larry Kudlow），在 Fox 商业频道的一档节目中，被一位观众提问"如何减少美国制造业对中国依赖"时，做出的回答。原文如下：

> I would say 100% immediate expensing across the board. Plant, equipment, intellectual property, structures, renovations—in other words, if we had 100% immediate expensing, we would literally pay the moving costs of American companies from China back to the U. S.. ❶

很多国内媒体把库德罗的这句话解释成美国政府愿意支出 100% 的直接费用，包括厂房、设备、知识产权、搭建、翻新在内，这样就"等于政府为企业回流美国埋单"。表面来看，似乎没错，但其实这是对 immediate expensing 这个核心术语的误读。

首先我们得理解这里 expensing 的意思。Expense 作为名词，的确是支出、费用的意思，但 expensing 则是一个金融专业术语，表示企业将一些支出项目作为费用，可以抵扣应税总额，从而帮助企业减少税负。用行内话来说，expensing 可以译成"费用化"，企业可以在财务上对这部分金额进行税前列支。说白了，这么做可以让企业少缴税。而这里的 immediate 也不表示"直接的"意思，用财务术语来说，就是"当期"，即"当前会计年度"。所以这两个词连在一起，再加上 100%，就表示美国政府允许企业将从中国迁回美国所发生的所有成本，在当年进行 100% 的费用化处理。

重点在于，这样的操作只是帮助企业在回迁当年减少了纳税总额，也就是政府少收了企业部分的税，而且金额肯定小于企业的搬家支出，而不是政府愿意自掏腰包，替企业全部报销。而库德罗却声称政府实际上会替公司付搬家的钱（literally pay the cost of movement），这样的说法实在是夸大了政府的作用。

而且，值得注意的是，这里库德罗前后用的都是虚拟语气，if we had 100% immediate expensing, we would literally pay the moving costs of American companies from China back

---

❶ 原文参见 https：//www. bloomberg. com/news/articles/2020-04-09/kudlow-says-u-s-should-allow-firms-100-immediate-expensing。

to the U. S.，这就表示，政府的政策还只是在酝酿之中，八字还没一撇，转到国内的许多自媒体上，就变成了板上钉钉的"白宫要求美企撤离，政府全额买单"。

不过，从语言学习的角度，这条被很多国内媒体夸大误读的消息，让我联想起最近国内报道的国外关于疫情的不实新闻。猛一看这些新闻都说得有根有据，但仔细和原始新闻对比，差之毫厘，谬以千里，很多都是对英文用词造句误解惹的祸。

新词

近年来，我们的生活中涌现出了大量的新词，如"凤凰男"（phoenix man）、"中国大妈""不折腾""一带一路""中国梦"（Chinese dream）、接地气、后浪等均是时下各类媒体中常见的新鲜词。这些词语表达新颖，深刻地反映了社会、经济、文化等方面的发展，因此广为使用，由于新词具有鲜明的时代特征和独特的文化内涵，内容深奥，涉及面广，含义深刻，因此，其英译难度很大，很容易出现不恰当甚至错误的翻译（邱大平，2014：90-92）。目前国内多家双语新闻网站（如《中国日报》《中国翻译》《环球时报》《21世纪英文报》等）均已开设新词翻译栏目。这些网站为汉语新词提供了大量英译参考，为新词英译提供了巨大便利。翻译新词时，译者不妨多加参考，避免闭门造车。

4.7 双语例句

双语例句是利用信息检索技术，提供双语的互译信息。许多在线词典都提供双语例句。双语例句有很多优点。一是它通过真实生动的语境，可以帮助译者加深和丰富对单词词义的理解，及其应用场景和搭配的认识，可以弥补词典对单词释义的不足。二是翻译中经常会遇到一些表达，由于词典并没有收录将其为词条，因此通过双语例句，可以有助于准确理解，查询译法。比较出色的中英双语例句库有爱词霸句库、句酷、有道词典、Glosbe、Linguee、和 Bing 词典等。由于这些双语例句主要是人工翻译而成，来自于真实应用场景，且涵盖多个专业领域，因此查询例句是一种有效缓解翻译障碍的途径。当译员碰到一些词组、搭配需要查询时，利用双语句库是一个不错的选择。

例如，"城市盲目地扩张导致了耕地的不断减少"这一句。句中的难点在于"城市盲目地扩张"的翻译。在 Bing 词典中搜索"城市扩张"，可以发现主要有 urban expansion、urban sprawl 等。查看 Bing 词典中的双语例句可以发现 urban sprawl 偏贬义，有指城市盲目扩张的意思，而 urban expansion 就相对中性很多。我们查阅电子词典可以发现，sprawl 本身确实具有"杂乱无序地扩展"的意思。到此，我们基本可以确定，待译文本中的"城市盲目地扩张"翻译成 urban sprawl 是比较合适的。

例如，笔者在翻译中遇到一处文字：

However, it is widely recognized that de jure measures may not reliably capture the effective degree of capital market openness.

在本句中，"it is widely recognized that"是一个常见的表达，翻译起来并不困难，常见的译法为"众所周知"。但是在本翻译项目中，该表达频繁出现，如果每次都译为"众所周知"，译文就会显得呆板、缺乏变化。通过有道例句查询（图4.23），可以看到它还有很多不同的译法，如"我们知道""已经被普遍认识到的是"等。

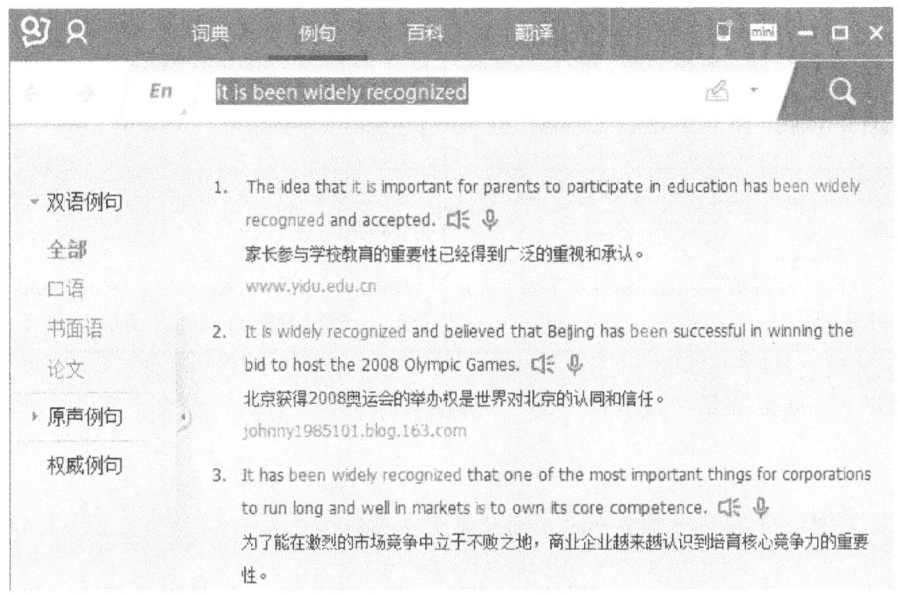

图 4.23 有道例句的查询结果

由于例句查询属于机械匹配，因此查询例句时可以利用小技巧，获得更多的检索结果，譬如将检索词组进行时态、单复数的调整，还可以获得更多的检索结果。以本句为例，我们还可以搜索"it was widely recognized that""it has been widely recognized that"等。参考例句的译法，试译如下：

> 然而，人们也普遍意识到法律方法并不能完全精确地捕捉到资本市场开放的有效程度。

例如：Of course, no single projection is likely to be right.

在本句中，no single 是一个难点，在英汉词典中，也很难找到对应的词条。利用 Glosbe，检索 no single，共找到 1056 对例句。表 4.2 仅列举前五个检索结果。

表 4.2 利用 Glosbe 检索 no single 的部分结果

原文例句	译文
The conferences have also reaffirmed that **no single** government, no single institution, no single entity can achieve this alone	这些会议也一再申明，没有哪一个政府、哪一个机构、哪一个实体能单独实现发展

原文例句	译文
There was no single model of development, just as there was no single model of democracy	发展不存在单一的模式，正如不存在单一的民主模式一样
No single Government or group of Governments and no single company or industrial sector can succeed on its own; instead, there must be a close partnership of the public and private sector, defined by openness and strong two-way communication	没有哪一个政府或政府集团，也没有哪一个公司或工业部门能够依靠自己成功地解决这一问题，而要解决这一问题必须建立一个开放的、双向交流密切的公共和私营部门紧密合作关系
Just as there is no single cause of armed violence, there is no single solution	就像武装暴力没有单一的起因一样，武装暴力没有单一的解决办法
No single ideology—no single economic model—contains a totally adequate response	没有任何一种单一的意识形态——任何一种单一的经济模式——含有一种完全有效的对应办法

可见 no single 表示"没有单一的""并没有哪一个"之意，结合上下文，本句试译如下：

> 当然，没有哪一个单一的预测可能是正确的。

尽管双语例句可以为译员提供很多帮助，但由于各双语例句库的语料来源各不相同，往往会出现同一个表达，各例句库的查询结果也会有所差别。因此在翻译中，鼓励译者交叉使用不同的例句库。此外，由于例句语料大都来源于互联网，译文质量良莠不齐，在使用过程中，译者要凭借自身的专业知识，加以甄别，去伪存真，必要时还要结合其他途径对例句的结果加以验证。

上文所述只是内容搜索的一小部分。在翻译实战中，译者根据项目需要，往往还要搜索很多其他的内容，如韵脚、同义词、反义词等。不同的内容，可不同程度解决译者在原文理解和译文表达中所遇到的不同问题，译者在翻译中需要灵活运用。

4.8 搜其他语种

译员通常只精通一门外语，少数译者会精通多门外语。无论如何，译者在翻译实践中总会遇到夹杂其他外语的情况。例如，在英译汉中还常常会碰到外文词。原文有时会借用希腊语、拉丁语等古老语言中的词汇，或现代的法语、德语、西班牙语、意大利语等语言中的词汇，而且大多不加注释，遇到这种情形英英或英汉词典往往束手无策。对于少量夹杂其他语种的文本，多数情况下，借助机器翻译可以检测其语种，再利用在线词典和机器翻译译文、结合上下文语境，一般都能解决。

比如，熊伊眉在他的《运用互联网解决俄文新闻翻译中的难点》一文中谈道："在翻译俄罗斯近视手术的消息时，遇到 ИК - лазерноеизлучение 一词。遇到 ИК –

лазерноеизлучение 一词。大家可以轻易地获知 лазерноеизлучение 是激光，通过在俄文网上搜索发现 ИК 为英文 IK，在中文搜索中键‘IK 激光近视’，原来 ИК 特指激光手术的一种——准分子激光角膜原位磨镶术，在国内也可以翻译成 LASIK 准分子激光手术。一道难题就这样轻松地破解了。"❶

另外，在遇到小语种文本时，如德语、法语、西班牙语、荷兰语等，也可以充分利用英语作为中介，帮助我们理解和翻译。资深法语翻译尚德嵩表示："在使用谷歌翻译法语资料时，借助英语的情况主要集中在翻译技术专业资料，因为在中国各专业方面的英法对照材料比较丰富，各专业词典也很多。但是在中国，法语方面的科技词汇方面的研究比较少，甚至几乎没有。法汉对应的资料主要集中在文学领域。在用谷歌时，有许多英法翻译网站是可以借鉴的，另外直接在谷歌上进行推敲式的搜索英法互译的语句也是可行的，知道了英语的意思，再查找中文的意思就相对容易多了，比如我常用英法互译的网站有 www. granddictionnaire. com，这是加拿大官方的科技在线科技词典。……还可以根据自己的经验推敲出一个与法语对应的英语词，然后在谷歌上输入法语词和英语词，搜索结果里一般会有要找的答案，在看搜索结果时，还要注意看一下网站域名，如果是西方国家的，比如是法国的或是英国的，那还是可以借鉴的。"❷

实际上，由于网络的发达，各语种的在线词典在网上俯仰皆是，译者在遇到少量掺杂的小语种文本时，至少不至于慌不择路。此外，随着机器翻译的飞跃发展，各语种之间的机器翻译基本上都可以实现，不仅可以输入词组、句子、段落，甚至可以直接完成篇章的批量翻译，而且机器翻译的质量相比过去也有了非常明显的提升。这给译者提供了巨大的便利条件。

例如，笔者在翻译中遇到一处文字：

The Valle Blanche crevasse, which you meet after the Col du Gros Rognon, in the first part of the excursion.

该项目为英译汉，Col du Gros Rognon 经过百度、谷歌搜索未获得任何有价值的线索，经过谷歌翻译检测到为法语，于是打开法语在线词典，查到 Col 为"山口"的意思，稍有法语常识的译者，都知道 du 相当于英语中的 of the，查询法语助手，Gros 的意思是"大"，Rognon 的意思是 kidney，查询 Gros Rognon，可知 Le Gros Rognonest un sommet culminant à 3541 mètresd'altitude，dans le départementfrançais de la Haute-Savoie，entre le glacier du Géant et la vallée Blanche dans le massif du Mont-Blanc. 由谷歌机器翻译可知："Gros Rognon 峰在法国上奥萨瓦省的海拔 3541 米处达到顶峰，位于 Gant 冰川和勃朗峰地块的 Blanche 山谷之间。"由此可知 Gros Rogno 是山峰之名。Col du Gros Rognon 自然

---

❶　见 http：//blog. globalimporter. net／article_603-30750. htm.
❷　法磊. 如何成为金牌自由翻译 [M]. 武汉：武汉大学出版社，2009：53.

就是该山峰的山口了。据此，可将其译为格罗斯·罗格农山口（The Col du Gros Rognon）。参考译文如下：

> 在行程的第一部分，翻过格罗斯·罗格农山口（The Col du Gros Rognon），就会看到白色山谷冰隙。

4.9　搜索解决方案，培养技术思维

我们在工作和生活中会遇到各种各样的疑难问题，比如电脑中毒了、被开水烫伤了等。很多问题其实都可以在网上找到解决办法。因为某类问题发生的概率是稳定的，而网络用户有好几千万，于是在几千万人中遇到同样问题的人就会很多，其中一部分人会把问题贴在网络上求助，而另一部分人，可能就会把问题解决办法发布在网络上。有了搜索引擎，我们就可以把这些信息找出来。在翻译中，除了遇到知识型问题，还会遇到技术问题，这时可以通过搜索解决方案来解决问题。

某天，有个客户交来一本纸质稿件，要求 10 天内交稿。如何在 10 天内完成这个纸质稿件？某一次，译员将完成的译稿提交给客户之后，客户要求提供原文和译文左右并列、段段对照的排版稿件，任务繁重，且没有报酬，如何在短期内及时完成？再比如：如何快速统计 PPT 文件的字数？如何批量清除译文文档的空行？这些都是译者在翻译实践中经常会遇到的技术性问题。解决这些技术性问题，常常需要搜索解决方案。很多译员在翻译实践中，逐渐接触到一些零散的技术，遇到类似的问题，或许也可以举一反三，提高效率。但当遇到新的问题时，依旧茫然不知所措。因此，译员需要具备技术思维，以提升翻译效率为宗旨思考技术解决方案。

翻译是一种劳动密集型工作，脑力劳动和体力劳动兼而有之。遇到复杂的项目，不少公司习惯性地使用人海战术。如果不能争取到更多时间，就多增加人手。这固然是一种途径。但总体而言，并没有达到省工省力、降低成本的目的。实际上，发挥技术思维、利用技术手段就可以很好地减少技术阻碍，或者减轻翻译对人力要求的巨大压力，也可以降低和技术人员的沟通成本。

所谓技术思维，并不是要求译者用技术人员或编程人员的思维看待问题。它只是让译者从某种程度更加缜密地思考和技术相关的问题。技术思维是人们在进行技术研发、应用和创新等活动过程中，通过接受、存储并处理各种技术信息，并导致对技术课题进行加工的认识活动。它是解决技术问题过程中的一种思维活动（盛世豪，金松，1988）。技术问题都可以通过技术手段来解决。遇到技术障碍，译者首先想如何用技术解决？用什么技术解决？用什么技术更快更好？想不出答案，就可以从网上搜索解决方案，发现技术、学习技术、掌握技术并应用技术，这就是技术思维。

搜索解决方案的本质实际上就是一种技术思维的体现。所谓技术思维，是追求技术规范的思维，这正是发明和创造技术的途径，无论在翻译行业还是其他行业，无数技术

和工具的诞生正是人们追求技术、追求效率的结果。技术思维是选择技术规范的思维，同一个技术目标可以通过不同的途径来实现。例如，清除译文空行，清除中文译稿中的英文标点等，都有不同的方法。当然，译者可以手工一一清除或替换，如果数量较少，尚无问题。但如果数量较多，或者比较分散，手工清除或替换显然就效率低下。

技术思维是选择其中最省时省力的思维方法。技术思维也是优化技术规范的思维，同一技术目标，实现它的技术也在不断进步，随着翻译项目的日新月异，技术规范也要不断优化。例如，字幕翻译、Markdown 文件的翻译，传统的方法需要烦琐的文件转化才能导入 CAT 工具翻译，且效果不佳，应用更新的 CAT 技术则能化繁为简，提升效率。技术思维和效果密切相关，有用还是没用，大用还是小用，很快就能得到实践的检验。思维是否正确，很快就能得到检验。一旦失败，就要转入新的思维，分析失败原因，改进技术路线或者寻找新的技术途径。

对自由译者、兼职译者或者中小公司的专职译员来说，掌握技术思维无疑十分重要。在大型翻译公司，技术问题是工程人员的职责，译员通常只需要翻译文字即可。但掌握技术思维总归是好的。译员对技术问题的初步判断和精准描述，有助于技术员和工程师快速定位问题和解决问题。如果你完全不懂，也没有人责怪你，但是如果你表现出一些技术上的专业性，大家就会对你刮目相看。在当前人工智能技术被广泛应用于传媒业的背景下，文科思维与技术思维的碰撞与合作将成为常态，理解技术逻辑使文科从业者能够更好地运用它。可以说具备技术思维比掌握技术能力更重要。

第 5 章

如何搜索？——方法篇

善疑者，不疑人之所疑，而疑人之所不疑。

——（明）方以智

我们使用搜索引擎的目的很明确，就是通过搜索检索词，找到符合自己需求的网页内容。但是搜索引擎毕竟只是机器，不可能全方位洞悉我们的需求，所以，我们给搜索引擎加一些约束，就会使搜索出来的内容更准确——这个约束，就是适用于搜索引擎的搜索指令。

5.1　布尔逻辑

布尔逻辑（Boolean Logic）是根据 19 世纪英国数学家乔治·布尔（George Boole）命名的。布尔逻辑检索（Boolean operators）是指利用布尔运算符连接各检索词，然后由计算机进行相应的逻辑运算，找到所需信息的方法。利用布尔逻辑检索是文献高级检索的常用方法。布尔逻辑检索是通过布尔逻辑运算符来实现的。具体说来，逻辑运算符主要包括"与""或""非"，即英文的 AND、OR、NOT。

"与"用"AND"或"*"表示。用来表示其所连接的两个检索项的交叉部分，即交集部分。如果用 AND 连接检索词 A 和检索词 B，则检索式为 **A AND B**（或 **A * B**）：表示让系统检索同时包含检索词 A 和检索词 B 的信息集合 C。如检索式"insulin（胰岛素）**and** diabetes"表示查找既包含 insulin（胰岛素）又包含 diabetes（糖尿病）的信息。

"或"用"OR"或"+"表示。用于连接并列关系的检索词。用 OR 连接检索词 A 和检索词 B，则检索式为：**A OR B**（或 **A+B**）。表示让系统查找含有检索词 A、B 之一，或同时包括检索词 A 和检索词 B 的信息。如检索式"cancer **or** tumor"表示检索 cancer（癌）和 tumor（瘤）其中之一，或两者均包含。

用"NOT"或"-"号表示。用于连接排除关系的检索词，即排除不需要的和影响检索结果的概念。用 NOT 连接检索词 A 和检索词 B，检索式为 **A NOT B**（或 **A−B**）。

表示检索含有检索词 A 而不含检索词 B 的信息，即将包含检索词 B 的信息集合排除掉。如检索式"hepatitis B virus **not** human"，表示检索"hepatitis B virus"（乙肝病毒），但排除"human"。

当我们在搜索引擎中检索多个检索词的时候，搜索引擎是检索全部检索词还是其中某一个检索词呢？一般而言，如果不对检索词作任何限定，其默认原则就是布尔逻辑。具体而言，搜索引擎通常会检索全部检索词，也会检索其中一个或多个检索词。

● 5.2　检索词

检索词（Search Term 或 Search Word）是能概括要检索内容的相关词汇，是表达信息需求和检索内容的重要信息。在翻译中，检索词可以是源语，也可以是目标语。检索词选择恰当与否，直接影响检索效果。检索词表达不清晰，就会造成检索误差。检索词过于宽泛，就到导致检索结果过多，不利于精准定位。检索词太多，造成检索限定过多，导致检索结果过少，有可能遗漏有价值的信息。因此检索词的选择既要准确具体，又要全面适宜。

5.2.1　检索词的提炼方法

搜索的核心问题是如何构建检索词。一个基本原则是，在构建检索词时，尽量不要用自然语言（所谓自然语言，就是我们平时说话的语言和口气），而要从自然语言中提炼检索词。

一般而言，检索词的提炼方法可以分为以下三步：第一步，分词。对出现翻译疑难的语句片段进行分词，将语句片段切分为词或词组。如"计算机及社交媒体方面的知识"，可以切分为：计算机/及/社交媒体/方面/的/知识。

第二步，删词。①**删除停用词（Stop Word）**。所谓停用词就是已经被搜索引擎认为没有必要收录的词，有的是因为没有实质意义，有的是出现频率非常高，为节约服务器资源，就被列入了停用词表。百度停用词包括语气助词、副词、介词、连接词等，它们通常自身并无明确的意义，只有将其放入一个完整的句子中才有一定作用，如常见的"的""在"之类。还有一些语气助词和副词，如哎哟、别的、结果、让、不过等。这些词不具有检索意义，在检索中基本没有什么帮助。如上例"计算机及社交媒体方面的知识"中，"及""的"是不具检索意义的虚词，首先要删除。谷歌停用词见表 5.1。❶停用词如果出现在检索框，通常会被直接忽略或者过滤掉。②**删除意义宽泛的词**。例如，研究、策略、管理、探索、应用、关系、影响、作用、分析、发展等，不涉及问题的实质，一般也要删除。如上例"计算机及社交媒体方面的知识"中，"方面""知识"过于宽泛，因此也在删除之列。③**表示时间或地域概念的词组**，一般也不宜单独作为检

---

❶　百度停用词列表较长，参见 https：//wenku.baidu.com/view/98c46383e53a580216fcfed9.html#。

索词。如"古代""现代""建国初期""转型期""我国""我省""中美"等，当然这也要根据翻译的实际情况作取舍。英语词与词之间都有空格隔开，因此不存在分词一说，但是依然要区分词和词组，尤其要辨别哪些是具有实质检索意义的核心词，哪些是不具有实质检索意义的词。

表 5.1　谷歌停用词表❶

谷歌停用词
I a about an are as at be by for from how in is itof on or that the this to was what when where who will with the

第三步，替代。许多名词是由词组缩略而成的简称，如果简称的检索效果不佳，可以还原为全称再加以检索。例如，"教改"可以还原为"教学改革"，乙肝可以还原为"乙型肝炎"或"乙型病毒性肝炎"，"音质"还原为"声音质量"等；反之亦然。除了简称和全称之间的转换外，还有学名与俗名、中外文全名与缩写等都可以考虑。此外，很多时候还可以尝试检索词的同义词、近义词甚至反义词，或上位词和下位词。以"互联网"作为检索词为例，可以尝试"Internet""因特网""网络"等作为替代检索词。

在翻译实践中，检索词提炼过程有时并不容易，但是我们可以用一种将心比心的方式思考：如果在网上有对应答案，或者有我们所需求的信息，那么答案的文本可能包含哪些重要的词。也就是说，猜测答案的表达文本，或者包含所需信息的文本，然后根据可能的表达文本，提取其中的特征检索词，从而达到搜索目的。获得较全并相对准确的检索结果的简单方法就是添加更多的检索词，检索词之间用一个空格隔开。例如，想了解伦敦奥运会开幕式的相关信息，在搜索框中输入"2012 伦敦奥运会开幕式"会获得理想的检索结果。

5.2.2　检索词设置技巧

选择合适的检索词是最基本同时也是最有效的搜索技巧。检索词的设置有以下几个基本原则。

第一，不要在检索框直接问问题。例如，在检索框输入"古埃及的石磨有木柄吗？""电阻焊是什么？"我们需要明白，搜索引擎是机器，不是人！虽然智能化是搜索引擎发展的大趋势，搜索问题有时也能找到答案，但本质上搜索引擎还不能理解我们的问题。检索词搜索的暗含机制是全文匹配，即对检索词的全文匹配。我们不要问搜索引擎问题，而应当提炼检索词，可以让搜索引擎更准确、更快速地匹配出包含检索词的信息。

第二，检索词要表述准确。由于检索的暗含机制是全文匹配，百度会严格按照输入的检索词去搜索和匹配，因此，查询词表述准确是获得良好搜索结果的必要前提。例如，要查找 2020 年全球十大新闻，查询词可以是"2020 年全球十大新闻"；但如果把

---

❶　更为详尽的谷歌停用词表参见 https：//wenku. baidu. com/view/56b41a7c68dc5022aaea998fcc22bcd127ff424b. html。

查询词换成"2020 年全球十大事件"，搜索结果就不一样了。另外，检索词中不要有错别字。例如，查找歌手李健的信息，搜索"李健"，当然没什么问题；但如果写错了字，打成了"李剑"或"李建"，搜索结果就相差甚远了。

第三，检索词长度和数量要适宜。例如，谷歌的检索词限定不能超过 10 个词，超出部分将自动忽略。百度对检索词的长度也有限制，但是笔者还没有查到明确数字。检索词数量过少，造成限定少，导致检索范围过大，检索结果过多，带来大量的无关信息；检索词数量太多，造成限定多，导致检索范围过小，有可能遗漏有价值的信息。

第四，检索词设置的一种基本思路是要有主次之分，即有主要检索词和次要检索词的区分。主要检索词是锁定关键词，次要检索词是进一步限定、缩小检索范围，次要检索词可以是提示主要检索词所属领域、行业、地区等的信息，或者是其目标语可能译文或可能伴随其译文出现的词语等。一次检索也可以有多个主要检索词和多个次要检索词。例如，在翻译一进口药物"胸腺肽注射液"的药物标签时，遇到了 t. c. s 这样的英文表达，在词典中查询未果，使用谷歌搜索"t. c. s 医学"，其中"t. c. s"是主要检索词，"医学"是次要检索词，起到进一步缩小检索范围的作用。不过有时候主要检索词和次要检索词之间的区别并不明显。

第五，检索词尽量特征明显，避免使用常用词汇，从而过滤无关信息。例如，在《哈姆雷特》中的一句台词，"The lady doth protest too much, methinks."要查找其上下文，该如何去搜效率更高呢？这其中，the lady、too much 都是十分常见的词语，检索这两个词，将得到大量无关结果。但是 doth, methinks 这两个词则非常少见，使用它们作为检索词，效率就会好得多。试一试"doth protest too much"或"protest too much methinks"。

5.3　检索语法

多数初学者使用搜索引擎时，通常就是输入若干个检索词，有的甚至直接输入一句话，或者一个较长的语句片段，看看能搜出什么。有时候这一招很有效，但很多时候这样效率很低。搜索引擎提供了丰富的检索语法，不仅可以限制检索的网站页面、还可以限制内容、格式、日期等。检索语法可以大幅缩小检索范围，过滤无关信息，从而提升检索效率。常用检索语法见表 5.2。后文以""、site:、《 》为例，说明检索语法在翻译搜索中的应用。

表 5.2　常用高级检索语法

符号	功能	解释	适用百度/谷歌
" "	精确匹配	使用引号来搜索一个完全匹配的字词或一组字词	百度、谷歌
−	排除字词	在某个字词前添加短横（−）可排除所有包含该字词的搜索结果	百度、谷歌

符号	功能	解释	适用百度/谷歌
+	包含字词	在某个字词前添加加号（+）必须包含含该字词的搜索结果	百度、谷歌
~	加入类似字词	谷歌可能会使用同义词代替原始查询中的某些字词。在字词前添加~（~）可同时搜索该字词及其同义词	谷歌
*	通配符字词	检索词中不确定的部分可以用星号（*）代替，谷歌会匹配相关词。如国家*匹夫*，谷歌会匹配出"国家兴亡，匹夫有责"	谷歌
site：	指定网站搜索	限定在某类网站、某个指定网站中搜索信息。例如：site：com、site：www.skycn.com	百度、谷歌
filetype：	指定文档格式	例如：旅游扶贫 filetype：ppt，会检索到包含旅游扶贫的 ppt 文件	百度、谷歌
intitle：	检索标题	检索包含检索词的标题	百度、谷歌
inurl：	检索指定页面	限定在某个特定页面中搜索信息	谷歌
datarange：	指定检索日期范围	指定检索的日期范围	谷歌
related：	检索相关内容	不是所有网页都是相关的。使用这一语法可以快速找到同类内容。如 related：www.cctv.com	谷歌
《 》	精确匹配	精确匹配/电影或小说	百度

5.3.1 检索语法""

部分初学者喜欢把半句或一句话，甚至一段文字，直接输入搜索引擎进行检索。运气好的话，也许就能找到相关答案。但多数情况下，检索效果不太理想。因为大多数搜索引擎会默认对检索文字进行拆词搜索。比如，我们在搜索引擎输入一句话或一串检索文字后，搜索引擎会过滤停用词，将检索文字拆解成若干个关键词，并反馈关键词的匹配结果。其好处是，总会有部分匹配的结果。其弊端在于搜索引擎会返回大量无关信息。为提高搜索效率，过滤无关信息，可以将检索文字用双引号括起来。

如果我们想要一字不差地搜索检索文字的相关信息，拆解算法反而会起到干扰作用，这时候我们只需要为检索文字打上双引号，即可一字不差地搜索关键字信息（如能检索到匹配结果）。双引号的作用可以理解为告诉搜索引擎，这一串检索文字是一个关键词。

给检索词加英文双引号的检索意义在于完全匹配搜索，即反馈结果必须包含双引号中出现的所有词，且检索词的语序也必须完全匹配。谷歌和百度都支持这一检索语法。例如：

The right policy mix can deliver market stability that would the highest possible leverage for public financing（ADB/ADBI，2014：180）.

本句是一个病句，由 that 引导的定语从句 "that would the highest possible leverage for public financing" 缺少谓语动词。翻译中遇到原文出现病句的情况并不鲜见。在很多情况下，译者不太可能与原作者取得联系，此时译者须依靠自身解决这一困难。通过谷歌搜索 the highest possible leverage，检索结果如图 5.1 所示。

图 5.1　不加引号的检索结果

虽然检索得到 7000 多万条结果，但是返回页面中，很多检索结果并没有完全匹配检索词，有的只包含检索词的一部分。虽然其中也有部分结果完全匹配了检索词，但是无效结果太多，严重影响了检索的有效性，降低了检索效率。译者要从中逐一筛选，无异于大海捞针。

但是，如果给检索词加上英文双引号，通过谷歌输入 "the highest possible leverage"，结果就会大不一样（图 5.2）。

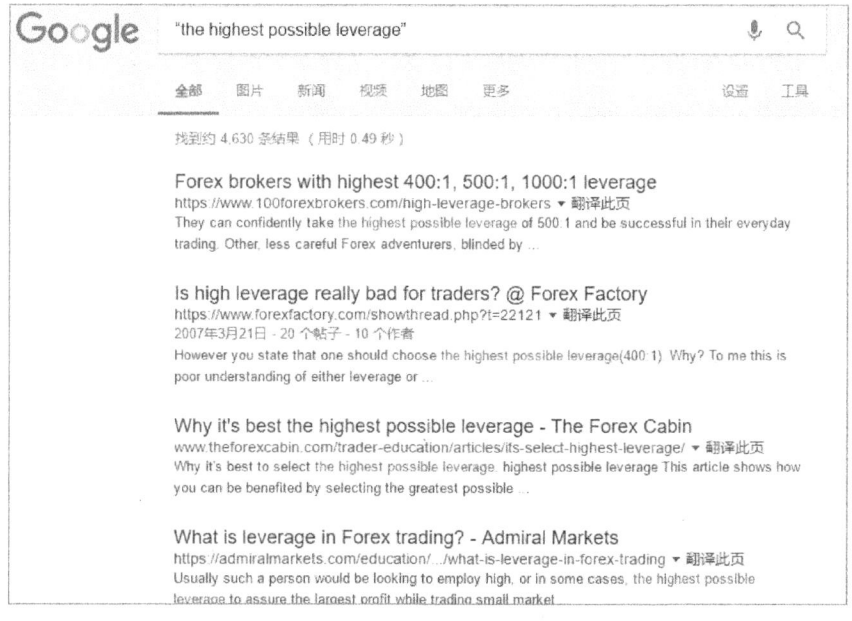

图 5.2　使用引号的检索结果

检索只找到了 4630 个结果，比不加双引号的检索结果减少了许多。但是所有检索结果完全匹配了检索词，这实际上大幅提高了检索效率。仔细审查检索结果，发现与其搭配的常见动词有 create、take、allow for、use exert 和 provide 等，根据上下文，可以判断，这里的动词应当是 allow for 或 exert。据此，试译如下：

> 正确的政策组合可以实现市场稳定，并最大限度地发挥公共融资的杠杆作用。

5.3.2　检索语法 site：

site：是百度和谷歌都支持的检索语法。我们可以使用搜索引擎的 site 指令，这个指令的具体用法为"检索词 site：网址"。举例来说，如果我们想在中关村在线网站中搜索 vivo 的信息，只要在搜索引擎中输入"vivo site：www.zol.com.cn"，搜出的 vivo 信息全部来自中关村在线。假设译者已经知道所翻译文字在某个网站可能存在译文时，这种方法尤其有用。

例如，笔者曾经翻译某公司的宣传资料。部分文字如下：

> 大地影院秉承"让人人看得到电影、人人看得好电影"的理念，从开始建设第一家影院时，就在三到五线城市布局，以合理化的票价、方便快捷的购票体验、酣畅舒适的观影感受，满足了中国"小镇青年"对电影、对梦想的追求。随着以三四线城市为标志的"小镇青年"崛起，大地影院早期的战略布局也进入收割期，在履行社会责任的同时，各项业绩指标持续高速增长。

查询到公司官网，且官网有中英双语网站，但网站内容非常多，但网站没有站内查询的选项。此时要查询这一段文字的英文译文，无异于大海捞针。笔者尝试百度检索让人人看得到电影 site：www.nanhaicorp.com。检索结果如图 5.3 所示。

图 5.3　site 检索界面

如图 5.3 所示是第一条也是唯一一条结果。此时打开链接，发现这句原文出自该集团网站的主营业务→大地传播→大地影院《公司简介》的第一段，且简介内容与所翻译文字有大量近似内容（图5.4）。此时，按图索骥，打开英文网站的对应栏目，我们可以顺利找到相关的英文译文（图5.5）。这一段的翻译就水到渠成，通过检索，也使本段内容的翻译事半功倍。

图 5.4　网站检索结果

图 5.5　网站英文界面

虽然文字描述让检索过程略显烦琐，但实际操作只需几秒钟。这实际上提高了译员的工作效率。

比如"最大涨幅"这个词怎么译？不少人一下子就能反应过来，这个词常在新闻网站中出现。但是即便知道这个词常在新闻网站中出现，去新浪新闻里查也无济于事，因为新浪新闻没有中英对照的功能。具有这样功能的几个网站有华尔街日报（http：//cn.wsj.com）、FT中文网（http：//www.ftchinese.com）、中国网（www.china.org.cn/chinese），等等。根据之前介绍的技巧，我们可以在谷歌中这样搜索：

最大涨幅 site：http：//cn.wsj.com；

最大涨幅 site：http：//www.ftchinese.com；

最大涨幅 site：www. china. org. cn/chinese；

这样，检索到中文后，一般对应的英文也可以检索到。❶

又如，"一带一路"的英文译法。

在政经类文本的中文到外文翻译过程中，术语的翻译质量直接影响了文本的翻译质量。诸如"一带一路"这样的重要术语往往在我国政府的官方网站中有正式译文。例如，中央编译局作为中央直属机构，长期进行中央文献对外翻译工作，其官方网站醒目位置设有"中央文献重要术语译文发布"专栏。

由于中央编译局官方网站是可以在互联网公开访问的网站，因此谷歌对其进行了全文索引，并且可以使用"site："检索语法对其进行检索。在谷歌中搜索"一带一路""belt" site：http：//www. cctb. net，检索结果如图5.6所示。

图 5.6 "一带一路"检索实例

在"site："检索语法之前使用了两个用英文双引号包括的检索词，确保全部检索结果中"一带一路"和"belt"同时出现。在"site："检索语法之后输入的是中央编译局的官方网址，确保检索结果全部来源于中央编译局。

中央编译局网站是查询政经术语官方译文的重要途径，除此外，包括中华人民共和国外交部官方网站（fmprc. gov. cn）、中华人民共和国国务院新闻办公室官方网站（scio. gov. cn）等在内的政府网站；包括中国日报英文网（www. chinadaily. com. cn）、新华网英文版（www. news. cn/english）等官方媒体英文版网站，均是可以与"site："检

---

❶ 在 FT 中文网的网页地址的最后加个/ce 即可看到该网页新闻的中英对照版，加/en 即为纯英文版。对于译员来说，在 FT 中文网查到中文的内容后就可以采取这样的办法来看中英对照的网页。

索语法配合使用的网站资源。

又如，翻译"在我国的历史长河中"一词时，可以查到 in the long river of history 和 in the long course of history 两种译文，到底哪一种更加地道呢。使用谷歌进行精确查询（即加上引号查询，见下节），分别得到了 3 万余条结果和 8 万余条结果，表明在网上后者远比前者常用。鉴于网上英文信息鱼龙混杂，且很多信息发布源并非以英语为母语的国家，因此，仅靠这一点，尚不能确定后者就比前者地道。为准确起见，进一步缩小范围，将检索结果限定为英国网站，即"in the long river of history site：uk"和"in the long course of history site：uk"，两相对比，前者有 40 余条结果，后者有 200 余条结果。因此，此处选择后者。

5.3.3　检索语法《 》

书名号是百度独有的一个特殊查询语法。在其他搜索引擎中，书名号会被忽略，而在百度，中文书名号是一种检索语法。加上书名号的查询词，有两层特殊功能：一是书名号会出现在搜索结果中；二是被书名号括起来的内容，不会被拆分；书名号在某些情况下特别有效果。例如：查小说、影视、歌曲、戏曲等。比如：查电影"手机"，如果不加书名号，很多情况下出来的是通信工具——手机，而加上书名号后，结果就都是关于电影《手机》方面的了。

5.3.4　组合语法检索

前面两节举例说明了利用语法检索的好处，聪明的译者还会想到是不是可以将这些语法组合起来进行搜索，从而进一步缩小检索范围，提高检索效率。答案是肯定的，但组合语法检索也有一些技巧。

（1）不要将相互抵消的语法组合在一起，如 site：cctv. com-inurl：cctv. com。

（2）不要重复使用同一个语法，如 site：com，site：edu。

（3）不要在一次检索中使用太多语法，这样会导致检索结果过于压缩。

如果想要缩小检索范围，比较好的组合搭配有 intitle：和 site：。例如，我们想在中国日报网站中查找标题中包含"新冠病毒"的文章，可以在百度中搜索输入 intitle：新冠病毒 site：chinadaily. com. cn，检索结果如图 5.7 所示。当然为了进一步缩小检索范围，译者还可以加检索词，试一试在检索框输入"疫苗 Intitle：新冠病毒 site：chinadaily. com. cn"，看检索结果有什么变化。但是译者需要明白，检索语法本质是对检索结果的限定条件，其目的是过滤不符合限定条件的信息。

在使用搜索引擎进行高级检索时，使用检索语法的重要作用之一是过滤与检索目的无关的检索结果，减号在此过程中扮演重要角色，与减号搭配使用的不仅包括单个检索词，还可以搭配"site："检索语法用于过滤来自特定网站的结果，"site："可以指定搜索某一个网站的信息，当然也可以指定不看这个网站的信息。如果我们想要屏蔽特定网站（或关键字）信息，只需要用减号（-）即可实现。减号搭配"filetype："检索语法用于过滤特定文件类型的结果，可以多个减号检索语法同时使用，同时过滤多种类型的检索结果，如图 5.8 所示。

图 5.7　Intitle：和 site：的组合语法搜索

为了解"一带一路"在更多相对官方、相对正式的网站中是如何翻译的，图 5.8 使用了"一带一路""belt"－"one belt one road"－site：com－site：netfiletype：pdf 这样一种复合检索语法。

在这种检索语法中，英文双引号应用于三个检索词，分别是"一带一路""belt""one belt one road"，其中"one belt one road"前使用了一个英文的引号，表明检索结果中"一带一路"和"belt"须同时出现，但不能出现包含"one belt one road"这四个单词同时连续出现的检索结果。

与此同时，"site：com"和"site：net"两个检索语法前也出现了减号，表明排除网址结尾为".com"和".net"的检索结果，因为大多数普通个人网站或企业网站使用这类域名，会造成检索结果中无关信息太多，影响译者判断。

检索语法中还有一个检索语法"filetype：pdf"，在应用该检索语法后，所有检索结果均为 PDF 格式的文档。通过这样一个复合的检索语法，检索结果仅有 4400 条，且均是内容质量较高的文本，对译者而言有重要参考价值。

熟练使用表 5.2 中列出的常用检索语法，并灵活搭配使用构造不同形式的复合检索语法，可以极大提升检索效率。

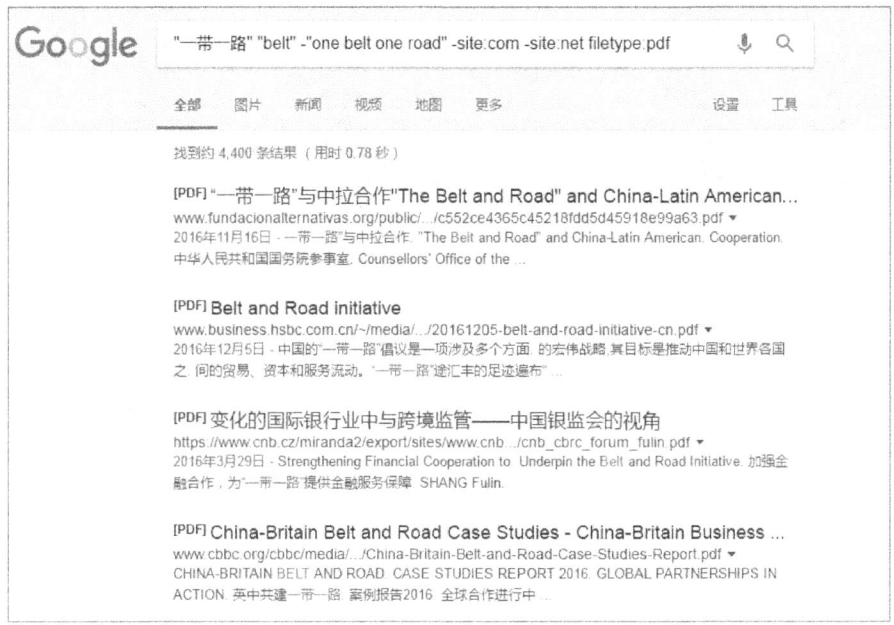

图 5.8　使用减号过滤检索结果

5.4　检索技巧

5.4.1　拆词搜

所谓拆词搜，顾名思义，就是把检索词拆开进行搜索。在某些专业领域，如果尝试了各种方法，查询检索词的译文依然一无所获，可以尝试把检索词拆开逐一搜索，找到各个部分的译文，这样把各部分的译文组合起来就是检索词的译文。例如，摘要名称为"一种多相催化氧化气浮装置"，我们需要查找"多相催化氧化"的专业释义。如图 5.9 所示，可以搜索出"多相催化"的译法为 heterogeneous catalytic；然后再加上"氧化"的译文 oxidation，即"多相催化氧化"的专业术语为 heterogeneous catalytic oxidation；这也是常用的拆分查找方法。

又如，在翻译中遇到"聚丙烯膜层"，遍查无果，但是查"聚丙烯"可知其英文是 polypropylene，膜层的英文有两种，分别是 membrane layer 和 film layer，使用谷歌分别搜索"polypropylene film layer"和"polypropylene membrane layer"，前者检索有 28 300 条结果（图 5.10），后者有 1450 条结果，且前者广泛见于学术文章和阿里巴巴网，以及美国、中国、韩国、欧盟、印度和世界知识产权组织专利文献，而后者多见于中国专利文献。据此判断，"聚丙烯膜层"的英文译法为 polypropylene film layer。

又如 Increasing block-pricing offers a means to balance efficiency and equality in tariff reform. 这一句的翻译有个生词 block-pricing，在有道词典中查不到，但是将其拆开，查 block pricing 就找到了，是分段定价的意思。

图 5.9　多相催化氧化的检索结果

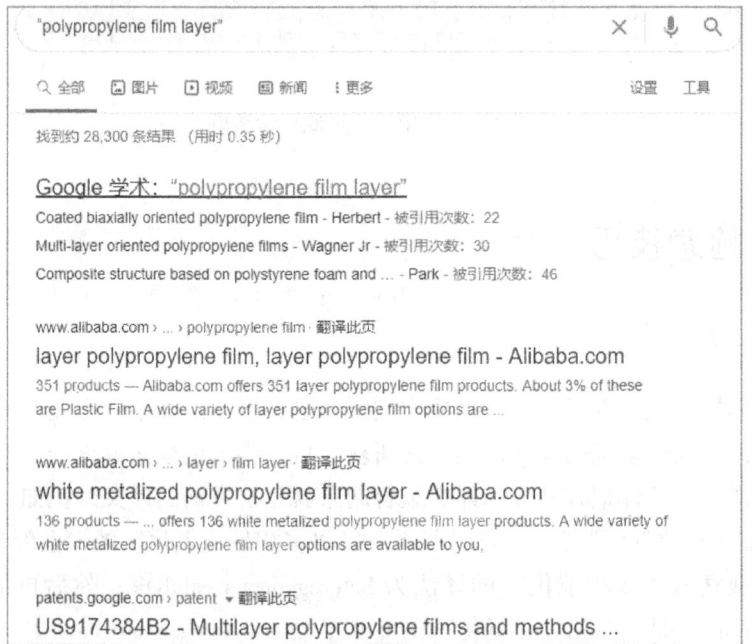

图 5.10　polypropylene film layer 的检索结果

又如 "NEPCON China 是中国地区最大、最有效的电子制造与表面贴装行业的商务沟通平台"。

句中有个术语翻译难题：电子制造与表面贴装行业。在百度中输入 "电子制造与表面贴装，electronics"，效果不理想。使用有道词典查询 "电子制造与表面贴装行业"，也只有机器翻译结果。将该词拆开分为 "电子制造" 和 "表面贴装"，分别查询，可知，"电子制造" 的英文为 electronics manufacturing，"表面贴装" 的英文为 surface mount，据此该术语可译为 electronics manufacturing and surface mount industry。

当然使用拆词法有一定的弊端，查到的译文需要验证一下，避免误译。

5.4.2 双语检索

所谓双语检索，是指在检索框输入"原文检索词+译文检索词"。单搜中文或英文检索词时，搜索结果大多数是与检索词相同的单语结果，而双语检索有助于快速找到中英文对照的词语和解释。遇到陌生的术语、词组或表达，直接使用原文搜索，会得到海量的检索结果，要找到其对应译文，需要在检索结果中逐页查找，这无异于大海捞针。采取双语检索的方法，可以过滤不包含双语的信息，快速缩小范围。

当然，原文检索词和译文检索词的设置也是有技巧的。比如译文检索词可以是我们猜测译文很可能包含的关键词，也可以是译文虽不包含，但是与所查内容密切相关，或极可能出现在译文上下文中的相关词语。例如，Unique Selling Proposition（USP）一词，直接查找或许效果较差，我们猜测译文中极可能包含独特这一关键词，则可以用"Unique Selling Proposition+独特"进行双语检索，并很快查到"独特销售主张"和"独特卖点"的常见译法。百度验证这两种译文，发现两种译法均为正确译文，"独特卖点"的检索结果有 2780 万条，"独特销售主张"的结果为 198 万条，可见"独特卖点"是使用更广泛的译法。

例如 string theory，译者不知道其确切的汉语译文是什么，但是可以猜测到以汉语译文中很可能包含理论二字，因此可以使用"string theory 理论"作为检索词，可以迅速查到其对应译文是弦理论。又如"地租理论、稀缺资源配置理论、土地利用变化理论"等术语，要准确翻译这些术语，我们可以分别把"地租理论 theory""稀缺资源配置理论 theory""土地利用变化理论 theory"分别输入搜索栏，不难找到其对应译文分别是"land rent theory""theory for allocation of scare resources""theory for land use changes"。

又如，"工业反哺农业"这种极富中国特色的表达，在国外也很难找到类似的提法，查字典也多半是徒劳的。但网上可能有对应的英文译法，我们猜测其英译文应当包含 industry 和 agriculture 两个词，使用百度检索"工业反哺农业 industry"，可以找到 industry nurturing agriculture，中国日报网使用的也正是这一译法，并可以查到"Xi said to meet the needs of China's future development, the country should regard industry nurturing agriculture and cities supporting countryside as long-term guiding principles and the government will improve the policies that enrich and benefit farmers and agriculture in order to form a new pattern of integrated urban-rural development"。由此可以确定，industry nurturing agriculture 是相对比较可靠的译法。

再如要查询"In 1632, Galileo bravely published his Dialogo sopra i due massimisistemi"一句中的 Dialogo sopra i due massimisistemi❶，使用机器翻译检测到这一句是意大利语，机器翻译译文是"关于两个主要系统的对话"，机器翻译译文准确与否无法保证，但我们可以肯定，这个作品和意大利著名科学家伽利略相关，这正是找到该作品中文译

---

❶ 万兆元. 因特网辅助翻译 [J]. 上海翻译, 2008 (3).

名的重要线索。因此可以用"伽利略 Dialogo sopra i due massimisistemi"作双语检索，检索界面如图 5.11 所示。

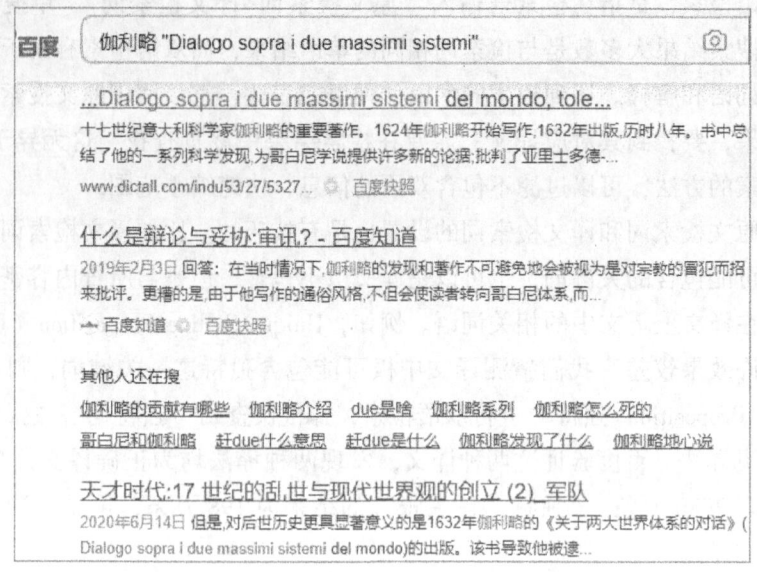

图 5.11　伽利略 Dialogo sopra i due massimisistemi 的检索界面

从检索结果中可以迅速查到，这本书的中文译名为《关于两大世界体系的对话》，而且准确的意大利文全名为 Dialogo sopra I due massimi sistemi del mondo。

在遇到缩略语的时候，也可以用百度或谷歌查一下它们的意思，但缩略语在不同的专业领域可能有不同的意义。因此，建议使用"缩略语+所属范围"的方法进行查询。比如外贸术语 C.O，用"外贸+C.O"进行搜索，就可以知道 C.O 是 certificate of origin 的缩写，对应译文是原产地证，体育方面的 IAAF，可以用"IAAF+体育"进行搜索，就可以查到它是 International Association of Athletics Federations 的缩写，是国际田径联合会的意思。

5.4.3　外部求援

在翻译实践中，经常会遇到疑难问题，有的与理解有关，有的和表达相关，译者即使穷尽各种网络手段，有时也收效甚微。这时不妨尝试外部求援，对原文或译文进行咨询或求证。所谓外部求援就是向他人求助。例如，在相关 QQ 群、专业论坛或者微博、朋友圈，甚至推特、脸书等网络媒介，乃至利用邮件、电话等通信手段，提出疑问，求教方家，当然也可以向身边的译员朋友、外国友人咨询请教。

外部求援的传统由来已久。前辈翻译家也从不避讳外部求援，并将其作为解决翻译疑难的重要技巧。例如，翻译家傅雷（1957）曾坦言："虽然我趣味比较广，治学比较杂，但杂而不精，什么都是一知半解，不派正用。文学既以整个社会整个人为对象，自然牵涉到政治、经济、哲学、科学、历史、绘画、雕塑、建筑、音乐，以至天文地理，医卜星相，无所不包。有些疑难，便是驰书国外找到了专家说明。"吕叔湘（1984：61-62）在论及翻译中遇到的杂学问题时，指出"要解决这些问题，当然得多查书和多问人"。萧乾先生在论及《尤利西斯》的翻译时说："涉及宗教，谈哲学及医学，我们就得四处请教了。另外，关于音乐、天文、法律、医学等我们都是门外汉，……都得到朋友们的热心帮助。"

由此可见，外部求援是译者解决翻译疑难的有效手段之一。前辈翻译家在通信尚不发达更没有网络的时代，尚且利用各种方式求教方家。今天的译者拥有网络时代的巨大便利，在遇到翻译疑难的时候，更不可忘了尝试外部求援。

例如，笔者的一位朋友曾在翻译中遇到 project stakeholder 一词，她可以理解这个词的意义，但不知道这个词的准确汉语表达。虽然在网上搜到了一些答案，但依然不确定是否专业地道，于是在朋友圈求助，"谁能告诉我项目上经常要用到的 project stakeholder 这个词，到底用中文怎么说才能精悍、准确又顺口？查来查去都只有'项目利益相关者''项目利益相关方'这些感觉在国内根本没人用的说法。"发圈不久，就有多名网友提出了项目干系人的译法。朋友不禁感慨："朋友圈果然比'度娘''谷哥'都靠谱了好几倍啊！"

又如，有译员在脸书求助："想请问一下大家遇到 LGBTQ 这种会怎么翻？若客户要求不能留下任何英文字，每一个都翻出来好像又太绕口，而且太多字。所以我在想是否 LGBTQ movement 可以翻成同志运动？再请各位前辈赐教。"很快就有多位好友回复，并分别提出了性别运动、多元性别运动、非异性恋运动、性别认同运动、性少数运动、性小众运动等不同译法，译员朋友除了分享自己的译法之外，还指出了同志运动的弊端，除了同志一词具有争议之外，本身也不太准确，还有多名译员明确支持使用"多元性别运动"这一译法。最终这名译员也选用了这一译法。

前文提到转正晚会的案例（见本书第 3.3 节），转正晚会意指新员工入职转正的庆祝活动。不少同学查询词典后译成 regularization party、become-a-full-member party 或 become-a-regular-worker party。但这三个译法均不是地道的表达，要正确翻译转正晚会，还需要继续开拓思路（见本书第 3.3.1 小节）。除了词典查询和网络搜索外，不少同学也发起了外部求援，有的求助翻译高手，有的咨询留学同学，还有同学请教了母语人士，美国留学生回答可以用 a welcome-aboard party，但也指出英语中并没有专门的词表达转正晚会，一名在华外教回复，英语中没有专门的对等词，可用 a party，英国人士表示可用 a welcoming party。由此可见，转正晚会是一个具有中国特色的词语，没有对等的英语词语。要表达这一概念，可以用 a welcoming party 或者 party 即可。

通过外部求援，咨询专家人士，获取的答案当然具有更高的可信度。但是外部求援也要注意一些沟通技巧。其一，问题陈述要简洁清晰，一方面要提供上下文语境，另一方面也要避免啰里啰唆；其二，译者应当尽量拿出自己的译文，分享自己的分析，指出难点，以便讨论；其三，对方应是专业人士，能够解答所提疑问；其四，如果在 QQ 群、论坛提问，应当尽量选择相关专业群组，避免盲目撒网。

第 6 章

批判性思维、信息甄别和碎片知识管理

Education is not the learning of facts. But training the mind to think.

——Albert Einstein

译者在搜索信息时，往往要经历识别问题、界定问题和解决问题三个阶段，这与翻译过程十分相似。翻译过程也涉及识别、界定和解决问题的过程。一方面，译者遇到翻译障碍时，理解障碍也好，表达障碍也罢，都需要思考问题的根源在哪里，这就是识别问题和界定问题。这一过程译者的语言基本功十分重要，也要求译者具备批判性思维能力。另一方面，虽然网络搜索十分强大，但网络资源无所不包，提高搜索能力，提高搜商，是译者提升自身翻译能力的重要方法之一。在检索过程中，我们会发现网络资源林林总总，参差不齐，因此译者还必须具备相应的甄别能力，对网络搜索得来的结果去伪存真，这也是译者搜索能力的体现。对检索结果的信息甄别、反向验证，要求译者善于批判性思维（Critical Thinking），具备一定的翻译判断力。爱因斯坦有句名言，教育不是学习事实，而是培养思维能力（Education is not the learning of facts. But training the mind to think.）。

● 6.1　批判性思维

爱因斯坦有句名言，We cannot solve our problems with the same thinking we used when we created them。这表明，我们在解决疑难时，需要创新思维。存在这样一种思维，它让我们形成意见、做出判断、做出决定、形成结论。同时，还存在另一种思维——批判性思维：它批判前一种思维，让前述思考过程接受理性评估。可以说，批判性思维是对思维展开的思维。进行批判性思维，是为了考量自己或他人的思维是否符合逻辑，是否符合好的标准（摩尔，帕克，2015：2）。批判性思维的目标是做出明智的决定和正确的结论。批判性思维就是敢于对事物提出质疑的思想方法。批判性思维不是看到什么就相信什么，而是根据自己的经验和专业知识，对看到的东西做出独立的分析和判断。

翻译行业的显著特征就是译者总会在翻译过程中接触全新的知识、陌生的内容、晦涩的文字。为了准确理解，精准表达，需要译者剥茧抽丝，寻求真相。这要求译者不能被常识蒙蔽，不能轻信第一直觉，不能盲从网络信息。这要求译者培养一种批判性思维。在遇到翻译障碍时，敢于怀疑常识、怀疑直觉，甚至怀疑原文，敢于用质疑的眼光审视词典、双语例句、参考译文。唯有敢于质疑，审慎辨析，方能发现谬误，找到真相，方能做出独立判断和合理的取舍。

在翻译过程中，无论是对原文的理解还是对译文的表达，我们是否需要质疑、是否需要搜索、搜索什么内容、在哪里搜索、采用何种方法搜索、搜到的信息是否全面、权威、准确？不同的问题需要考虑不同的因素，但是无论如何考虑，我们都希望排除无关因素的干扰、不要盲目采信搜到的答案、不可在一知半解的基础上做出臆断。

批判性思维可以帮助译者做出科学、客观的正确判断。例如，信息是否权威、准确、有效；信息来源是否可靠；帮助译者区别事实和观点，洞察原文理解的陷阱和漏洞；还有助于译者处理矛盾、不充分、模糊的信息；有利于译者识别译文的逻辑错误，识别译文的漏洞并积极查找其他信息；帮助译者提出替代方案，并在取舍之间予以充分考虑；在展开查证时，能够避免无关因素。

译者需要明白，在翻译中遇到的疑难问题往往没有明确答案，许多疑难问题也许有多种解决办法。译者在发挥明辨性思维时，不妨思考一下问题：我试图解答的问题是什么？我思考的角度是什么？我思考的核心观点是什么？我的判断以什么信息、数据或事实为基础？我把什么内容视为理所当然？我思考的假设是什么？我要得出什么结论？如果假设为真，译文将怎样完善？如果假设为伪，译文将怎样修改？

例如，在一次翻译练习中，有这样一段话：

> In the capital, hundreds of women in brightly colored costumes sang and held bunches of flowers, including some named for Kim Il-Sung, the country's first leader and the late father of current leader Kim Jong-il.

有个学生将 including some named for Kim Il-Sung 这句话翻译成其中包括金日成花。结果引发全班同学哄堂大笑。怎么会有金日成花呢？以人名命名的花似乎闻所未闻。但是网络查询发现确有此花。原来该花是由印度尼西亚的一位植物学家新培育出来的一种属兰科植物的花。20 世纪 60 年代，朝鲜国家主席金日成访问印度尼西亚，参观植物园，看到了此花，觉得十分美丽。植物园园长介绍，此花是印尼植物学家新培育的品种。印尼总统建议以金日成的名字命名此花。于是，此花便定名金日成花，也是朝鲜最著名的花之一。不仅如此，朝鲜还有金正日花。

方以智云："善疑者，不疑人之所疑，而疑人之所不疑。"伯特兰·罗素（Bertrand Russell）也有句名言，In all affairs it's a healthy thing now and then to hang a question mark on the things you have long taken for granted. 我们视为理所当然的日常不经意间会把我们带入思维定式。而大多数人认同的真理有时候却并非总是正确的。善于批判，善于质疑，培养批判性思维对于译者至关重要。

● 6.2 翻译判断力

译者的翻译判断力对于译文质量影响巨大。翻译中需要借助内部力量（即译者本人的学识才情）和外部辅助。搜索是外部辅助资源的丰富和强化，是译者大脑的延伸。当然，在翻译中我们既要发挥搜索的辅助作用，也决不可忽视内部力量的作用。一方面要不断加强内部力量，另一个方面也要充分利用内部力量。无论外部力量，还是内部力量，归根结底还需要译者审时度势的判断能力。

翻译过程包含一系列词义选择和决策的过程。词义的选择受到语境的制约，有时译者要依据整部作品甚至时代生活背景做出判断，有时要根据文本的专业领域加以定夺。这其中，译者的语言基本功、常识和专业知识为译者的选择和决策发挥着重要的作用。换言之，语言基本功、常识和专业知识是译者翻译判断力的基石。

笔者在研究中发现，许多初学者在翻译时，非常依赖有道、欧陆等在线词典的划词翻译功能，遇到生词，鼠标一划，就能显示其译文表达。这是信息技术带来的便利，但是也带来了一些隐患，并培养了一种不求甚解的坏习惯。

看到划词释义之后，许多初学者甚至不会打开在线词典，一探究竟。殊不知划词释义提供的对等词，常常不一定符合原文的语境意义，划词翻译也不会显示该词条的全部释义。它仅仅提供一个线索或参考。为了避免遗漏重要信息，查看其他释义，在很多情况下，译者应当打开在线词典，查看其全部释义和相关例句。此外，无论是英汉辞典，还是汉英词典，其词条释义是词典编纂者提供的参考译文，本质上也是一种翻译，都存在不完全对等的现象。因此为了理解其准确意思和用法，译者应当充分利用英英词典，利用其英文释义、例句、搭配、词源等信息，把握英文的准确含义和用法。片面根据屏幕划词释义，去理解原文，或直接去翻译，往往会造成翻译失误。

李长栓（2009：119）认为，翻译并非看到一个词翻译一个词，因为有的词用来表达实质意义，有的词只是用来加强节奏；有的词要从狭义解释，有的词要从广义解释；而有的词在特定的上下文中会产生新的意义。所以，翻译时要结合上下文语境，判断这个词在这个句子中是什么意思、起什么作用，再决定要不要译、怎么译。同一个词，在不同的上下文，可能有不同的译法。例如：

> Among these is the Great Hall, measuring almost 200 feet long, which King Frederick II had built in 1572 as a wedding present for Sofia, his young wife (their marriage is well‐known as one of the happiest in the history of European monarchies).

在本例中，绝大多数同学都将 monarchy 翻译成君主制度或者君主国，如"他们的婚姻是欧洲君主制历史上最幸福的婚姻之一""他们的婚姻是欧洲君主国历史上最幸福的婚姻之一"。这两种译文读起来都比较别扭。实际上在字典中查询 monarchy，发现它其实包含三个义项：①a system in which a country has a monarch，君主制；②a country that has a monarch，君主国；③The monarchy is used to refer to the monarch and his or her family，王室。在这里，显然第三个义项更符合上下文的语境。绝大多数同学都将其理解为第一或第二个义项。这是因为一些常用的在线词典在划词翻译时，只显示前两个义项。很多同学就想当然地采用了，却很少有同学去打开词典，仔细查阅该词条的其他义项。又如：

> When I met him, I had a lot of anger inside of me. I've lived my whole life in Spanish Harlem with my mom, grandmother and little sister, Ivy. I never had a father, but in my neighborhood that's not unusual.

在本例中，绝大多数同学将 grandmother 翻译成了奶奶或者祖母，也有少数同学翻译成了外婆或姥姥，grandmother 既可以指 father's mother，也可以指 mother's mother，阅读时可以忽略，但是翻译时，不可蒙混过关。在原文的上下文语境中，故事的主人公是一个问题少女，生活在贫民窟，周围甚至有同学未婚先孕。在这里，原文明确讲了她没有父亲（I never had a father），而且在她身边这也不是什么新鲜事儿。由此可以判断，她不知道自己的生父是谁，而 grandmother 在这里更可能外婆或姥姥，而不是奶奶。例如：

> Corn was originally eaten without any preparation; nor had this custom gone entirely into disuse in the time of our Savior.（Matt. xii. 1.）

许多同学不假思索将 corn 翻译成玉米。查询词典，corn 的释义包括以下两种：①Corn is a tall plant which produces long vegetables covered with yellow seeds. It can also be used to refer to the yellow seeds. ②Corn is used to refer to crops such as wheat and barley. It can also be used to refer to the seeds from these plants. 可见，corn 既可以指玉米（粒），也可以指谷物或谷粒。玉米和谷物是不同的食物。在本例中，正确的译文只有一个，到底哪一个是正确的呢？

本文讲述希伯来人的饮食变迁。从常识来看，玉米原产于美洲地区，而希伯来人生活在非洲和中东地区，远隔重洋，玉米传入亚洲和非洲的时间为 15—16 世纪，因此这里不可能是玉米。后半句提到 nor had this custom gone entirely into disuse in the time of our Savior.（Matt. xii. 1.），按图索骥，查阅圣经双语版本相关章节（Matt. xii. 1.），可以找到以下句段：

> At that time Jesus went through the grain fields on the Sabbath. His disciples were hungry and began to pick some heads of grain and eat them.（那时，耶稣在安息日从麦地经过。他的门徒饿了，就掐起麦穗来吃。）

由此可见，这里的 corn 指的是麦子，而后文也再次证实了这一点。因此翻译为玉米实际是错误的。又如：

The idea of mortars, and eventually of mills, was at length suggested.

本例与上例出自同一语篇，同样讲述希伯来人的饮食变迁。多名同学将 mortar 翻译作迫击炮，还有的同学翻译成砂浆或者混凝土，甚至有同学译成用灰泥涂抹。这实际上是违背常识的。迫击炮和混凝土是现代科技的产物，在希伯来人生活的年代，是不可能存在的。用砂浆或灰泥涂抹谷物，恐怕也不是烹饪食物的正确方法。

这句话只有一个生词 mortar，查询词典 mortar 有多个意思，作为名词可以是灰泥、砂浆、迫击炮、研钵、臼，作为动词也可以是用灰泥涂抹、用迫击炮攻击等意义。译者在翻译中选择哪一种词义，不仅要考虑语法因素，也要考虑上下文语境，并结合历史生活常识作判断。

部分同学将其译作迫击炮、砂浆、混凝土，显然忽略了历史和生活的常识，也忽略了上下文的语境。这种谬误有可能是机器翻译导致的，也可能是译者疏忽造成的。但不管如何，译者在完成翻译后，至少要通读全文，考虑译文是否存在前后矛盾之处，是否符合生活常识。看一看译文是否存在奇怪之处、荒谬之处和晦涩难懂之处。

6.3 信息甄别

网络极大地提高了翻译效率，网络储存的海量信息使译员可以站在巨人的肩膀上，完成越来越具有挑战性的翻译工作。但是网络信息虽然丰富，但也良莠不齐，鱼龙混杂。要判断理解是否到位，网页信息是否可信，译文是否地道，还需要译者从多方面谨慎甄别。大多数初学者和初级译员往往缺乏对网络内容的甄别意识。学者 Sanchez-Gijon（2009：114）提到，使用搜索引擎检索，常常会得到海量的检索结果，会给译员带来有害信息（Infoxication）和认知超载（Cognitive Overload）。

网络语料的结果要加以分析筛选之后才能采信。简单地根据搜索引擎反馈的结果下结论可能会带来较大的风险。互联网拥有庞大的翻译参考资源库，但是各种资源在可靠性上并不一致，译者应该学会去芜存菁，从准确性、权威性、时效性、专业性和规范性等多方面对网站内容与信息加以甄别，避免盲从盲信，酿成翻译错误（表 6.1）。

表 6.1　信息甄别指标表

项目	指标
权威性	➢ 有无作者姓名、联系方式、工作单位 ➢ 作者的名气高低 ➢ 网站类型（机构、商业网站、在线期刊等）

项目	指标
准确性	➢ 信息可靠度 ➢ 信息来源 ➢ 有无参考文献，参考文献质量高低 ➢ 文本结构是否规范 ➢ 有无错误（信息错误、语法错误、拼写错误等）
时效性	➢ 内容是否及时 ➢ 发布日期 ➢ 文内其他信息的日期
目标读者	➢ 专家 ➢ 学生 ➢ 外行人士

准确性：就英文，英英词典准确性高于双语词典；一般来说，由母语为英语的人撰写的英文文章可靠性高于其他地区人用英文撰写的文章，如《经济学人》网站上的文章遣词造句一般优于《中国日报》。当然，译者还可以根据其他信息（如信息来源、文本质量等）判断其准确性。

权威性：一般而言，由政府、学术机构和专家等维护支持的网站可靠性高于一般网站；官方网站、学术网站或专业性较强的网站的内容也相对比较可靠。语言也比较规范。当然，这只是相对而言。我们还可以从其他信息判断其权威性，如有无作者相关信息，作者的知名度等。

时效性：注意网站的更新时间，某些停止维护更新的网站信息可能已过时，不适合采用。文章的发表日期、在网站的发布日期乃至文中提到的其他日期都可以作为时效性判断参考。

例如，万兆元（2008：77—80）曾分享一个典型的案例，在翻译"科学发展观"一词时，查到多种英文译法，较常见的有 Scientific Concept of Development 和 Scientific Outlook on Development。那么哪一个才是权威准确的译文呢？使用谷歌检索"科学发展观+Scientific Concept of Development"得到了 15 500 条结果。检索"科学发展观+Scientific Outlook on Development"，得到了 6160 条结果（2007—12—25 查询）。虽然前者在网上使用较多，但细看其来源，来自中国官方网站的较少；偶尔也有来自人民网的，但已是 2004 年的了。相对而言，Scientific Outlook on Development 的使用频率虽没那么高，但其来源包括许多中国权威网站，如新华网、中国日报网等，而且发布日期也较近。这说明科学发展观一词的正式翻译应该是 Scientific Outlook on Development。

在一般情况下，搜索结果条数越多证明某种说法用得越广泛，但需要注意这些搜索结果的来源是否可靠，如果检索某英文检索词，搜索结果却大多数在非英文国家或地区的英文网页里，则应警惕这种说法是否准确地道，是否妥当适用。并结合多种信息，对其准确性、权威性、时效性、目标读者加以判断。

在网络和大数据时代，信息泛滥成灾。随便搜一个关键词，就能从网上获得海量的信息。没有译者的分析甄别，这些信息是孤零零的、苍白的。译者的分析和甄别才使这些信息具有了价值。信息准确与否、权威与否、是否相关，译者的分析和甄别在其中有着至关重要的作用。

6.4 反向验证

互联网资源检索是为了确保译者理解原文，确保生成的译文准确表达原文的意思并符合目标读者的阅读习惯。因此在生成译文后，也不应该忘记检索译文，看译文是否合适。

在检索到对应的译文时，也要检索译文是否能再回译成原文类似的含义。反向验证是查证中不可或缺的步骤，只有通过这样一次次的对应查证才能确定找到的资源的可靠性。

> Due to growth in microfinance, a quantum shift has occurred in access to credit in some ACI economies in the past 4 or 5 years.
>
> 由于微金融的发展，在过去的四五年间一些 ACI 经济体的信贷可得性已经取得了突破性进展。

在上例中，译者借助有道词典查到 access to credit 的中文释义为信贷可得性，但是这种译法专业与否，译者没有把握。于是百度检索"信贷可得性"（图 6.1），可以找到不少学术论文也使用了这一术语，这表明这一术语在专业领域也是广泛使用的，因此可以采用。

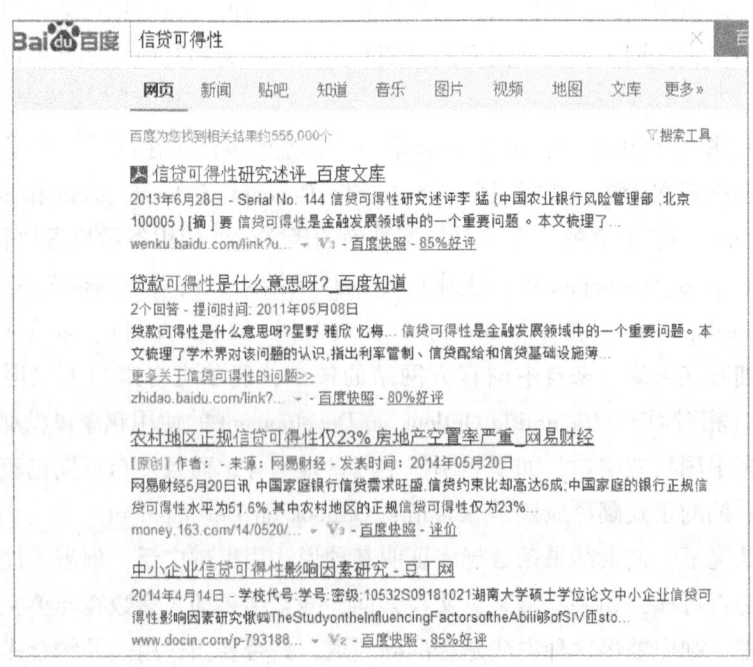

图 6.1 信贷可得性的检索结果

切不可直接照搬辞典释义。一种资源查出的译文，可以用另外的资源予以证实。例如，用词典找到的几种译文，哪种更常见，就可以用搜索引擎的检索结果数量进行证明。

对于不确定的内容可以利用搜索引擎查询，输入检索词，可以查出与此相关的所需内容，进一步检测自己表达的英语是否正确，如果检索结果中有很多相同的表达，尤其是一些权威网站也是这样表述的，说明你的理解或表达是正确的，这在汉译英时非常有用。尤其是当你对自己的翻译没有把握，担心表述不地道或者语法、句法错误，那么用搜索来检测和验证就很有必要。例如：I have a great many of friends…，其中你对 a great many of 这个搭配没有把握，那么输入"a great many of"词组搜索，从大量例证中可以发现这个搭配是没有问题的，特别是那些权威媒体在报道中使用过就更放心。例如：

新版《红楼梦》制作方已经对该剧投入了 2 亿元（合 2900 万美元）的资金，创下了中国古装电视剧的投资额历史纪录。

Producers of A Dream of Red Mansions have splashed out 200 million yuan（ $29 million）, a record amount in China's television history for a period costume drama. ❶

对英语译文中 a record amount 的用法是否正确，可以谷歌搜索一下 a record amount，为过滤无关的结果，检索时可使用双引号，得到 366 万余条检索结果，包括 a record amount of money/cash/debt/food/renewable energy，等等，这说明这种表达是没有问题的。

又如在一篇关于用准谱法解决最优控制中（optimal control）涉及的数学问题的论文汉译英中，准谱法是关键术语，其英译是一个难点，于是谷歌输入检索词："准谱法 英文"，可以找到该词组的相应英文表达主要有两种形式，即 quasi-spectral method 与 pseudo-spectral method，到底哪种英文表达更专业呢？可以采取反向验证法进行确认：首先在谷歌搜索栏中输入如下表达："quasi-spectral method""optimal control"，点击搜索按钮后，只搜索到 8 条相关结果；然后在谷歌搜索栏中输入如下表达："pseudo-spectral method""optimal control"，点击搜索按钮后，搜索到 16 300 条相关结果，从搜索结果前几页列出的标题及来自维基百科（Wikipedia）的解释大致了解到 pseudo-spectral method（准谱法）是一种数学方法，用来解偏微分方程及加速很多快速算法的计算，并且广泛用于各种军事及工业领域的最优控制问题。这与该文内容非常吻合，从而确定准谱法的英译为 pseudo-spectral method。

---

❶   法磊. 如何成为金牌自由翻译 ［M］. 2009：53.

6.5 碎片知识管理

6.5.1 译员需要成为杂学家吗？

翻译作为一门跨学科、跨行业的工作，除了要求译者具有高超的双语转换和表达能力外，还要求译者对相关的专业领域有相当的认识和了解。不少专家在谈到译者的能力时，都强调译者要博览群书，增加杂学，当知识的杂家。吕叔湘先生曾经强调杂学对于翻译工作的重要性。他说，"我要讲的是了解原文的第三道关，就是字典不能帮忙的那些个东西：上自天文，下至地理，人情风俗，俚语方言，历史上的事件，小说里的人物，五花八门，无以名之，名之曰杂学"（吕叔湘，1984：59），他认为翻译中最费事的就是杂学。

所谓杂学，就是各行业、各领域的专业背景知识。在翻译中，无论是对原文的理解，还是译文的表达，都涉及丰富的杂学知识，天文地理、古今中外，无所不包。但是这并不意味着译者必须掌握学习这些杂学知识。如果翻译中遇到的所有知识都要去学习都要去背诵，译者不管多么聪明，也是万万吃不消的。译者要翻译的领域五花八门，英语的词汇数量庞大，而且新生事物、新造词语层出不穷，翻译文本所涉及的背景知识也三教九流，无所不包。在浩瀚的知识面前，翻译家的杂学亦不过是沧海一粟、九牛一毛而已。

个体生命的有限性决定了个人认知范围的局限性。即便译者竭尽所能，成了一名杂家，他在翻译中就不会遇到陌生的领域吗？就不会遇到生僻的词汇或新生事物吗？就不会遇到陌生的背景知识吗？答案是肯定的，而且还会很多。因此，翻译涉及杂学，但译者必须成为杂学家这种观念存在误导。

翻译人才培养最重要的不是传授多少杂学，或者说传授多少专业背景知识，而是培养学生处理各种专业知识的能力。译员成长的关键不在于杂学知识的学习，而是语言能力和搜索能力的提高。

在行业实践中，职业译员也是有细分领域的，有人专门从事法律翻译，有人专长财经领域，也有人专注汽车翻译。翻译领域的细分让职业译员可以长期专注某个或某几个领域的翻译工作。这给高校的翻译人才培养提供了一些启示。例如，在教学实践中，不少高校为了培训实用性、复合型翻译人才，将打造专业特色作为工作的重心，如医学+外语，法律+外语、专利+外语、财经+外语等不一而足。有的高校 MTI 专业还明确确立财经翻译、新闻翻译、法律翻译等专业特色，尝试将学生培养成某个领域的翻译专家，可谓煞费苦心。在翻译教学中，一些高校探索在翻译课程中加入大量医学、法律等专业课程。将大量精力投入所谓专业背景知识（杂学）的学习。这实际上本末倒置。事实上，即使在擅长的领域，职业译员也会面临专业知识的瓶颈和杂学的阻碍，而且不会减少。

翻译能力的关键在于语言基本功和搜索查证，而不是去学习专业背景知识。没有语言基本功，不懂得搜索查证的原理和方法，掌握再多的专业背景知识，也未必能产出高质量的译文。相比专业背景知识（杂学），显然语言基本功和搜索查证是译员更为核心的技能。而所谓专利、财经、法律等各个领域翻译人才的培养，也应该以翻译基本能力的培养为基础。提前锁定翻译专业领域，既限制了学生的成长空间和选择自由，也不利于翻译能力的提高。

6.5.2　为碎片知识创建索引

大数据时代，翻译项目的复杂性、专业性、紧迫性成倍增加，在翻译中如何快速、准确地搜索相关知识，固然是译者的必备技能。但仅仅依靠搜索也是远远不够的。对于搜索的信息和知识加以科学管理是很多译者忽视的一个方面。从译员的角度而言，我们既需要利用信息技术高效获取信息，也要学会科学管理碎片信息，快速将这些信息体系化，以用于解决实际翻译问题。Kastberg（2009）较早提出译者的个人知识管理（PKM）理论，旨在训练学生对相关背景知识进行管理，以形成网络化、系统化的知识架构，同时从建构主义的角度出发，兼顾学生个体差异，让学生按需获取缺失的背景知识。

在信息时代，译员的知识利用呈现即学即用、即搜即用的趋势。译者接触的知识十分庞杂，但知识存储往往缺乏管理，杂乱无章。多数译者习惯将接触的知识以各种形式保存起来，但却没有时间去巩固复习。时间一长就会遗忘。不少人都有类似的体会，从网上下载了很多有用的资料，却大多没有时间去看。在信息爆炸的时代，对多数工作繁忙的译者而言，复习知识是一种奢侈。译者需要明白，保存知识的首要目的不是复习巩固，而是在有需要的时候能随时调用。因此，换一个思路，将知识保存起来，将其建立一个索引库，方便我们随时调用，反而更加实用。

获取相关知识后，译者仍然面临两大难题：第一，新获取的知识是碎片化的，未能成为译者的长时记忆；第二，许多译员缺乏良好的知识管理（语言资产）意识和方法，在花费大量查证精力完成某个翻译任务后，面对审校稿，往往很难回忆查证时的思考过程，而这一过程对于译者来说是一个建构新知识的过程。如果缺乏有效手段对这个过程加以保存或记录，译者不但很难在审校稿阶段获得应有的成长，日后再遇到相似专业领域的任务时，还需要重复查证，这不利于其翻译技能的提升。

译员知识管理涉及方方面面，从文件和文件夹命名到语言资产管理，不一而足。

文件夹或文件命名和分类技巧。译者平常要处理许多不同类型、来自不同客户的项目，日积月累，文件夹会越来越多，缺乏经验的译者在新建文件夹时，对于文件夹命名比较随意，有的就是111、222，或者干脆就叫新建文件夹、新建文件夹（1）、新建文件夹（2），等等，不一而足。久而久之，自己也忘了各个文件夹里分别是什么项目和内容。一旦查找起来，往往乱翻一气，不得要领。虽然文件查找工具Everything、filelocator也能帮助译员查找，但是混乱的文件名终究不利于科学归档和知识管理。幸运的是，网上也可以很容易找到一些批量命名软件，如 Panda Batch File Renamer、深蓝文件批量重命名工具等，这些软件大多免费，而且使用便捷。它们可以对文件夹或文件名批量添加前缀或后缀、添加或修改字符、插入序号、更改大小写等。将文件夹或文件科学命名后，知识管理起来也容易一些。

收藏夹管理技巧。各款网页浏览器都有收藏夹的功能，将常用的查询网站收藏，将最常用的网站置顶，将其他资源网站分门别类放到分类文件夹中，不定期整理，也有助于译者提高效率。

表6.2是一些语言资源管理工具，科学合理使用这些工具，将有助于提高译者的知识管理水平，并提高翻译效率。

表6.2 语言资源管理工具

知识内容	管理工具	备注
记忆库	HSTMX Editor, Olifant 等	参见本书第3.7节
术语库	SDL Multiterm 等	参见本书第7.5节
电子词典	GoldenDict, 欧路词典等	参见本书第3.2节
搜索引擎	定制搜索	参见本书第3.1节
网站网页	网页收藏夹	
个人电脑散乱文件	Everything, filelocator 等	参见本书第3.1.1小节

第 7 章

计算机辅助翻译（CAT）工具与搜索

工欲善其事，必先利其器。

——《论语·卫灵公》

传统的计算机辅助翻译工具是指以翻译记忆为核心，旨在提高译员翻译效率的工具软件，如 SDL Trados、memoQ、雪人 CAT 等，俗称单机版的计算机辅助翻译工具。它能够减少重复劳动、提高翻译效率，已经成为职业译员必备的利器。近年来，由于信息技术的发展，计算机辅助翻译工具和云技术相结合，出现了云翻译平台。不同于单机版的计算机辅助翻译工具，云翻译平台是将各种翻译资源、数据储存在云端，实现翻译资源实时共享，形成一个相互关联协作的翻译生态系统，俗称网页版计算机辅助翻译工具，如 Tmxmall Yi-CAT、译马网、Memsource、MateCat、Smartling 等。云翻译平台免去了烦琐的安装环节、便于团队协作，近年来发展迅速。

单机版和网页版的计算机辅助翻译工具都内置了强大的搜索功能，充分利用搜索功能，能进一步提升译员的工作效率，减少翻译障碍。

7.1 翻译中的搜索和替换

市场上的计算机辅助翻译工具都开发了实用的搜索和替换功能，使用直观简单。

以 SDL Trados 2017 为例，其编辑器提供了强大的搜索功能，点击审校，在筛选区域，可以在搜索框输入检索条件，对原文和译文进行各种调度（图 7.1）。❶

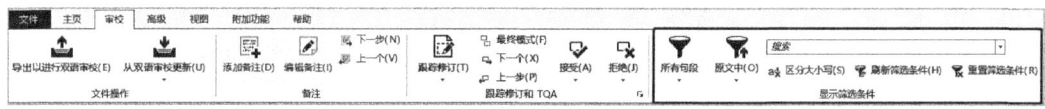

图 7.1　SDL Trados 2017 的筛选功能

---

❶　筛选栏同样支持正则表达式。有关正则表达式在 SDL Trados 的使用方法见本书第 8 章。

例如，在汉译英的项目中，原文有很多网址，想要把它全部筛选出来，就可以在搜索框中输入 http。可以检索出，所有包含 http 字符串的句段，而且全部是网址链接。全部选中，单击主页，点击"将全部原文复制到译文"（或输入快捷键 Alt+Shift+Insert），按回车键，即可以将所选全部句段翻译并确认。当然如有必要，还可以单击"高级"，点击"锁定"（或输入快捷键 Ctrl+L），即可以将这些句段全部锁定（图 7.2）。

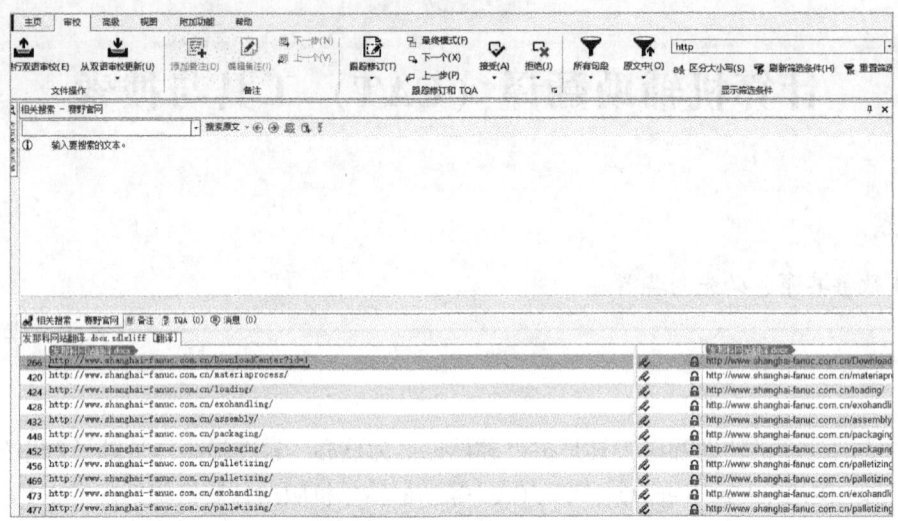

图 7.2　在 SDL Trados 2017 中检索 http 的界面

其他计算机辅助翻译工具，包括云翻译平台在内，也都具备这一功能，由于使用简单便捷，本书不再赘述。

7.2　句段筛选与去重

在翻译项目中，常常有重复性的内容。为了减少重复性劳动和节省时间成本，同时也为了保证多人协作项目中内容的一致性，往往要将重复性内容筛选出来，单独翻译。在大型项目中，如果靠人工选出重复性句段并锁定，是不现实的。各款主要计算机辅助翻译工具都提供了句段筛选按钮，可以实现去重功能。

7.2.1　SDL Trados 的句段筛选与去重

在 SDL Trados 的编辑器界面，单击菜单栏审校，点击所有句段下方的倒三角，在弹出的下拉菜单中，单击"排除第一次出现"（图 7.3）。

编辑器将把所有重复句段筛选出来，选中所有句段，单击菜单栏的高级，点击"锁定句段"（或按快捷键 Ctrl+l）。此时，选中句段的状态栏增加了一把加锁的图形（图 7.4）。表明所选句段已经锁定❶，提示译者加锁句段不用翻译，可以节省翻译时间，提高翻译效率。

---

❶　右击锁定句段，在弹出的菜单中，选择解锁句段（或按快捷键 Ctrl+l）可解除锁定。

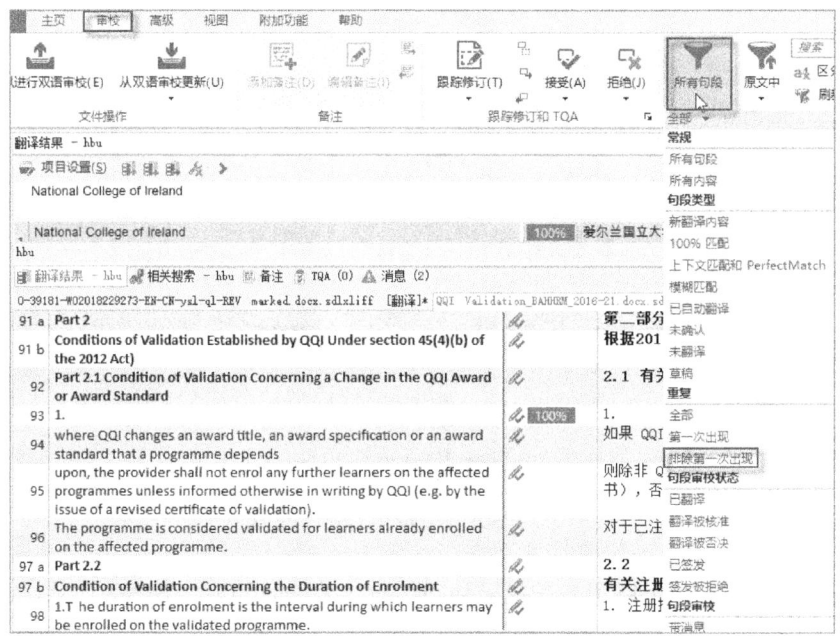

图 7.3　在 SDL Trados 中排除重复句段

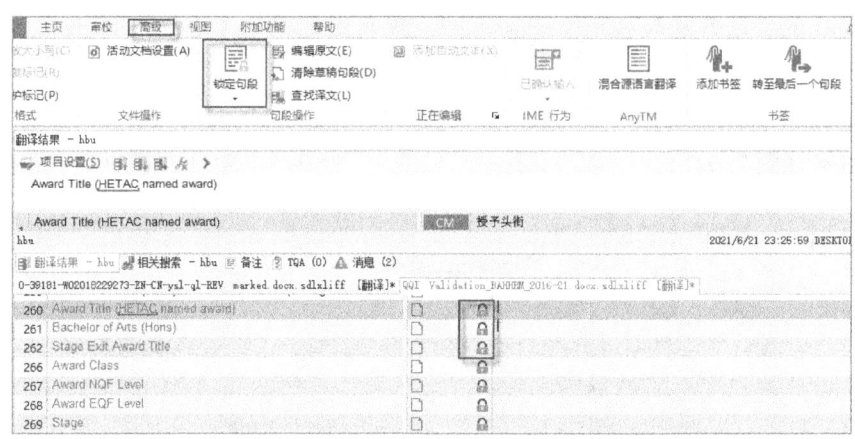

图 7.4　在 SDL Trados 中锁定重复句段

当然，译员还可以借助上述方法，筛选出未翻译的句段、未确认的句段、100% 匹配的句段、锁定句段、解锁句段，等等。

审校人员通过上述方法可以提高译文审校的效率。比如，修改的句段较多，译员在拿到审校后的文件时，较难找到全部的修改内容。此时可使用 SDL Trados 中的筛选条件，将带有各种句段审校标记的句段进行过滤，并显示在编辑器中。例如，需要查看带有"跟踪修订"的句段，在打开某一个审校后的文件，点击上方的"审校"栏，在"显示筛选条件"栏中选择"带跟踪修订"。此时在下方的编辑器中，只显示审校人员直接修改过的句子，译员只需要对这些句子进行检查并确认（图 7.5）。同样道理，也可在下拉菜单中选择"带备注"或"带 TQA"的句段进行筛查。

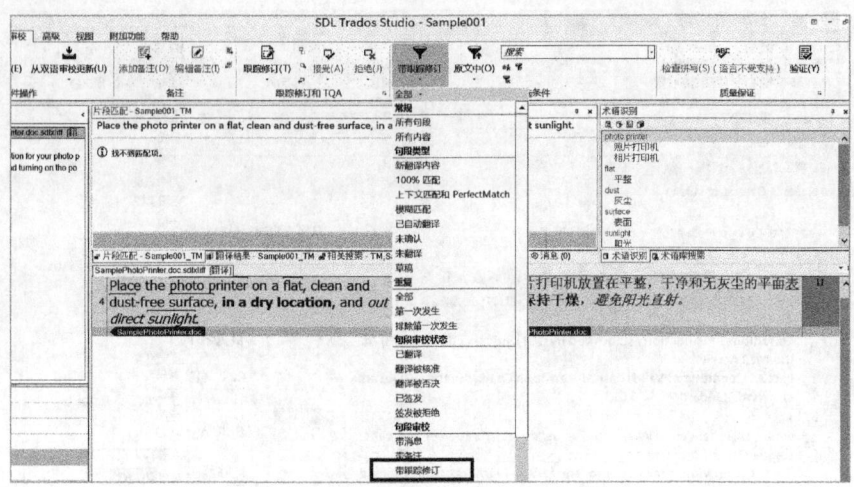

图 7.5　SDL Trados 句段筛选工具

使用同样的方法，可以用来查找未翻译句段、未确认句段，等等。

7.2.2　memoQ 的句段筛选与去重

memoQ 的去重方法与 SDL Trados 不同，它利用创建 view 的方法导出非重复句段。具体操作步骤如下。

在 memoQ 翻译编辑器（Translations）界面，右击项目文件，在弹出的菜单中，选择创建 view（图 7.6）。

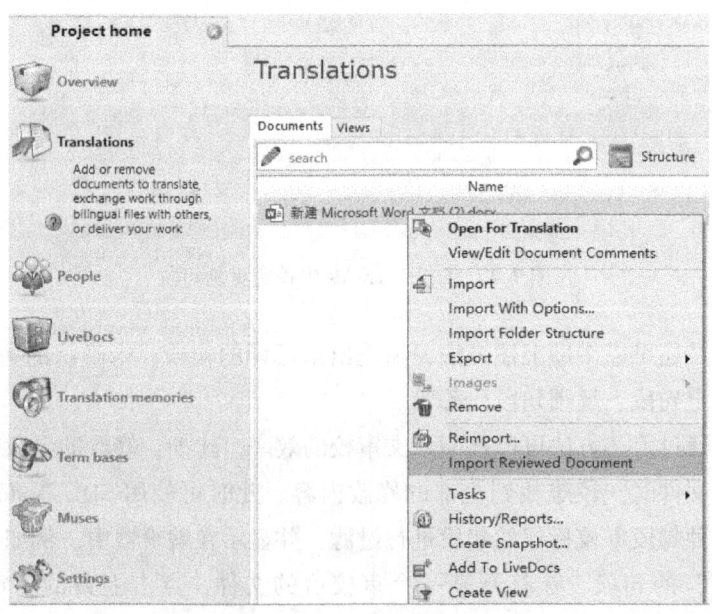

图 7.6　在 memoQ 中启动创建 view

在 Name of the view 一栏，输入 view 的名称 2。memoQ 的 view 和 trados 的句段筛选

有所不同，也有相似之处（图 7.7）。不同之处在于：勾选 Simply glue documents together，是将多个项目文件合并为一个文件；勾选 Split document 则可以按照句段号将项目文件进行切分，以便派发给不同的译员。相似之处在于：勾选 Extract repetitons 则将项目的重复句段提取出来，放到新建的 view 中，这和 SDL Trados 的排除第一次发生相类似，可以起到去重的功能；勾选 Only rows that are…，则有多个选项，选择不同选项，则可以筛选出不同类型的句段，放到新建的 view 中。

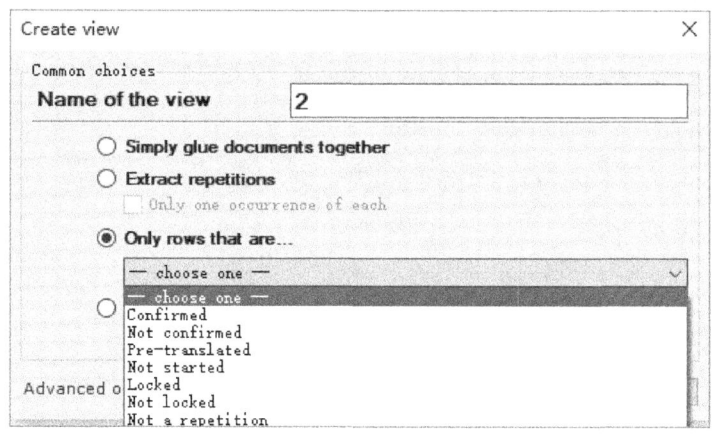

图 7.7　在 memoQ 中创建 view

7.2.3　云翻译平台的句段筛选与去重

多数云翻译平台具备句段筛选的功能。和单机版相比，云翻译平台的句段筛选比较直观。以译马网为例，在编辑器界面单击"筛选句段"，可以弹出下拉菜单（图 7.8）。译者根据需要，按照句段状态、去重类型、锁定状态等，例如，未完成句段、翻译完成句段、已锁定句段、未锁定句段等，对句段进行筛选。也可以根据去重类型，进行非译句段去重、文件重复句段去重和语料重复句段去重等。

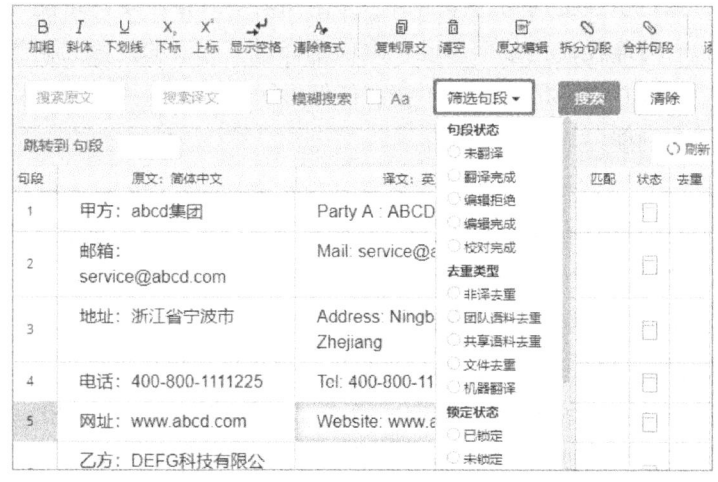

图 7.8　译马网句段筛选

在另一款国产云翻译平台 YiCat 中，在翻译编辑器界面，单击译文状态栏右上方的漏斗图标，可弹出句段筛选对话框（图 7.9），译者可根据句段状态、句段流程、句段匹配、原文内容、句段标记等进行句段筛选操作，从而提高翻译和审校效率。

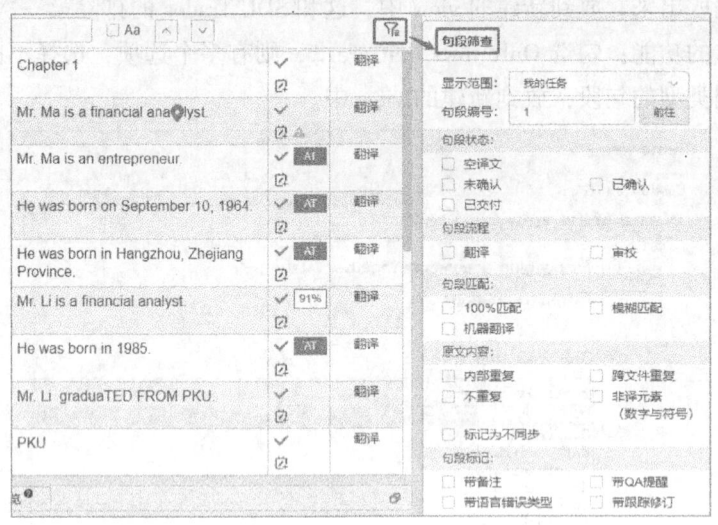

图 7.9　YiCat 的句段筛选

7.3　记忆库搜索

记忆库只能根据匹配率设置，高于或等于给定匹配率的句子，才会完成自动匹配和翻译。例如，将最低匹配率设置为 70，则意味着匹配率高于或等于 70% 的句段，记忆库才会给出提示或自动翻译。而低于这一阈值的句段，记忆库则不会有任何提示。但是在实际翻译中，由于某些句段非常长，有的甚至由好几个分句组成，这导致即便该句有和记忆库高度匹配的片段，也会因为匹配率过低，而不会出现任何提示的情形。另外，在项目翻译中，译员也经常遇到这样的情形，比如某个语言片段（可能是词，也可能是词组或短语，也有可能仅仅是某个片段）之前翻译过，后面的句段又遇到了这个语言片段，记忆库里一定存在它的译法，但不会有任何提示。在这两种情况下，译员用户都可以使用记忆库搜索功能。

在 SDL Trados 中，这一功能叫相关搜索（Concordance Search），操作步骤如下：在翻译编辑器界面使用鼠标选择原文中的短语或者词，点击菜单栏的相关搜索（Concordance Search），或按快捷键"F3"启用"相关搜索"，在上方"相关搜索"窗口中会出现相应的结果，译员可了解该词在之前翻译语句中的上下文，以及右侧的相应的译文，如果想要引用右侧的译文，可以复制并粘贴至下方的译文栏中（图 7.10）。

在译马网的新版（公测）中，点击翻译界面右侧的语料库，在检索框输入检索词（图 7.11），译者就可以使用语料库检索查找记忆库中的内容，与 SDL Trados 的相关检索基本类似。

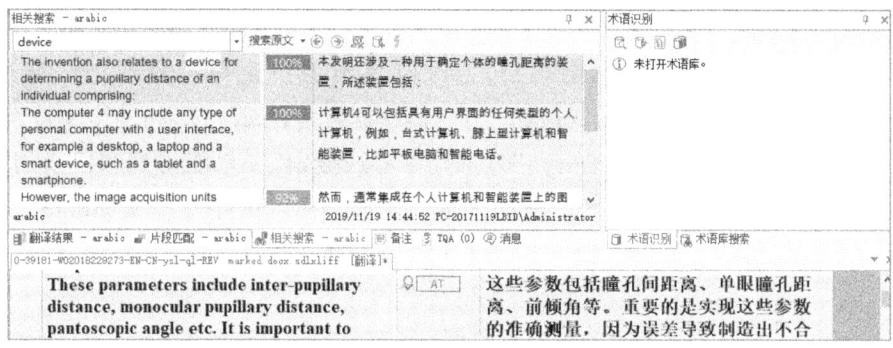

图 7.10　在 SDL Trados 中使用相关搜索

图 7.11　译马网的语料库检索

7.4　术语库的搜索和替换

术语库的搜索功能相对比较直观和简单。SDL Multiterm 内置强大的搜索功能。❶ 本书以此为例，说明术语库的搜索和替换功能。在 SDL Multiterm 主界面有 4 个检索设置功能区（图 7.12），分别为语言设置区（1）、搜索设置区（2）、高级搜索区（3）和筛选区（4）。

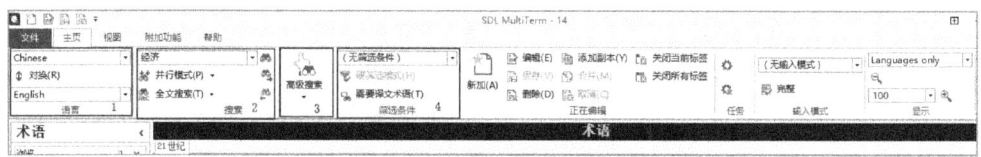

图 7.12　SDL Multiterm 的搜索功能

在语言设置区（1），译者可以设置检索的语言，位于上方的语言就是搜索检索词的语言。如图 7.12 所示，显示上方语言为 Chinese，那么在检索词搜索框中只有输入汉语，才能获得有效的检索结果。点击"对换"，可以将上下语言对进行快速位置互换，或者点击语言框的倒三角标志，也可以选择检索语言的种类。如将 Chinese 和 English 语言对换之后，检索框就只能检索英文。

---

❶ 本书采用 SDL Multiterm 2017 版本。

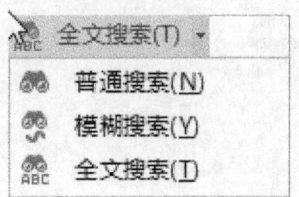

图 7.13 SDL Multiterm 全文搜索

点击"全文搜索（T）"按钮的倒三角标志（图7.13），可以弹出下拉菜单，分别是"普通搜索（Normal）""模糊搜索（Fuzzy）"和"全文搜索（Full Text）"。选择"普通搜索"，只能得到和检索词或字符相匹配的结果。例如，在术语库中检索 growth，可以得到以下结果（图7.14）。

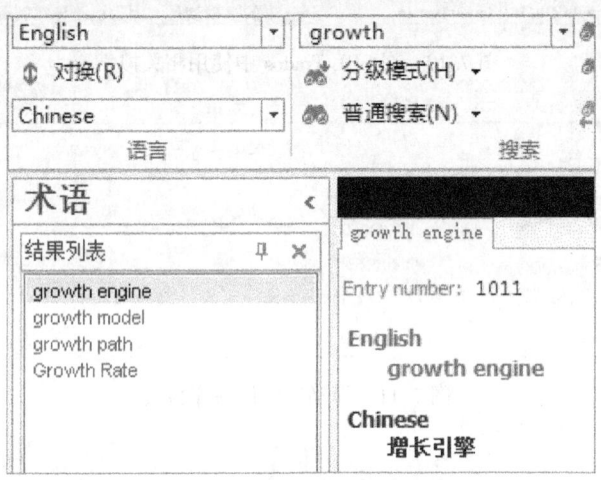

图 7.14 SDL Multiterm 的普通搜索

全文检索，是指对所有文本、所有语言对和所有打开术语库的检索。如图 7.15 所示，检索语言设置为英语，检索词为"农业"，但是选择全文检索后，结果列表依然能搜到相关的术语。

图 7.15 使用 SDL Multiterm 检索农业

模糊搜索类似于记忆库中的模糊匹配。它会将术语库中与检索词相似度较高的术语词条检索出来。例如，模糊搜索"economy"，结果列表就会列出 world economy、economic policy、Asian Economies 等词条（图 7.16）。

图 7.16　economy 的模糊检索结果

术语检索还支持通配符。"∗"代表任意个未知字符，"?"代表 1 个未知字符。例如，可在检索框输入"AS∗N"，就可以得到如图 7.17 所示结果。

图 7.17　在 SDL Multiterm 中使用通配符∗检索

点击高级搜索的下拉标志（倒三角），在下拉菜单中有一个"搜索重复术语"的按

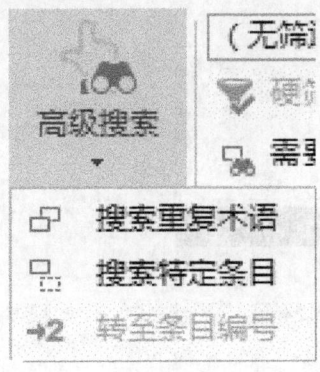

钮（图 7.18）。点击"搜索重复术语"的按钮。结果列表中就会列出术语库中的重复术语。通过逐一核对，一方面可以删除重复的词，另一方面还可以发现译文不一致的术语词条，从而进一步审定，确定术语的正确译文，删除译文错误的术语（图 7.19）。

单机版计算机辅助翻译工具的搜索功能基本大同小异，读者可自行探索。云翻译平台的搜索功能比较直观，目前也大多不支持通配符，使用比较简便，本书不再赘述。

图 7.18　在 SDL Multiterm 中搜
　　　　索重复术语

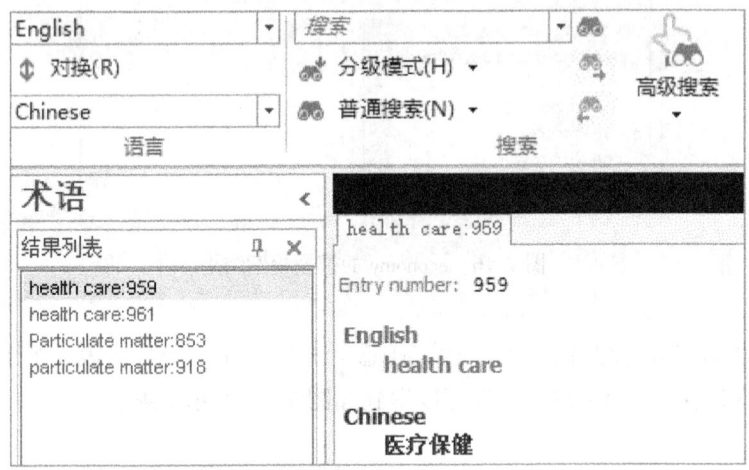

图 7.19　在 SDL Multiterm 中清理重复术语

第 8 章

通配符、宏和正则表达式

Technology is nothing. What's important is that you have faith in people, that they're basically good and smart, and if you give them tools, they'll do wonderful things with them.

——史蒂夫·乔布斯

8.1 通配符及其在翻译实践中的应用

Microsoft Word 定义了一套通配符，对通配符的支持使 Word 的查找/替换功能大大增强。通配符是一类键盘字符，英文名是 wildcard，类似于扑克牌游戏中的万用牌。通配符是一种特殊语句，其作用是用来模糊搜索文字（图 8.1）。当查找文字的时候，可以使用它来代替一个或多个真正字符；当不知道确切字符或者懒得输入完整名字时，可以使用通配符来代替它们，是 Word 中"查找"和"替换"的强有力武器。在 Word 中启动通配符的方法是，在菜单栏点击"替换"（快捷键 Ctrl+H），在弹出的对话框中，点击"更多"。

8.1.1 常用通配符

星号（∗）可以代替零个、单个或多个字符。如果正在查找以 AEW 开头的一个文件，但不记得文件名其余部分，可以输入 AEW∗，查找文件名以 AEW 开头的所有文件，如 AEWT. txt、AEWU. EXE、AEWI. dll 等。如输入 AEW∗. txt，则可以查找文件名以 AEW 开头，并以 . txt 为扩展名的所有 txt 文件，如 AEWIP. txt、AEWDF. txt。又如在文档中如输入"computer∗"，就可以找到"computer、computers、computerized、computerized"等单词。

问号（?）可以代替一个字符。例如，我们在某一份文档中，在查找栏输入 p? e，就可以查找 p 和 e 之间包含任意一个字符的单词，如 example、appearance、present、implement 等词。

星号表示匹配的字符数量可以是零个、一个或多个，而问号的匹配字符数则只能是一个。通配符不仅支持英文文档，各主要语种的文档也都支持。例如，在汉语文档中输入"学?的",即搜索在"学"和"的"之间包含任何一个汉字的词语组合,如学生的、学习的、学者的,等等。

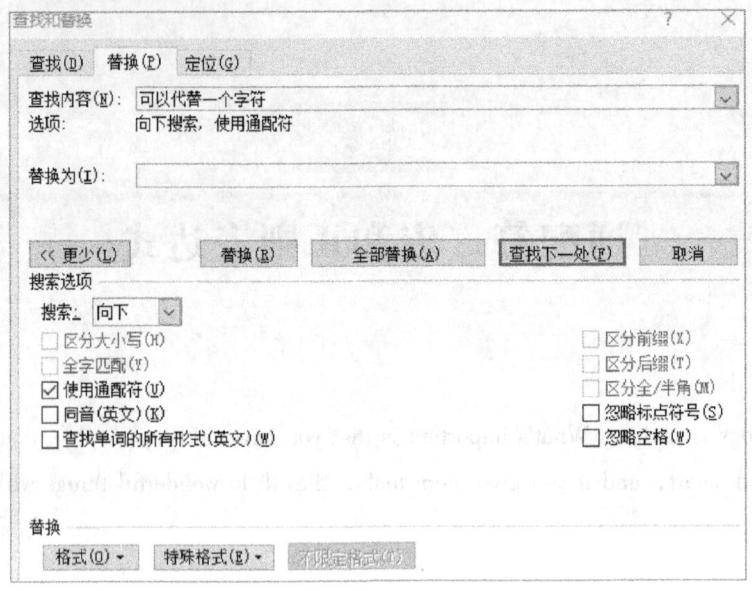

图 8.1　在 MS Word 中启用通配符

表 8.1 是 MS Word 的常用通配符。

表 8.1　常用通配符表

通配符	表达意义	通配符	表达意义
?	任意单个字符	<	单词开头
[0-9]	任意数字(单个)	>	单词结尾
[a-zA-Z]	任意英文字母	*	任意字符串
^13,或^p	段落标记	[! x-z]	指定范围外任意单个字符
^l 或^11	手动换行符↓	[-]	指定范围内任意单个字符
^g	图形	@	1 个以上前一字符或表达式
^q	1/4 长划线(–)	^%	§分节符
^+	长划线	^m	手动分页符/分节符
^=	短划线	^–	可选连字符(_)
^t	制表符	{n}	n 个前一字符或表达式
^^	脱字号	{n}	n 个以上前一字符或表达式[1]
^n 或^14	分栏符	{n, m}	n 到 m 个前一字符或表达式[1]
^m	分节符/分页符	[a-z]	所有小写英文字母
^i	省略号	[A-Z]	所有大写英文字母
^j	全角省略号	[^1-^127]	所有西文字符
^z	无宽非分隔符	[! ^1-^127]	所有中文汉字和中文标点

138

续表

通配符	表达意义	通配符	表达意义
^x	无宽可选分隔符	[一-龥] 或 [一-隝]	所有中文汉字
^s	不间断空格	[! 一-龥^1-^127]	所有中文标点
^~	不间断连字符	[! 0-9]	所有非数字字符
()	表达式		

① n 和 m 均为阿拉伯数字，如 {2} 表示重复 2 次，{1，4} 则表示重复 1~4 次。

注：要查找已被定义为通配符的字符，在该字符前键入反斜杠（\）。如查找“?”，其代码则是\?；又如查找“<”，其代码则是\<。因为“?”和“<”已被定义为通配符。

掌握了通配符的意义之后，就可以用“替换”命令，开启使用通配符功能，尽情发挥想象力，对文本进行各种操控。例如，<p? e，就是查找以 p 开头，且第三个字母为 e 的任意单词，如 preserve、pledge、pleasure，等等。下面我们通过一些应用实例，来更好地理解通配符的功能及其使用场景。

8.1.2 通配符在翻译实践中的应用实例

8.1.2.1 应用实例一：巧用通配符清除空行

在译前和译后排版中，译者经常遇到需要清除多余空行的情形。如果手动删除的话，十分烦琐。这是可以使用通配符。具体操作方法是打开“替换”指令，选中使用通配符，将^p^p 替换为^p。在这条指令中，^p^p 就代表两个连续换行，^p 代表一个换行。这条指令的意义就是将两个连续换行，替换为一个换行，执行多次，就可以清除文件中的所有空行。

8.1.2.2 应用实例二：巧用通配符清除段首编号

在下文中，每段段首都有四位数的段落编号。而且段首编号[1]不可以自动清除，为提高工作效率，在翻译之前，需要将编号全部清除。如果人工逐一清除，将费时费力。使用通配符则可以轻松完成这一工作。

[0006] In yet another aspect of the disclosure, anchor points from the initial lumen registration are used to constrain the registration.

[0007] In another aspect of the disclosure, potential matches assigned a low registration score are discarded.

[0008] In a further aspect of the disclosure, the method also includes delaying discarding potential matches with low registration scores when the potential mat-

[1] 在实践中，多数情况下，编号可以通过删除编号，实现批量删除。具体方法是点击 Word 的开始，在段落栏，选择编号库，选中无，则段落编号可以自动清除。

ches are in a bifurcation area of the 3D model.

[0009] In yet another aspect of the disclosure, the method further includes updating the 3D model with a plurality of potential matches having the highest registration score.

操作方法如下：点击替换按钮，在弹出的"查找"和"替换"对话框中，选中使用通配符，在"查找内容"中输入"\[[0-9]{4}\]"，"替换为"中可以不输入内容。点击全部替换（图8.2）。此时，段首编号就会被全部清除。

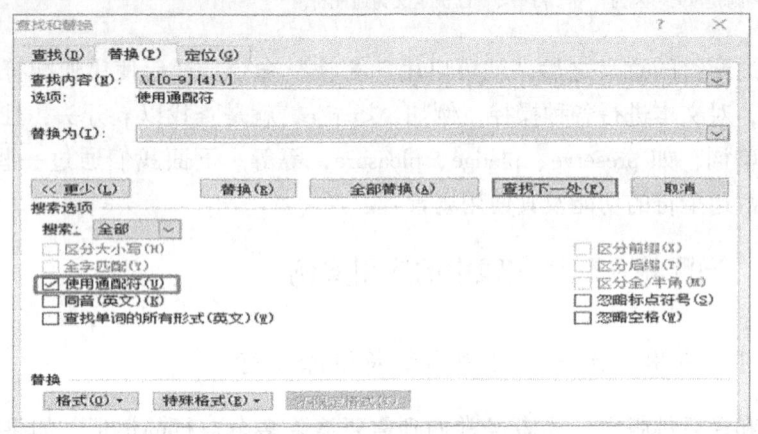

图8.2　使用通配符清除段首编号

8.1.2.3　应用实例三：巧用通配符更改章节标题序号

例如，笔者曾经用CAT工具完成一本书籍的翻译，在导出的译文文本中，发现每章的标题位置均不统一，有的居左，有的居中，字体也不统一。如果一一查找更改，将耗费大量时间。使用通配符，则变得十分简单。具体方法如下。

点击替换按钮，在弹出的"查找"和"替换"对话框中，选中使用通配符，在"查找内容"中输入"第［0-9］{3}章"❶，在"替换为"中可以不输入内容。单击左下角的"格式"按钮，在弹出的下拉菜单中选择"字体"，则可以对匹配内容的字体进行调整，选中"段落"，则可以对匹配内容的对齐、缩进、间距等进行相应调整。最后点击"全部替换"（图8.3）。此时，全文的章节标题就会被调整为统一的格式。

8.1.2.4　应用实例四：巧用通配符清除双语文档中的格式标记

用Trados导出的双语审校，里面有大量数字形式的标签信息。我们看到标签虽然数字各不相同，而且有的只有一位数，有的有两位甚至三位四位数字，但标签格式是非常有规律的，通常是<开头，>或/>结束。有的是纯数字，有的是单词形式。有的单个出

---

❶ 原文章节序号均为三个数字，如第001章、第121章等，故表达式中加了{3}，表示连续三个数字。

现，如<Italic>；有的成对出现，如<Superscript>·</Superscript>（图 8.4）。客户需要双语审校文件，但不需要这些标签信息，如果人工清除，工作量十分巨大琐碎，且没有创造性，如何批量删除这些标签信息呢。

图 8.3　使用通配符调整章节序号

图 8.4　文档标签

方法也很简单。操作步骤如下：点击"替换"按钮，在弹出的"查找"和"替换"对话框中，选中使用通配符，在查找内容中输入"(\<*\>)"，"替换为"中可以不输入内容。点击"全部替换"（图 8.5）。此时，文本中的标签信息就会被全部清除。

8.1.2.5　应用实例五：巧用通配符更正断句错误。

又如，在以下文档中，客户发来的稿件英文句点之后没有空格。这导致将原文档导入 CAT 工具中时，产生断句错误，导致多个连续句段被识别为一个句段，并使机器翻译质量下降，为译后编辑人员增加工作负担。而在 CAT 工具中进行人工断句是不现实的，因为一方面稿件数量巨大，另一方面也影响机器翻译生成译文。因此，最好的解决方案是对原文 Word 文档进行清理。采用通配符的办法，可以轻松完成。

图 8.5　使用通配符清除格式标签

This disclosure provides many applicable inventive concepts that can be embodied in a wide variety of specific contexts. The specific embodiments are merely illustrative of specific configurations and do not limit the scope of the claimed embodiments. Features from different embodiments may be combined to form further embodiments unless noted otherwise. Variations or modifications described with respect to one of the embodiments may also be applicable to other embodiments. from the spirit and scope of this disclosure as defined by the appended claims.

　　操作步骤如下：点击"替换"按钮，在弹出的"查找"和"替换"对话框中，选中"使用通配符"，在"查找内容"中输入"（［a-z］）.（［A-Z］）"，"替换为"中输入"\1. \2"，注意英文句点后加一个空格。点击"全部替换"（图 8.6）。此时，文本中的断句错误就会被全部更正。

8.2　宏的录制及其在翻译实践中的应用

　　Microsoft Office 的宏是一个批处理程序命令，即能够自动完成某项工作的一系列指令的集合。其目的是运用它提高工作效率。其应用场景是对于重复性的批量操作，可以使用宏来代替烦琐的人工操作，节省工作时间和提升效率。在翻译实践中，可以将重复性的搜索替换工作录制为宏，从而实现一键完成批量的搜索替换工作，节省工作时间，提高译员的工作效率。

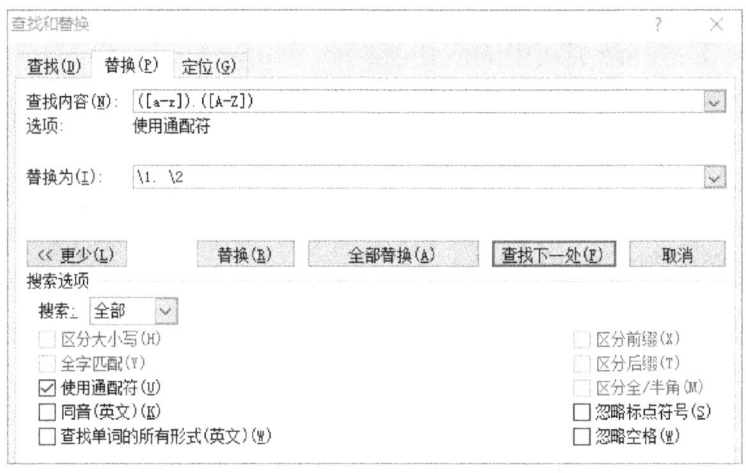

图 8.6 用通配符更正断句错误

8.2.1 宏的录制方法

宏的制作方法有两种，一是编写脚本。具体做法是（以 Word 2010 版为例）点击"视图"→"宏"，在弹出的对话框输入宏名，然后点击"创建"按钮打开 visual basic 编辑器，你就可以编程了，这个就是宏。二是录制宏。大多数译员对于编程很陌生。因此，office 还提供了一个简便的办法，就是自动记录用户的操作形成宏，这个过程就是宏的录制。

录制宏实际上非常简单。具体做法是（以 Word 2010 版为例）点击"视图"→"宏"，点击下拉菜单，选择"录制宏"，然后依次按以下步骤进行操作：

（1）左键单击"录制宏"按钮。

（2）输入宏的名称和选择保存位置，如图 8.7 所示。

（3）宏的录制。单击命令或者按下任务中每个步骤对应的键。Word 将会录制您的单击（左右键）和键击动作。录制宏时，须使用键盘选择文本。因为宏不会录制使用鼠标所做的选择。类似鼠标拖动来选择文本、改变表格大小、改变缩进等动作均无法被录入。如果想中途暂停录制，请点击"视图"→"宏"→"暂停录制"。

（4）停止录制。录制完成后，点击"视图"→"宏"→"停止录制"。

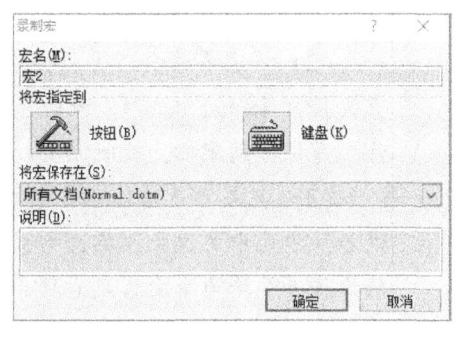

图 8.7 宏名称截图

宏录制完成之后，使用设置好的快捷键或者点击宏按钮，就可以一键完成批量动作，大幅节省工作时间。

8.2.2　宏在翻译实践中的应用实例

在翻译实践中，译前排版和译后排版时，宏经常能发挥重要作用。例如，在 PDF 转为 Word 的文档中，经常会出现多余空行、空格，多余段落标记等错误。在译后排版中，也经常会遇到中英文标点混杂、多余空格、空行等排版错误。这时运行宏就可以大量节省重复繁杂、枯燥乏味的劳动。

8.2.2.1　应用实例一：巧用宏命令清除中英文标点混用

在以下译文中，我们发现汉语译文中存在大量的英文标点，比如英文的逗号、冒号、括号等（如下划线处）。如果手动逐一替换，将十分烦琐耗时，如果这个项目的译文有多个文档，且都存在中英文标点混杂的问题，其烦琐程度无疑也会倍增。

> 即便是经验最丰富的旅行者，要深入地壳的时候也不免万分惊叹。怀托摩洞穴（Waitomo grottoes）有着世界上独一无二的奇景：无数闪烁着荧光的小虫在这里栖息，小虫放出点点荧光，仿佛把一整片星空镌刻在了岩洞的穹顶。这种真菌虫形似常见的蚊子，但是更大一点（大约 1.8 厘米长），它们只在新西兰生存，幼虫会发出闪烁的荧光，方便成虫喂食。

此时我们可以录制一个宏，来进行批量搜索和替换，将中文中夹杂的英文标点统一替换为中文标点。具体步骤如下：

> （1）点击"视图"→"宏"，点击下拉菜单，选择"录制宏"。
>
> （2）将宏名称命名为"去除英文标点"，将宏制定到按钮，并保存到所有文档（Normal.dotm）。此时光标变成录音机的形状，电脑将记录每一步操作，并保存到宏中，此时 Word 左上角也会出现宏的按钮。
>
> （3）点击"开始"→"替换"，调出替换窗口，依次分别将英文格式的逗号替换为中文逗号、英文格式的左括号替换为中文格式左括号、英文格式的右括号替换为中文格式右括号。
>
> （4）点击"视图"→"宏"，点击下拉菜单，选择"停止录制"。
>
> 这时，清除英文标点的宏就已经录制完成。点击左上角的宏按钮，就可以将全文的英文标点一键替换为中文标点。再依次点开其他需要清除英文标点的项目文档，点击宏按钮，就可以将其他文档的英文标点一键替换为中文标点。

8.2.2.2 应用实例二：巧用宏命令轻松完成表格翻译

笔者曾经接到一个项目，要求将一组 Excel 表中的文字翻译成英文。这组 Excel 表共二十余份，每份 Excel 表中还有少则十多个，多则二十多个表单（sheet）。每个表单的内容结构都高度相似，包括拍摄日期、相机、编号、标题、速度、光圈、焦距、感光度、像素等项目（图 8.8）。每个表单的不同之处，仅在于数值和标题内容。

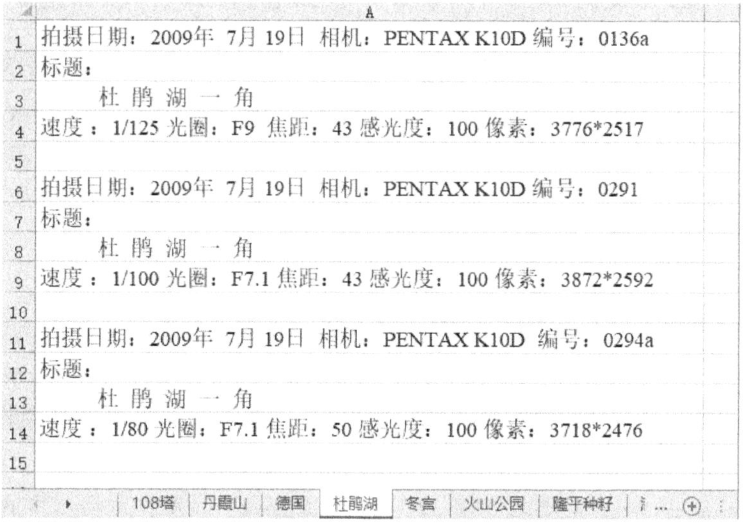

	A
1	拍摄日期：2009年 7月 19日 相机：PENTAX K10D 编号：0136a
2	标题：
3	杜 鹏 湖 一 角
4	速度：1/125 光圈：F9 焦距：43 感光度：100 像素：3776*2517
5	
6	拍摄日期：2009年 7月 19日 相机：PENTAX K10D 编号：0291
7	标题：
8	杜 鹏 湖 一 角
9	速度：1/100 光圈：F7.1 焦距：43 感光度：100 像素：3872*2592
10	
11	拍摄日期：2009年 7月 19日 相机：PENTAX K10D 编号：0294a
12	标题：
13	杜 鹏 湖 一 角
14	速度：1/80 光圈：F7.1 焦距：50 感光度：100 像素：3718*2476
15	

108塔 | 丹霞山 | 德国 | 杜鹃湖 | 冬宫 | 火山公园 | 隆平种籽

图 8.8 表单内容截图

笔者尝试使用两款著名的 CAT 工具来处理这个项目；其中一款直接死机，另一款出现了非常多的格式标签。由于该项目重复率极高，而数值又是非译元素。采用批量搜索替换的方法，将重复条目，如拍摄日期、相机、编号、标题、速度、光圈、焦距、感光度、像素等，一一替换为英文，不失为一种便捷高效的方法。因此笔者尝试使用宏，并高效快速地完成了该项目。具体做法如下：

> （1）点击“视图”→“宏”，点击下拉菜单，选择“录制宏”；
>
> （2）将宏名称命名为“翻译”，将宏制定到按钮，并保存到所有文档（Normal. dotm），此时光标变成录音机的形状，电脑将记录每一步操作，并保存到宏中，此时表格左上角也会出现宏的按钮；
>
> （3）点击“开始”→“查找和选择”，调出替换窗口，依次分别将“拍摄日期：”替换为“Date：”，“相机：”替换为“Camera：”，“编号：”替换为“No.：”，“标题”替换为“Title：”，其他项目如速度、光圈、焦距、感光度、像素以此类推，注意替换为英文译文；

（4）点击"视图"→"宏"，点击下拉菜单，选择"停止录制"。

这时，清除英文标点的宏就已经录制完成。逐次打开其他表单，点击左上角的宏按钮，就可以将表单的中文一键替换为英文。再依次点开本项目的其他 Excel 表格，点击宏按钮，就可以将其他 Excel 表格的中文一键替换为英文。经过这一波宏命令的操作之后，项目文件的绝大部分内容都顺利翻译完毕。

8.2.2.3 应用实例三：巧用宏命令，结合通配符，轻松完成译后排版

在某个翻译项目中，译文文档有三十多个。当导出译文后，发现译文排版十分混乱，存在字体、字号不统一，甚至文字也有红色、灰色、黑色等多种颜色，生成的文本中还有大量的手动换行符（垂直向下箭头↵），还有大量连续空行等不规范现象。如果一一手工更正，将会十分烦琐。可以录制一个宏，实现一键完成译后排版。具体步骤如下：

（1）"视图"→"宏"，点击下拉菜单，选择"录制宏"；

（2）将宏名称命名为"排版"，将宏制定到按钮，并保存到所有文档（Normal.dotm）。此时光标变成录音机的形状，电脑将记录每一步操作，并保存到宏中，此时 Word 菜单栏左上角也会出现宏的按钮；

（3）点击 Word 菜单栏"开始"，按"Ctrl+a"，选中文档所有内容，将字体设为 New Times Roman 号，字号设为 10 号，颜色设为黑色，行间距设为 1.0。

（4）按"Ctrl+h"，调出替换窗口，点击更多，勾选使用通配符（参考图 8.6），在查找框输入^l，替换框不输入，执行此操作可清除手动换行符。然后清除查找框内容，输入^p^p，替换框输入^p，执行此操作可将段落后的空行删除，连续执行此操作，可将多余连续空行全部清除。

（5）"视图"→"宏"，点击下拉菜单，选择"停止录制"；

这时，宏就已经录制完成。打开新的项目译文文档，点击左上角的宏按钮，就可以将全文的字号、字体、颜色、行间距统一起来，并清除手动换行符和连续空行。

8.3 正则表达式及其在翻译实践中的应用

第 8.2 节详细展示了通配符在 Word 排版中的强大作用，但通配符只是正则表达式体系的一个小的子集。搜索和替换功能受到了一定的限制。译者如能掌握正则表达式，翻译效率还能得到进一步提升。

8.3.1　正则表达式定义

正则表达式（Regular Expression，缩写是 regex）不是编程语言，它常常被用来描述文本的特征。它是对一类字符串共性描述的规则，提供了一种从字符集合中搜寻特定字符串的机制。20 世纪 40 年代，神经科学开发了正则表达式。用于描述人脑的工作机制。60 年代，开始引入计算机科学。"正则表达式是一种语言，它可以明确描述文本字符串中的模式，它由一些普通字符和一些元字符组成"（马永萍，2012）。翟自洋和林昌东（2009）指出，正则表达式可实现对复杂文本的匹配，极大地增强了查找和替换功能，可广泛应用于单语和双语混排的文本中，大幅提高工作效率。由此可见，正则表达式是一种高级搜索方法，可以实现文本的查找、定位和替换功能，因此应用前景十分广阔。

不同的软件对正则表达式的支持有些许差异；但是总体来说，使用正则还是基本按照标准来的。这些不同的工具支持程度被称为"正则流派"。而工具软件中支持这种匹配模式的那部分代码被称为"正则引擎"。

许多种工具都支持正则表达式（文本编辑器、文字处理软件、系统工具、数据库引擎，等等），"正则表达式描述的是一串文本（a chunk of text）的特征。读者可以用它来验证用户输入的数据，或者也可以用它来检索大量的文本。从较高的层面上来说，正则表达式容许用户掌控他们自己的数据——控制这些数据，让它们为自己服务。掌握正则表达式，就是掌握自己的数据"（Friedl，2012：I）。

正则表达式是强大、便捷、高效的文本处理工具。正则表达式本身，加上如同一门袖珍编程语言的通用模式表示法（General Pattern Notation），赋予使用者描述和分析文本的能力。配合上特定工具提供的额外支持，正则表达式能够添加、删除、分离、叠加、插入和修整各种类型的文本和数据（ibid：1）。

掌握正则表达式，可能带来超乎你之前想象的文本处理能力。每一天，我都依靠正则表达式解决各种大大小小的问题（通常的情况是，问题本身并不复杂，但没有正则表达式就成了大问题）（ibid：2）。

8.3.2　正则表达式的起源与发展

正则表达式的"鼻祖"或许可一直追溯到科学家对人类神经系统工作原理的早期研究。美国新泽西州的 Warren McCulloch 和出生在美国底特律的 Walter Pitts 这两位神经生理方面的科学家，研究出了一种用数学方式来描述神经网络的新方法，他们创造性地将神经系统中的神经元描述成小而简单的自动控制元，从而作出了一项伟大的工作革新。

随后，一位名叫 Stephen Kleene 的数学科学家在 Warren McCulloch 和 Walter Pitts 早期工作的基础上，发表了一篇题目是《神经网事件的表示法》的论文，利用称为正则集合的数学符号来描述此模型，引入了正则表达式的概念。正则表达式被作为描述其称为"正则集的代数"的一种表达式，因而采用了"正则表达式"这个术语。

此后，人们发现可以将这一工作成果应用于其他方面。大名鼎鼎的 Unix 之父 Ken Thompson 就把这一成果应用于搜索算法研究中。他将此符号系统引入编辑器 QED，并最终引入 grep。Jeffrey Friedl[1] 在其著作 *Mastering Regular Expressions*（2nd edition）中对此作了进一步阐述讲解，如果想更多了解正则表达式理论和历史，推荐你看看这本书。自此以后，正则表达式被广泛地应用到各种 Unix 或类似于 Unix 的工具中，如 Perl。

然后，正则表达式在各种计算机语言或应用领域得到了广泛的应用和发展，演变成为计算机技术森林中的一只"百灵鸟"。

8.3.3　正则表达式元字符

对于没有使用过正则表达式的人而言，正则表达式可能如看天书，复杂难懂。可是了解之后，就会觉得正则表达式不过是一些遵循一定语法要求的、由字符组成的公式，入门似乎很简单。但是要随心所欲地构造出适合的表达式，并不是一件容易的事情，这需要深刻的理解和不断的学习，当然经验的积累也必不可少。

完整的正则表达式由两种字符构成。一种是"元字符"（Meta Characters），元字符则具有特殊的含义；另一种是普通文本字符（Normal Text Characters），简称普通字符，包括大小写的字母和数字。你可以把正则表达式想象为普通的语言，普通字符对应普通语言中的单词，而元字符对应语法。按照语法把单词组合起来，就得到能传达思想的文本。这就是正则表达式的基本思想。

下面举例介绍几个常见的元字符。在检索文本时，元字符"^"代表一行的开始，元字符"＄"代表结束。正则表达式"^wood"用来把匹配文本锚定在一行文本的开头。"＄wood"则只查找位于行末的 wood。表达式"^＄"的意义就是行开头紧接着行末尾，在实践中，可以用来查找空行。又如"."（通常称为点号）是用来匹配任意字符的元字符。假设一个文本中关于日期的写法不一致，有 09/20/1998、09-20-1998 等不同写法，我们可以使用表达式 09．20．1998 进行查找。再如，"｜"是一个非常简洁的元字符，它的意思是"或"（or）。表达式"Tom｜Jack"的意思就是同时查找 Tom 和 Jack 中的任意一个。还如，如果需要匹配的某个字符本身就是元字符，

表 8.2 包含了元字符的完整列表及它们在正则表达式上下文中的行为。[2]

表 8.2　正则表达式元字符列表

元字符	描述
\	将下一个字符标记符、或一个向后引用、或一个八进制转义符。例如，"\\n"匹配 \n。"\n"匹配换行符。序列"\\"匹配"\"，而"\("则匹配"（"，即相当于多种编程语言中都有的"转义字符"的概念
^	匹配输入字行首。如果设置了 RegExp 对象的 Multiline 属性，^也匹配"\n"或"\r"之后的位置
＄	匹配输入行尾。如果设置了 RegExp 对象的 Multiline 属性，＄也匹配"\n"或"\r"之前的位置

---

[1] Jeffrey Friedl. 精通正则表达式：第 2 版［M］. 余晟，译. 北京：电子工业出版社.

[2] 本表引自 https：//www. runoob. com/regexp/regexp-metachar. html。

元字符	描述
*	匹配前面的子表达式任意次。例如，zo * 能匹配 "z"，也能匹配 "zo" 及 "zoo"。* 等价于 {0,}
+	匹配前面的子表达式一次或多次（大于等于 1 次）。例如，"zo+" 能匹配 "zo" 以及 "zoo"，但不能匹配 "z"。+等价于 {1,}
?	匹配前面的子表达式零次或一次。例如，"do (es)?" 可以匹配 "do" 或 "does"，等价于 {0, 1}
{n}	n 是一个非负整数。匹配确定的 n 次。例如，"o {2} " 不能匹配 "Bob" 中的 "o"，但是能匹配 "food" 中的两个 o
{n,}	n 是一个非负整数。至少匹配 n 次。例如，"o {2,} " 不能匹配 "Bob" 中的 "o"，但能匹配 "foooood" 中的所有 "o"。而 "o {1,} " 等价于 "o+"。"o {0,} " 则等价于 "o *"
{n, m}	m 和 n 均为非负整数，其中 n<=m。最少匹配 n 次且最多匹配 m 次。例如，"o {1, 3} " 将匹配 "foooooood" 中的前三个 o 为一组，后三个 o 为一组。"o {0, 1} " 等价于 "o?"。请注意在逗号和两个数之间不能有空格
?	当该字符紧跟在任何一个其他限制符（ * ,+,?,{n},{n,},{n,m}）后面时，匹配模式是非贪婪的。非贪婪模式尽可能少地匹配所搜索的字符串，而默认的贪婪模式则尽可能多地匹配所搜索的字符串。例如，对于字符串 "oooo"，则 "o+" 将尽可能多地匹配 "o"，得到结果 ["oooo"]，而 "o+?" 将尽可能少地匹配 "o"，得到结果 ['o','o','o','o']
. 点	匹配除 "\n" 和 "\r" 之外的任何单个字符。要匹配包括 "\n" 和 "\r" 在内的任何字符，请使用像 "[\s\S]" 的模式
(pattern)	匹配 pattern 并获取这一匹配。所获取的匹配可以从产生的 Matches 集合得到，在 VBScript 中使用 SubMatches 集合，在 JScript 中则使用 $ 0... $ 9 属性。要匹配圆括号字符，请使用 "\(" 或 "\)"
(?: pattern)	非获取匹配，匹配 pattern 但不获取匹配结果，不进行存储供以后使用。这在使用或字符 "(｜)" 来组合一个模式的各个部分时很有用。例如，"industr (?: y｜ies)" 就是一个比 "industry｜industries" 更简略的表达式
(? =pattern)	非获取匹配，正向肯定预查，在任何匹配 pattern 的字符串开始处匹配查找字符串，该匹配不需要获取供以后使用。例如，"Windows (? = 95｜98｜NT｜2000)" 能匹配 "Windows2000" 中的 "Windows"，但不能匹配 "Windows3.1" 中的 "Windows"。预查不消耗字符，也就是说，在一个匹配发生后，在最后一次匹配之后立即开始下一次匹配的搜索，而不是从包含预查的字符之后开始
(?! pattern)	非获取匹配，正向否定预查，在任何不匹配 pattern 的字符串开始处匹配查找字符串，该匹配不需要获取供以后使用。例如 "Windows (?! 95｜98｜NT｜2000)" 能匹配 "Windows3.1" 中的 "Windows"，但不能匹配 "Windows2000" 中的 "Windows"
x｜y	匹配 x 或 y。例如，"z｜food" 能匹配 "z" 或 "food"（此处请谨慎）。"[z｜f] ood" 则匹配 "zood" 或 "food"
[xyz]	字符集合。匹配所包含的任意一个字符。例如，" [abc] " 可以匹配 "plain" 中的 "a"
[^xyz]	负值字符集合。匹配未包含的任意字符。例如，" [^abc] " 可以匹配 "plain" 中的 "plin" 任一字符

元字符	描述
[a-z]	字符范围。匹配指定范围内的任意字符。例如，"[a-z]"可以匹配"a"到"z"范围内的任意小写字母字符。注意：只有连字符在字符组内部，并且出现在两个字符之间时，才能表示字符的范围；如果出现在字符组的开头，则只能表示连字符本身
[^a-z]	负值字符范围。匹配任何不在指定范围内的任意字符。例如，"[^a-z]"可以匹配任何不在"a"到"z"范围内的任意字符
\b	匹配一个单词的边界，也就是指单词和空格间的位置（即正则表达式的"匹配"有两种概念，一种是匹配字符，另一种是匹配位置，这里的\b就是匹配位置的）。例如，"er\b"可以匹配"never"中的"er"，但不能匹配"verb"中的"er"；"\b1_"可以匹配"1_23"中的"1_"，但不能匹配"21_3"中的"1_"
\B	匹配非单词边界。"er\B"能匹配"verb"中的"er"，但不能匹配"never"中的"er"
\cx	匹配由x指明的控制字符。例如，\cM匹配一个Control-M或回车符。x的值必须为A-Z或a-z之一。否则，将c视为一个原义的"c"字符
\d	匹配一个数字字符。等价于[0-9]。grep要加上-P，perl正则支持
\D	匹配一个非数字字符。等价于[^0-9]。grep要加上-P，perl正则支持
\f	匹配一个换页符。等价于\x0c和\cL
\n	匹配一个换行符。等价于\x0a和\cJ
\r	匹配一个回车符。等价于\x0d和\cM
\s	匹配任何不可见字符，包括空格、制表符、换页符等。等价于[\f\n\r\t\v]
\S	匹配任何可见字符。等价于[^\f\n\r\t\v]
\t	匹配一个制表符。等价于\x09和\cI
\v	匹配一个垂直制表符。等价于\x0b和\cK
\w	匹配包括下划线的任何单词字符。类似但不等价于"[A-Za-z0-9]"，这里的"单词"字符使用Unicode字符集
\W	匹配任何非单词字符。等价于"[^A-Za-z0-9]"
\xn	匹配n，其中n为十六进制转义值。十六进制转义值必须为确定的两个数字长。例如，"\x41"匹配"A"。"\x041"则等价于"\x04&1"。正则表达式中可以使用ASCⅡ编码
\num	匹配num，其中num是一个正整数。对所获取的匹配的引用。例如，"(.)\1"匹配两个连续的相同字符
\<\>	匹配词（word）的开始(\<)和结束(\>)。例如，正则表达式"\<the\>"能够匹配字符串"for the wise"中的"the"，但是不能匹配字符串"otherwise"中的"the"。注意：这个元字符不是所有的软件都支持的
( )	将（和）之间的表达式定义为"组"（group），并且将匹配这个表达式的字符保存到一个临时区域（一个正则表达式中最多可以保存9个），它们可以用\1到\9的符号来引用
|	将两个匹配条件进行逻辑"或"（or）运算。例如，正则表达式"(him|her)"匹配"it belongs to him"和"it belongs to her"，但是不能匹配"it belongs to them"。注意：这个元字符不是所有的软件都支持的

正则表达式从左到右进行计算，并遵循优先级顺序，这与算术表达式非常类似。相同优先级的从左到右进行运算，不同优先级的运算先高后低。表8.3从最高到最低说明了各种正则表达式运算符的优先级顺序。

表8.3 正则表达式运算符的优先级顺序

运算符	描述
\	转义符
(), (?:), (? =), []	圆括号和方括号
*, +,?, {n}, {n,}, {n, m}	限定符
^, $, \ 任何元字符、任何字符	定位点和序列（位置和顺序）
|	替换，"或"操作字符具有高于替换运算符的优先级，使"m|food"匹配"m"或"food"。若要匹配"mood"或"food"，请使用括号创建子表达式，从而产生"（m|f）ood"

表8.4是一些特殊需求的正则表达式。表8.5是中文标点符号的正则表达式。

表8.4 特殊需求的正则表达式

需求	正则表达式
Email 地址	^\w+([-+.]\w+)*@\w+([-.]\w+)*\.\w+([-.]\w+)*$
域名	[a-zA-Z0-9][-a-zA-Z0-9]{0,62}(\.[a-zA-Z0-9][-a-zA-Z0-9]{0,62})+\.?
URL 网址	[a-zA-z]+://[^\s]* 或^http://([\w-]+\.)+[\w-]+(/[\w-./?%&=]*)?$
手机号码	^(13[0-9]|14[5|7]|15[0|1|2|3|4|5|6|7|8|9]|18[0|1|2|3|5|6|7|8|9])\d{8}$
电话号码	^(\(\d{3,4}-)|\d{3.4}-)?\d{7,8}$ 可以匹配×××-××××××××、××××-×××××××、×××-××××××××、×××-×××××××、×××××××、××××××××等不同格式的电话号码
身份证号	(^\d{15}$)\|(^\d{18}$)|(^\d{17}(\d|X|x)$)可以匹配15位、18位数字身份证号码

表8.5 中文标点符号的正则表达式

中文符号	正则表达式	中文符号	正则表达式
（	\uff08	）	\uff09
〈	\u3008	〉	\u3009
《	\u300a	》	\u300b
「	\u300c	」	\u300d
『	\u300e	』	\u300f
︳	\ufe43	︴	\ufe44
〔	\u3014	〕	\u3015

中文符号	正则表达式	中文符号	正则表达式
…	\ u2026	—	\ u2014
~	\ uff5e	～	\ ufe4f
￥	\ uffe5	、	\ u3001
【	\ u3010	】	\ u3011
，	\ uff0c	。	\ u3002
？	\ uff1f	！	\ uff01
：	\ uff1a	；	\ uff1b
"	\ u201c	"	\ u201d
'	\ u2018	'	\ u2019

8.3.4 正则表达式在翻译中的作用

构建正则表达式就是将元字符与普通字符进行巧妙组合，从而获得想要的匹配。构建正则表达式就好比创建数学表达式，元字符就相当于加、减、乘、除等运算符号。正则表达式使查找/替换不局限于字面上一致，同时能够为匹配作出严格限定，所以一方面扩大了匹配范围，另一方面又可以精确匹配（缩小匹配范围）。引入正则表达式后，查找/替换的功能可以得到显著提升。

在翻译中，正则表达式通过强大的查找/替换功能，可以实现对文本内容的批量修改，对非译元素（如网址、电话及客户要求的免译内容等）进行标记或隐藏，还可以用于查找邮箱地址、过滤标签和占位符、查找并纠正拼写错误、删除多余空格，进行一致性检查，等等。总之，正则表达式可以用于快速高效地匹配和操控文本，从译前排版到译后审校，正则表达式都可以发挥巨大的作用。因而在翻译中，具有较高的实用价值。掌握正则表达式的实用方法，在翻译中灵活运用，可使翻译中烦琐而又容易出错的工作变得更加有趣，提高翻译的效率。

在什么地方使用正则表达式？当用能够支持正则表达式的工具软件进行字符串处理时，你就可以使用。你还可以在支持正则表达式的语言中使用正则表达式，如 Perl、Java 等，C++中也有专门用于支持正则表达式的库。正则表达式总是和"使用什么工具软件或者语言"相关。相对来说，不同的工具和语言对正则表达式的支持程度不同，＊nix 里面将这些工具软件的对正则表达式的支持分类，因此也就有了"基础正则表达式"和"扩展正则表达式"。

MS Word 并不支持正则表达式。但是通配符可以解决绝大多数译前、译后排版问题。如果在 MS Word 排版中非常有必要使用正则表达式，也可以将 Word 文档内容复制粘贴到支持正则表达式的文本编辑器中处理，如 EmEditor。

8.3.5　正则表达式在 SDL Trados 中的应用方法

8.3.5.1　查找替换

在 SDL Trados 的编辑器视图和翻译记忆库视图中查找和替换文本时，可以使用正则表达式，以替换查找条件中的匹配文本。

例如，您可以搜索文本中包含电子邮件地址的句段。正则表达式用于搜索文本中的所有以特殊顺序或格式出现的字符。它们不同于标准搜索工具，因为它们使用特殊的元字符。元字符让您能够创建单个正则表达式，该表达式将查找与基本格式及其特定变体相匹配的所有项目。

中译英时日期 2019/04/29，由于纯数字通常会自动翻译，因而，翻译成英语后，往往保留了原文格式 2019/04/29，但这显然不符合英语的日期表达习惯。如果逐一查找修改，工作将烦琐乏味，此时可以使用正则表达式进行替换。替换方法如下：①选择您要处理的项目或待翻译文件；②在主页（Home）选项卡，点击替换按钮（Replace），弹出查找替换对话框；③在查找替换框，勾选 Use（用途）（图 8.9），单击下方的倒三角，选中正则表达式（Regular expressions）（图 8.10），然后在查找框和替换框中依次输入正则表达式（图 8.11），点击 Replace，即可逐一替换。

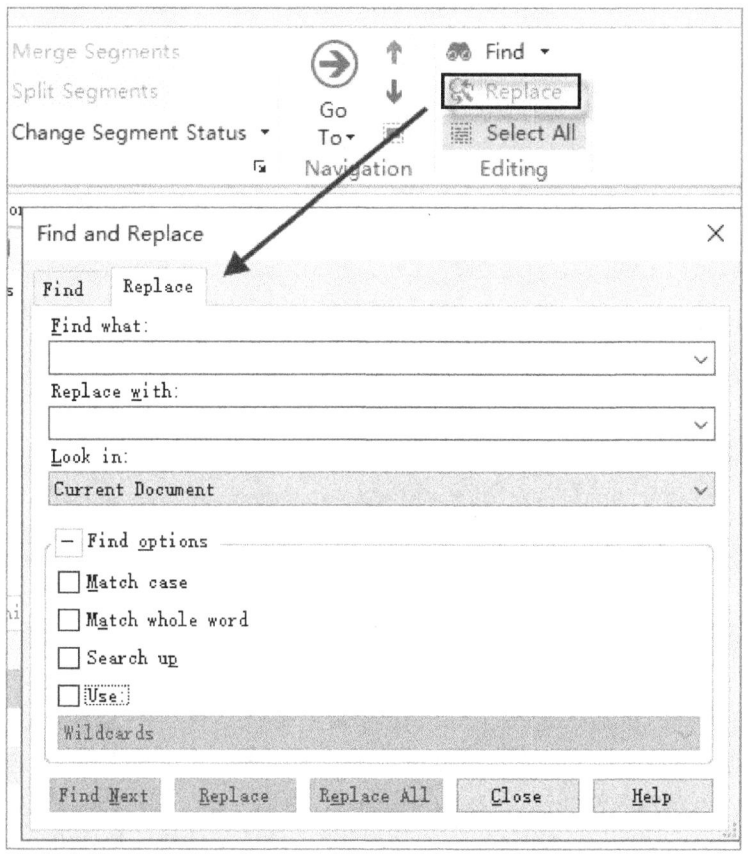

图 8.9　在 SDL Trados 中调出查找替换对话框

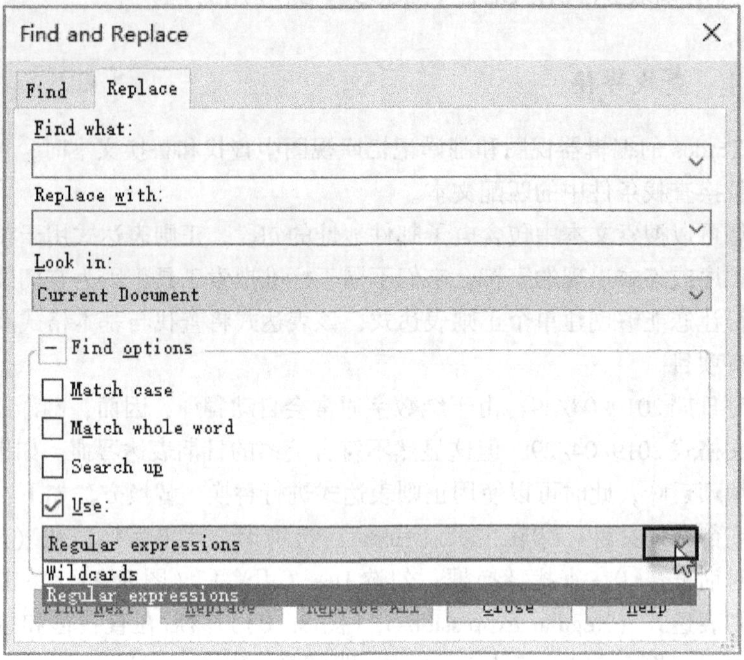

图 8.10　在 SDL Trados 的查找替换中启用正则表达式

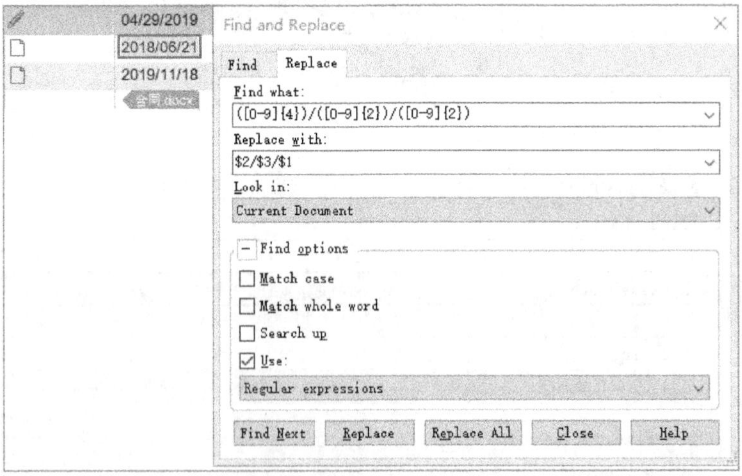

图 8.11　在 SDL Trados 的查找替换中输入正则表达式

　　又如，一个汉译英项目中，里面包含较多的英文句段，如何快速将英文句段一一查找出来呢。点击审校，在筛选区域，可以在搜索框输入"^[^一-齵]*?$"，点击回车（图 8.12），就可以将所有全英文句段筛选出来。全部选中，单击主页，点击"将全部原文复制到译文"（或输入快捷键 Alt+Shift+Insert），按回车键，即可以将所选全部句段翻译并确认。当然如有必要，还可以单击"高级"，点击锁定（或输入快捷键 Ctrl+L），就可以将这些句段全部锁定。

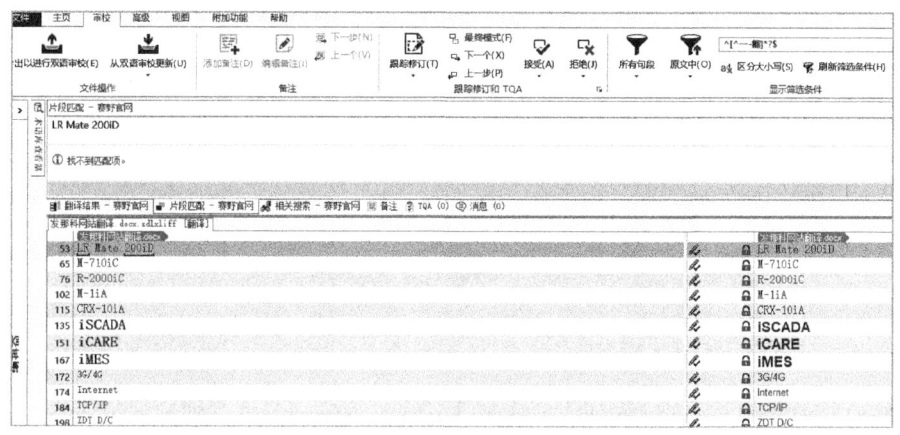

图 8.12 在 SDL Trados 的汉译英项目中筛选全英文句段

8.3.5.2 添加断句规则

译者可以为现有翻译记忆库（TM）、基于文件的语言资源模板及新 TM 创建断句规则。SDL Trados Studio 所支持的每种语言均设有默认断句规则。SDL Trados Studio 的断句是通过在记忆库中添加断句规则来实现的。

例如，有一个汉译英项目，部分原文如下：

甲方：abcd 集团

邮箱：service@ abcd. com

地址：浙江省杭州市

电话：400-800-1111225

网址：www. abcd. com

乙方：DEFG 科技有限公司

邮箱：sales@ DEFG. com

地址：广东省深圳市

在一般情况下，SDL Trados 会按照默认断句规则将每一行识别为一个句段，但实际情况是这个项目中有大量的类似情况，即甲方：某某公司，乙方：某某公司。冒号前面的称呼往往是重复的，但后面的内容各不相同。将冒号前后的文字识别为一个句段，不利于重复词语的自动匹配。如果能让 SDL Trados 以冒号为断句标志，将冒号（包括冒号）识别为一个句段，冒号后面的文字识别为另一个句段，势必会显著提升翻译效率。由于 SDL Trados 默认的断句规则不包括冒号。因此要实现这一效果，需要添加断句规则。具体操作步骤如下。

（1）新建项目记忆库时，在为记忆库命名之后，点击下一步，在弹出的语言资源对话框（Language Resources）中，选中断句规则（Segmentation Rules），然后点击编辑（Edit）（图 8.13）。

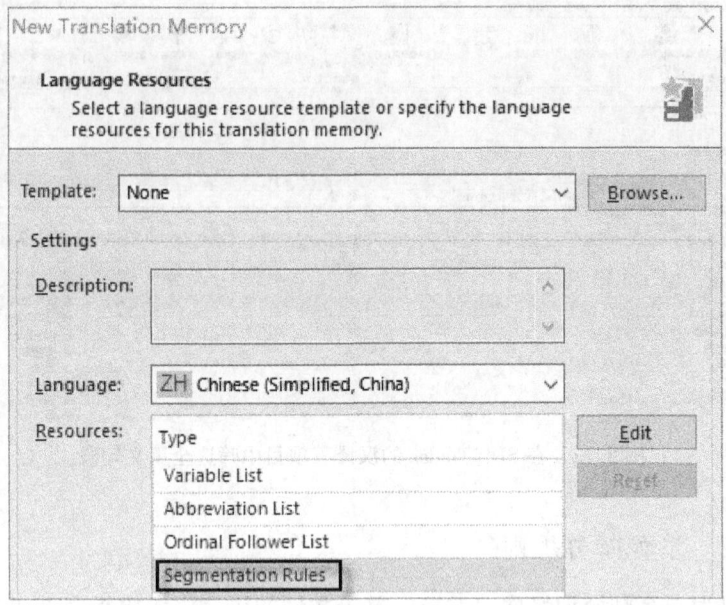

图 8.13　在 SDL Trados 中编辑断句规则

（2）在弹出的对话框中，点击添加（Add）（图 8.14），弹出如图 8.15 所示的对话框。

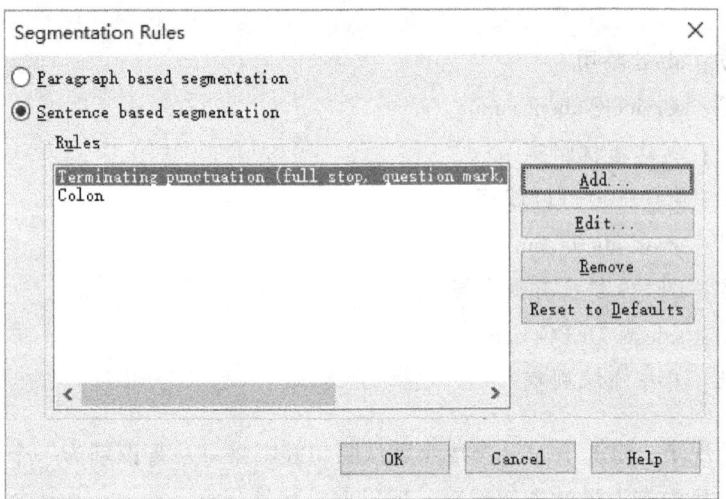

图 8.14　在 SDL Trados 中添加断句规则

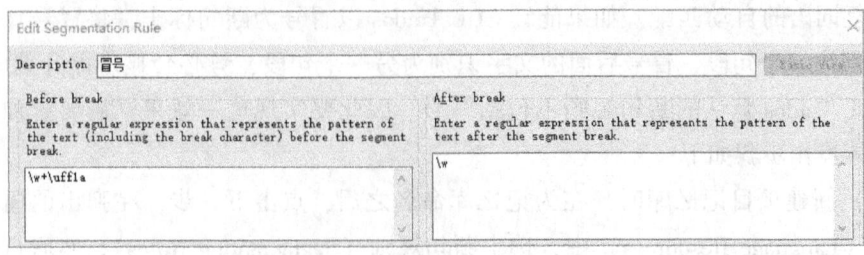

图 8.15　在 SDL Trados 中输入断句规则正则表达式

（3）在弹出的编辑对话框中，在说明（Description）栏输入断句规则的名称，如冒号，方便识别和区分，以便反复利用。在断句前（Before break）按照文本特征输入正则表达式"\w+\uff1a"，其中\uff1a 表示中文的冒号（SDL Trados 的断句规则要求将断句标点包含在断句前的正则表达式中）。在断句后输入"\w"。点击"确定"（OK），断句规则添加成功。

重新打开项目文档，断句效果如图 8.16 所示。

1	甲方：	🗋
2	abcd集团	🗋
3	邮箱	🗋
4	service@abcd.com	🗋
5	地址	🗋
6	浙江省宁波市	🗋
7	电话：	🗋
8	400-800-1111225	🗋
9	网址	🗋
10	www.abcd.com	🗋
11	乙方	🗋
12	DEFG科技有限公司	🗋

图 8.16　在 SDL Trados 中添加断句规则后的断句效果

当然对原有的项目记忆库，如果临时想增加断句规则，也可以做到，具体步骤如下。

（1）点击项目设置（Project Setting），在弹出的对话框中单击翻译记忆库（Translation Memory and Automated Translation），单击选中项目记忆库，点击设置（Settings…）（图 8.17）。

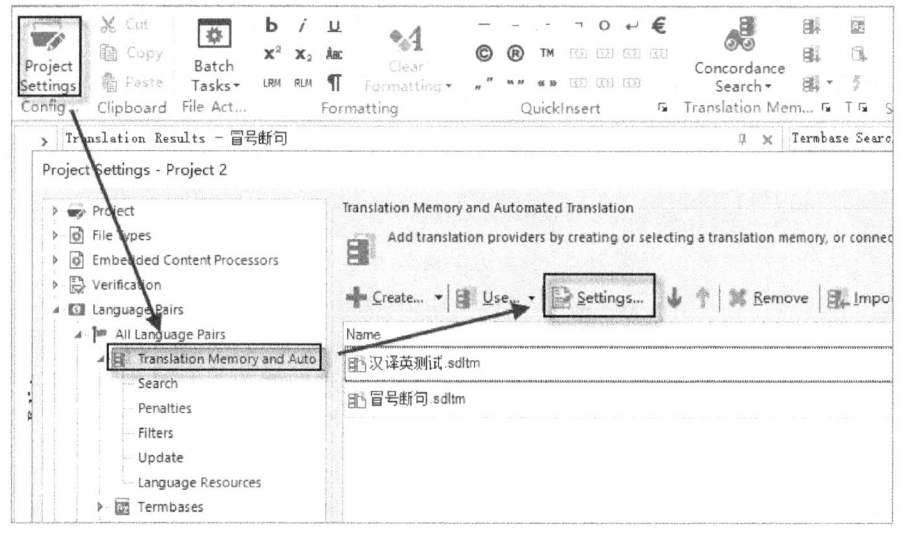

图 8.17　在 SDL Trados 中设置记忆库

（2）在弹出的翻译记忆库设置对话框中，点击语言资源（Language Resources），单击断句规则（Segmentation Rules）（图 8.18），点击编辑，或双击断句规则，弹出对话框（图8.14）。接下来的步骤与图8.14、图8.15相同。

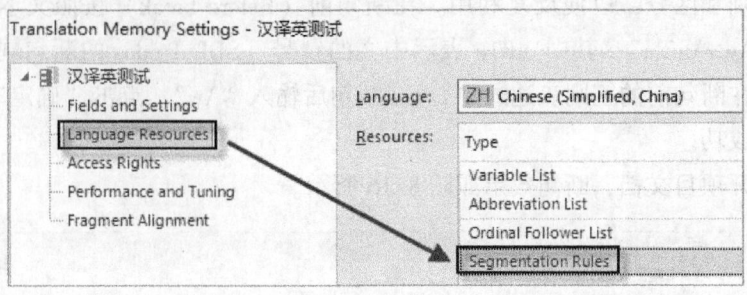

图 8.18　SDL Trados 记忆库设置中选择断句规则

8.3.6　正则表达式在 memoQ 中的应用方法[①]

memoQ 支持正则表达式的应用，具体包括以下几种：原文和译文过滤、查找和替换、自动翻译规则、断句规则、标签生成（Regex Tagger）等，学会使用正则表达式，可以提高文本的操控能力，从而提高翻译效率。

8.3.6.1　搜索

memoQ 中的搜索功能支持正则表达式。单击编辑器主界面译文搜索框右边的齿轮图标，即可弹出对话框，勾选 Use regex（图8.19），就可以启动正则表达式，在原文或译文检索框中输入正则表达式，就可以找到相应的匹配文本。

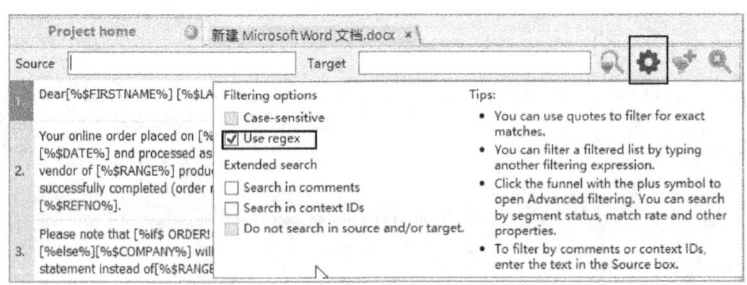

图 8.19　memoQ 搜索栏启用正则表达式的界面

譬如，在汉译英项目中，客户发来的稿件有的句段是英文，无须翻译。有办法筛选出来吗？又比如，客户发来中英对照的文件，要求翻译成另一种语言，译者只需要将中文译成另一种语言，英文是不需要的。那么在 CAT 工具中，可以将英文句段一次性都筛选出来吗？答案是肯定的，方法也十分简单。打开待翻译项目，单击编辑器界面右侧的齿轮标志，勾选"Use regex"，启用正则表达式，在原文检索框，输入"^[^一—龥]

---

① 本书采用 memoQ 9.6 版本，不同版本的界面和操作步骤略有差异。

＊？＄"（图8.20），回车确认后，所有英文句段就可以调出来。选中所有句段，复制原文到译文，批量确认即可。

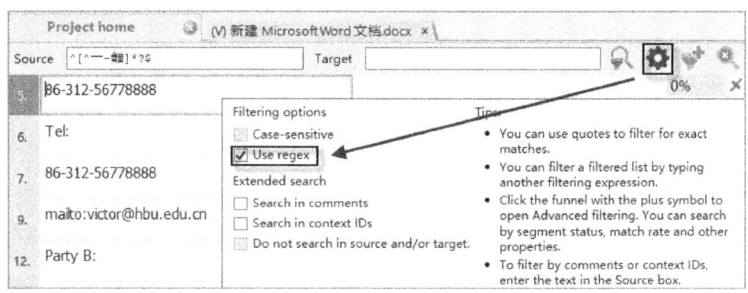

图8.20 在memoQ利用正则表达式查找所有英文句段

同理，如果是英译汉项目，部分句段是汉语，无须翻译，利用正则表达式的筛选办法如下：选中"Use regex"，在正则表达式检索框，输入"^. ＊？［一一齰］. ＊？＄"。全部筛选出来，选中所有句段，复制原文到译文，批量确认，即可。

memoQ的替换功能也支持正则表达式。例如，在memoQ译文区，很多句段句首有多余空格，手动删除耗时耗力，有没有办法批量清除句首空格，但又不能影响到其他空格呢？只需要一个简单的正则就可以办到。具体操作步骤如下。

（1）在编辑器界面单击Preparation，在Find栏单击Advanced（图8.21）。

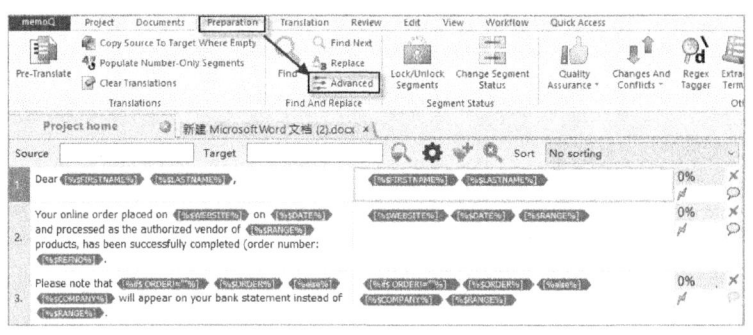

图8.21 memoQ查找替换界面

（2）在弹出的高级查找对话框中（图8.22），查找框右侧的蓝色尖括号标志表示普通文本（Plain text）查找，单击该尖括号，尖括号变成橙色，此时便切换为正则表达式启用模式。

（3）在启用正则表达式的模式下，在查找框输入"^+"（上尖括号、空格、加号），在替换框不输入任何字符，勾选Target Text（图8.23）。点击Replace and find next就可以找到译文区的句首空格，并清除。

句、段末的多余空格要批量删除怎么办呢？采用同样的步骤，只需要把正则表达式变为"+＄"（空格、加号、美元符号）就可以了。

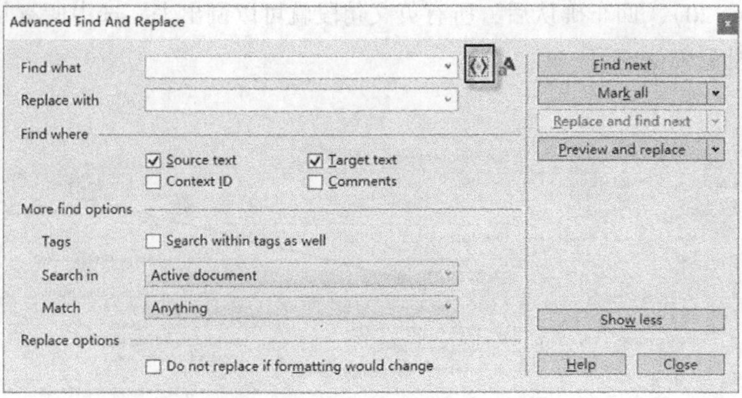

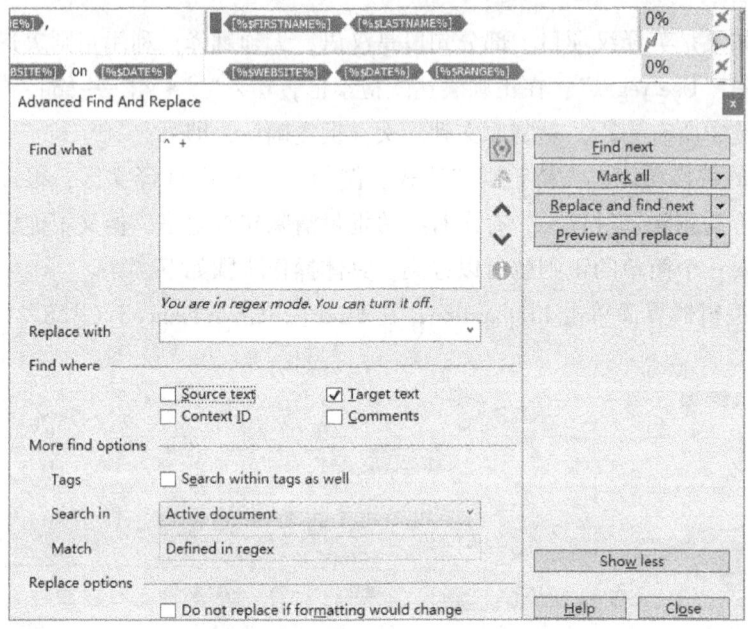

图 8.22　memoQ 高级查找对话框

图 8.23　memoQ 高级查找启用正则表达式的界面

8.3.6.2　自动翻译

利用 memoQ 的自动翻译规则（Auto-translation rules），译员可以利用正则表达式定义自动翻译规则，对特定文本进行自动翻译，如邮箱、电话、网址等，节省打字时间，从而提高工作效率。以邮箱的自动翻译为例，其设置步骤如下：

①在项目界面，单击菜单栏上方的齿轮按钮，在弹出的选项对话框中，单击汉字五的标志（图 8.24）。

②单击新建（Create new），新建一个自动翻译规则，在弹出的对话框中，在名称（Name）一栏，输入"邮箱"两字，以标识其功能，和其他规则相区分，点击确定（图 8.25）。

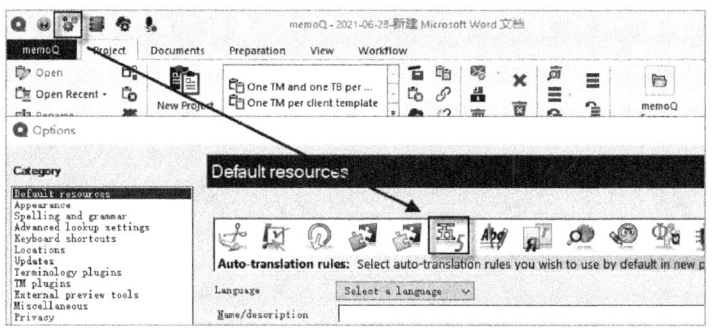

图 8.24　在 memoQ 中打开自动翻译规则设置

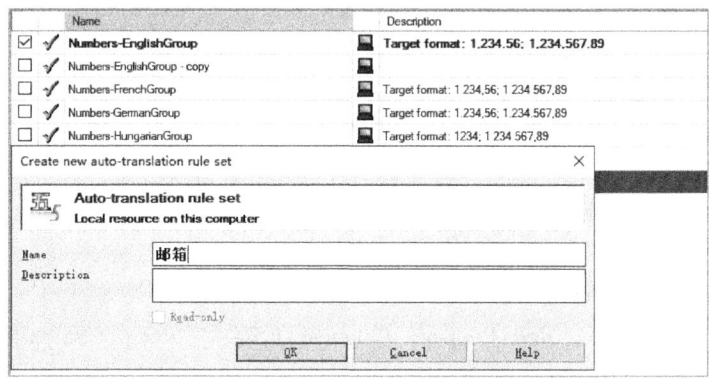

图 8.25　在 memoQ 中新建自动翻译规则

③点击编辑（Edit），在弹出的对话框中，单击自动翻译规则（Auto - translation rules），将正则表达式"（\w+（[- +.] \w+）＊@ \w+（[- .] \w+）＊\.\w+（[- .]\w+）＊$）"输入左侧文本框，单击添加（Add），这条规则就被添加进了自动翻译规则列表中，在右侧的替换命令中，输入" $1"，点击添加，点击确定（OK）（图 8.26）。

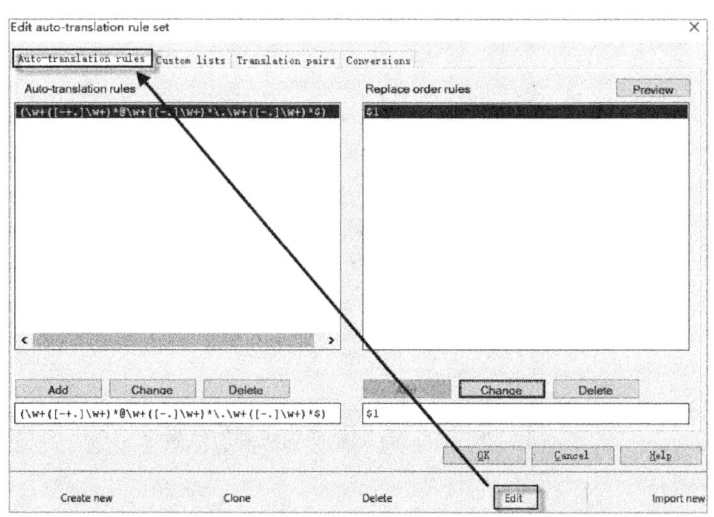

图 8.26　在 memoQ 中用正则表达式输入自动翻译规则

这样邮箱的自动翻译规则就编写完成了，勾选该翻译规则，打开待翻译文件，我们来看看效果。将光标定位到有邮箱的句段，右侧的翻译结果栏，显示了自动翻译的译文（图8.27），使用快捷键 Ctrl+相应的数字序号，就可以一键将邮箱输入译文栏。

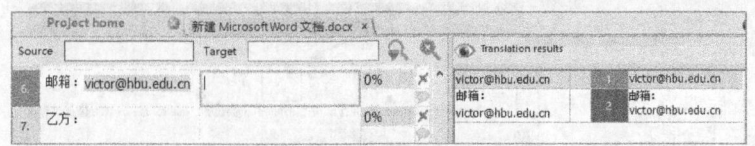

图 8.27 邮箱的自动翻译结果

8.3.6.3 断句（Segmentation）规则

断句规则是指将原文导入 memoQ 时，源语文本切分为句段的规则。memoQ 的默认规则时以句号、分号等作为断句标志。如果源语文本需要和默认规则有所不同，就需要专门制作或添加一套规则。正则表达式可以用于添加断句规则。❶

例如，有一个翻译项目，原文如下：

Ingredients：Lemon Grass Purfée（15%），Red Chlli Purée（11%），Onion，Water，Coconut Milk，Red Pepper，Galangal（5%），Sugar（Sulphites），Lime Juice From Concentrate（Sulphites），Salt，Rapeseed Oil，Garlic Purée，Rice Wine Vinegar（Sulphites），Lime Leave（2.5%），Yeast Extract，Chilli Flakes，Cornflour，Tamarind Paste，Coriander，Cayenne Pepper，Paprika Extract.

在一般情况下，memoQ 会按照默认断句规则将这一段识别为一个句段（图8.28），但实际情况是这个项目中有大量的类似情况，很多产品都有重叠的成分。将大段的成分说明文字识别为一个句段，不利于重复词语的利用。将成分提为术语，又十分烦琐。这样实际上不便于翻译效率的提升。

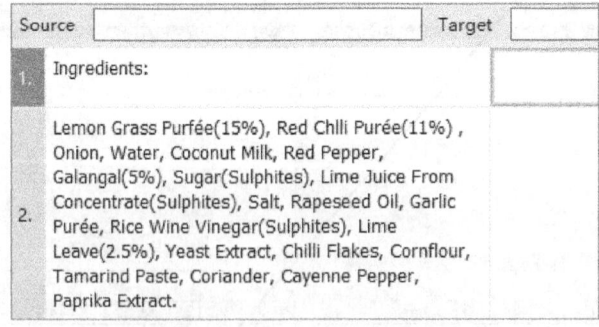

图 8.28 memoQ 默认断句规则的效果

---

❶ 本书使用的版本为9.6，不需要借助正则表达式就可以实现。但在 memoQ 较早的版本中，添加断句规则需要使用正则表达式。

　　如果将每一个成分列为单独的一个句段，即以逗号为断句标志，就可以发挥记忆库的优势，显著提升翻译效率。其操作方法如下：①在项目界面中，点击 Settings；②在弹出的界面中，单击 Segmentation rules（断句规则），如图 8.29 所示剪刀图标；③单击 Clone/use new，弹出克隆断句规则，单击 OK，这样复制完成了一个新的断句规则，当然这个断句规则也可以取个容易辨别的名称，如逗号断句，等等，这里采用默认的名称 Default-copy；④勾选 Default-copy，指定其为本项目的断句规则，单击 Edit，弹出 Edit segmentation rule set（编辑断句规则）对话框，在对话框的 Segment end 一栏，可以见到默认的断句符号只有 ". ?!:" 四种（图 8.30），只需在 ":" 后面添加逗号（注意区分中英文输入法状态），点击 OK，即可将逗号添加到 memoQ 的断句规则中。

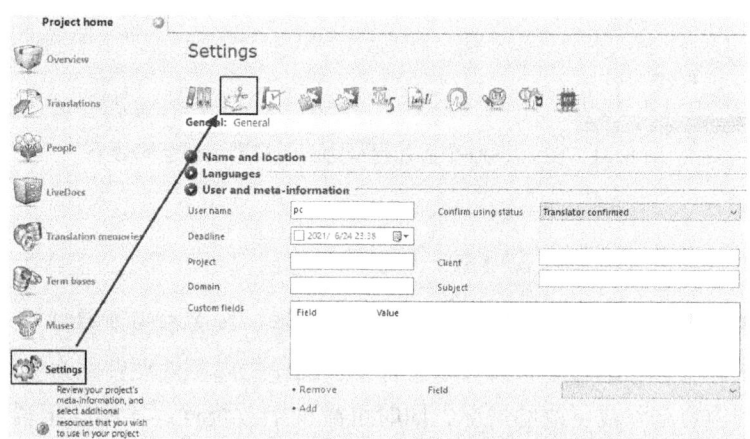

图 8.29　在 memoQ 中单击 Segmentation rules 的界面

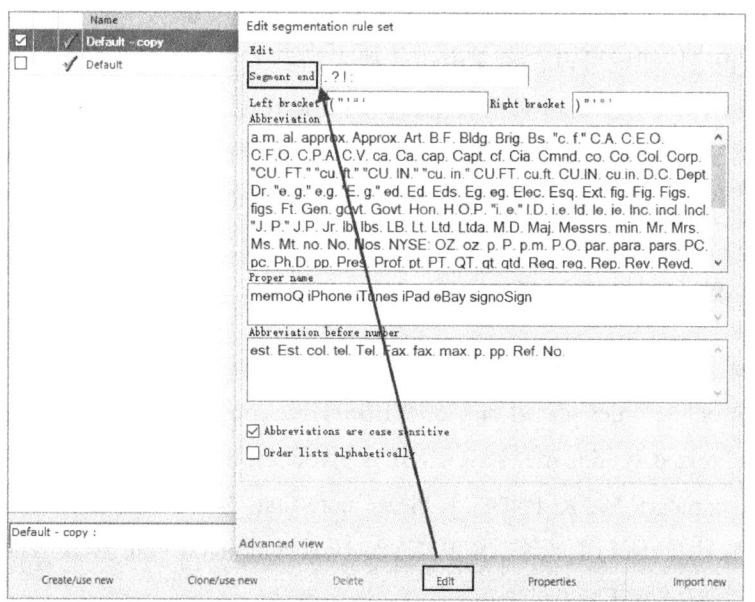

图 8.30　在 memoQ 中添加断句规则

此时，回到项目界面，打开待翻译文件，其断句效果如图 8.31 所示。

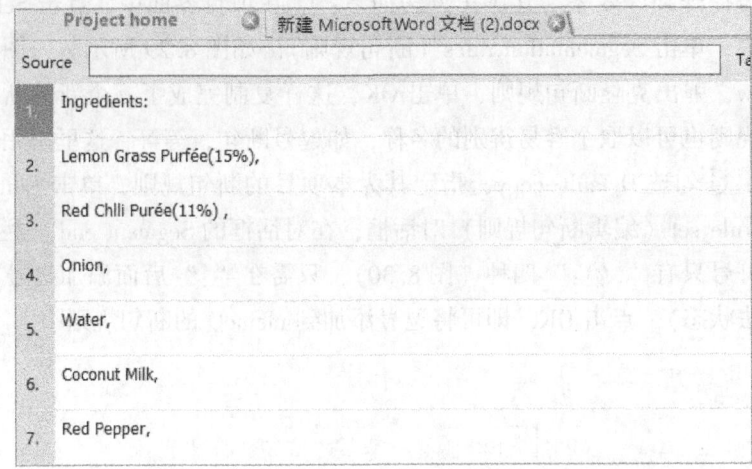

图 8.31　在 memoQ 中添加逗号为断句规则后的断句效果

8.3.6.4　正则标记器（Regex Tagger）

翻译文档中会涉及无须翻译但却需要保留的文本。在文本预处理时，可将无须翻译的内容定义成标签；在翻译和审校环节，将无须翻译的内容处理转化为保留标签操作即可。避免出现内容删除或更改的情况，同时可减少字数统计。正则标记器（Regex Tagger）是一款 memoQ 插件。它可以对文本内容进行标签化处理，即将原文中的部分指定文本（如代码、占位符等）标记为标签。将文本转为标签的好处至少有三种。第一，指定文本转为标签后，指定文本内容在译文中不会改变。第二，便于复制或插入译文。按 F9 或点击相应按钮就可以在译文中快速插入标签，提高效率。第三，提高记忆库的匹配效果。第四，部分译员可能无法正确识别夹杂在原文中的代码，标签化处理之后，可以帮助译员减少理解障碍。例如，某个句段包含一行代码，记忆库中也有一个相似的句子，只是代码不一样。在将代码转为标签之前，记忆库可能无法匹配，或者认为匹配率较低。将代码标记为标签之后，记忆库就可能匹配出来，或者认为匹配率较高。

如有一个翻译项目，部分原文如下：

Dear［%$FIRSTNAME%］［%$LASTNAME%］,

Your online order placed on［%$WEBSITE%］on［%$DATE%］and processed as the authorized vendor of［%$RANGE%］products,has been successfully completed(order number:［%$REFNO%］. Please note that［% if $ORDER!＝""%］［%$ORDER%］［%else%］［%$COMPANY%］will appear on your bank statement instead of［%$RANGE%］.

该文本为纯文本格式，其中存在大量占位符（placeholders），占位符是非译元素，不需要翻译，但在译文中必须保留。如果直接导入 memoQ，不加技术处理，编辑效果如图 8.32 所示。大量占位符对译员的翻译形成一定的干扰，不仅降低翻译速度，也容易因为丢失字符而出错。

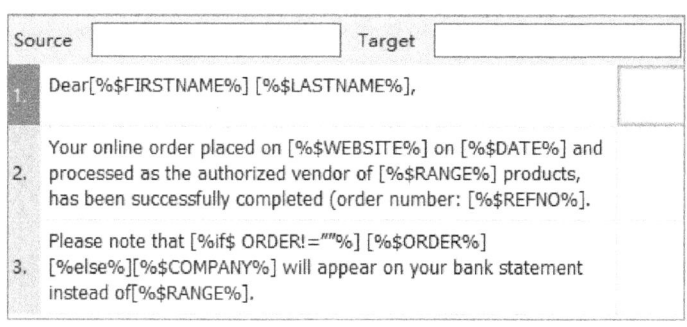

图 8.32　在 memoQ 中未经正则标记器处理的界面

利用正则标记器可以将占位符设置为标签，就可以解决这一问题，提高翻译效率。具体操作步骤如下：①打开项目文件，点击主菜单的 Preparation，单击 Regex Tagger（图 8.33）；②在弹出的对话框中输入正则表达式"\[%．＊?%\]"，点击添加，即可完成（图 8.34）。再次打开待翻译项目文件，我们看到占位符全部变成了红色的标签（图 8.35），从而提高了翻译效率。

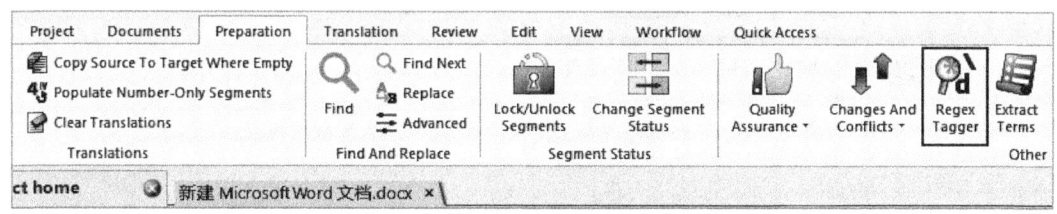

图 8.33　在 memoQ 中调用正则标记器的界面

为了避免因为占位符标签处理后，影响译者对原文的理解，定义为标签的内容可在"显示行内标签"（Inline Tags）切换标签查看方式。选择"短"（short），则只有一个图标，没有文字。选择（Medium）或（Long），可显示标签文字内容，便于翻译。翻译输入时，按下 Ctrl 键，快速调出原文标签，按回车键按顺序直接插入译文句段，也可上下键选中标签插入。

8.3.7　正则表达式在云翻译平台的应用

多数云翻译平台不支持正则表达式，少数平台虽然支持正则表达式，但作用十分有限。译马网（新版）是少数支持正则表达式的平台之一，在翻译界面的高级搜索中，可以勾选并启用正则表达式。但其功能目前仅用于句段查找，还不能实现单机版计算机辅助翻译工具中所发挥的复杂功能，比如标签处理、自动断句等。

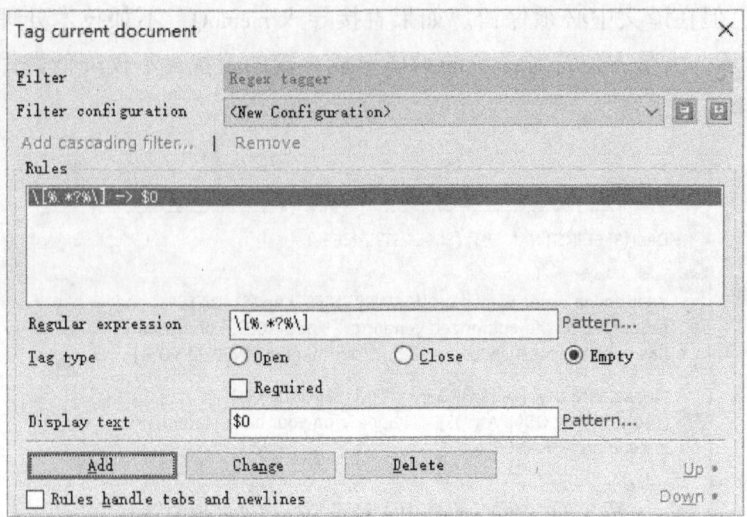

图 8.34　在 memoQ 正则标记器中输入正则表达式

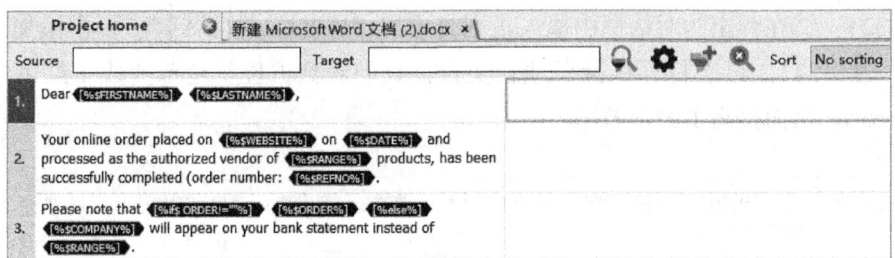

图 8.35　在 memoQ 中经过正则标记器处理后的翻译界面

参考文献

Cao D,2007. Translating Law[M]. Clevedon:Multilingual Matters.

Firth,John Rupert,1957. Papers in Linguistics 1934—1951. London:Oxford University Press:190.

Friedl Jeffrey,2012. 精通正则表达式[M]. 余晟,译. 北京:电子工业出版社.

Fulford H & Granell－Zafra J, 2005. Translation and Technology:a Study of UK Freelance Translators[J]. The Journal of Specialised Translation(4).

Halliday M A K,1966. Lexis as a Languistic level[M]. London:Longman.

Hartmann R R K,1980. Contrastive Textology:Comparative Discourse Analysis in Applied Linguistics [M]. Heidelberg:Julius Groos Verlag.

Jared. CAT tool use by translators:who is using? [OL]. (2013－05－06)[2022－01－18]. http:// prozcomblog. com/2013/03/22/cat-tool-use-by-translators-who-is-using.

Kastberg Peter,2009. Personal knowledge management in the training of non-literary translators. The Journal of Specialised Translation(1).

Lyons John, 1995. Linguistic Semantics:An Introduction [M]. Cambridge:Cambridge University Press.

Newmark P,1981. Approaches To Translation[M]. Oxford:Pergamon Press.

Nord Christiane,2007. Looking for Help in the Translation Process:The Role of Auxiliary Texts in Translator Training and Translation Practice[J]. 中国翻译(1).

Sanchez-Gijon P,2009. Developing documentation skills to build do-it-yourself corpora in the specialised translation course[A]. In Beeby,Allison,Patricia Rodriguez Inez and Pilar Sanchez-Gijon (eds.)Corpus Use and Translating[C]. Amsterdam/Philadelphia:John Benjamins:113－116.

Snell-Hornby,2001. Translation Studies:An Integrated Approach[M]. Shanghai:Shanghai Foreign Language Education Press:86.

蔡辉,2019. 语料对齐工具的性能比较与选择[J]. 中国翻译(3).

曹明伦,2011. 善查、善辨、善思方可有"善译"——第二届"《英语世界》杯"翻译大赛参赛译文评析[J]. 英语世界(10):119-123.

曹明伦,2003. 名正而后言顺器利而后事成[J]. 中国翻译(1):91.

曹明伦,2004. 英译汉的若干基本原则[J]. 中国翻译(1):88-90.

曹明伦,2007. 语言转换与文化转换——读宋正华译《苏格兰》[J]. 中国翻译(2):85-89.

陈善伟,2014. 翻译科技新视野[M]. 北京:清华大学出版社:126.

法磊,2009.如何成为金牌自由翻译[M].武汉:武汉大学出版社.

傅雷,1957.翻译经验点滴[N].文艺报(10).

高山杉."门修斯"之后又见"常凯申"[EB/OL].[2020-07-28].https://www.douban.com/group/topic/6830015.

李长栓,2004.非文学翻译理论与实践[M].北京:中国对外翻译出版公司:vi.

李长栓,2009.非文学翻译[M].北京:外语教学与研究出版社:179.

李小撒,2018.试评第二十九届韩素音翻译奖竞赛汉译英参考译文——兼与林巍、赵友斌老师商榷[J].中国翻译,39(4):98-102.

吕叔湘,1984.翻译工作和"杂学"[C].∥翻译研究论文集(1949—1983).北京:外语教学与研究出版社.

鲁迅,1984."题未定"草.中国翻译工作者协会,《翻译通讯》编辑部.翻译研究论文集[C].北京:外语教学与研究出版社.

马建忠,1994.拟设翻译书院议[C].∥张岱年.中国启蒙思想文库采西学议——冯桂芬、马建忠集.沈阳:辽宁人民出版社.

马永萍,2012.正则表达式及其应用[J].软件开发与设计(4):13.

摩尔·帕克,2015.批判性思维[M].朱素梅,译.北京:机械工业出版社.

盛世豪,1988,金松.技术思维、科学思维、艺术思维比较论析[J].延边大学学报(1).

史志康,2006.第十八届"韩素音青年翻译奖"汉译英参赛译文评析[J].中国翻译(6).

谭载喜.西方翻译简史(增订版)[M].北京:商务印书馆.

万兆元,2008.因特网辅助翻译[J].上海翻译(3):77-80.

王华树,2016.系统论视域下的现代翻译技术研究[D].北京:北京师范大学:Ⅱ,121-182.

王华树,张成智,2018.大数据时代译者的搜索能力探究[J].中国科技翻译(4).

王文昌,1991.英语搭配大词典[Z].南京:江苏教育出版社.

吴瀛,2012.MTI专业科技术语在线检索的探究[J].广西师范学院学报(自然科学版)(4):92-96.

谢天振,2003.当代西方翻译研究的三大突破和两大转向[J].四川外语学院学报(9).

许丹,2015.英语单语语料库BNC在汉英翻译教学中的应用研究[J].安徽工业大学学报(2):67-68.

杨惠中,2002.语料库语言学导论[M].上海:上海外语教育出版社.

翟自洋,林昌东,2009.利用正则表达式进行查找/替换[J].中国科技期刊研究(1):122.